高职高专  类核心课程系列教材

现代
物流管理概论

（第二版）

主编 吴会杰 李 菁

西安交通大学出版社
XI'AN JIAOTONG UNIVERSITY PRESS

内容提要

本书系统介绍了现代物流管理的理论、技术和方法，具体包括现代物流管理概述、物流系统、运输管理、仓储和库存管理、物流配送管理、包装、装卸搬运、物流信息管理、企业物流、第三方物流、供应链管理、国际物流、绿色物流、物流金融、冷链物流等15个项目。每一项目分为几个部分，每一部分设置了教学目标、案例导入、知识链接、小结、复习思考题、实训等环节；每一项目设置了即测即评题，学生通过扫码可实现在线测评。

在教材内容的设计上，本书紧跟时代趋势，融入了绿色物流、物流金融、冷链物流等理念，选取了时下热点的案例，便于学生掌握所学知识，提高操作技能。

本书既可作为高职高专物流管理、市场营销、电子商务等经济管理类专业的教学用书，也可作为广大物流从业人员的参考书。

图书在版编目（CIP）数据

现代物流管理概论 / 吴会杰，李菁主编． — 2版． — 西安：西安交通大学出版社，2021.8(2025.7重印)
ISBN 978-7-5693-2217-0

Ⅰ．①现… Ⅱ．①吴… ②李… Ⅲ．①物流管理-高等职业教育-教材 Ⅳ．①F252.1

中国版本图书馆CIP数据核字(2021)第135387号

书　　　名	现代物流管理概论 XIANDAI WULIU GUANLI GAILUN
主　　编	吴会杰　李　菁
责任编辑	史菲菲
责任校对	赵怀瀛
装帧设计	任加盟
出版发行	西安交通大学出版社 （西安市兴庆南路1号　邮政编码710048）
网　　址	http://www.xjtupress.com
电　　话	(029)82668357　82667874（市场营销中心） (029)82668315（总编办）
传　　真	(029)82668280
印　　刷	西安五星印刷有限公司
开　　本	787mm×1092mm　1/16　印张 15.75　字数 392千字
版次印次	2015年7月第1版　2021年8月第2版　2025年7月第3次印刷（累计第6次印刷）
书　　号	ISBN 978-7-5693-2217-0
定　　价	45.00元

如发现印装质量问题，请与本社市场营销中心联系。
订购热线：(029)82665248　(029)82667874
投稿热线：(029)82665379
读者信箱：xj_rwjg@126.com

版权所有　侵权必究

第二版前言 Preface

近些年,我国物流业得到持续快速发展,同时促进了国民经济的快速发展。目前,中国经济由高速增长阶段转向高质量发展阶段。物流业作为支撑国民经济发展的基础性、战略性、先导性产业,物流高质量发展是经济高质量发展的重要组成部分,也是推动经济高质量发展不可或缺的重要力量。在此过程中,全面提升物流从业人员尤其是管理者的知识与技能,提高物流服务质量,塑造物流企业品牌形象,成为物流企业增强竞争力的有效途径。为了更好地适应物流人才培养的需要,我们在第一版的基础上对教材进行了修订,更新了一些案例,增加了部分内容。

本书分为15个项目,包括现代物流管理概述、物流系统、运输管理、仓储和库存管理、物流配送管理、包装、装卸搬运、物流信息管理、企业物流、第三方物流、供应链管理、国际物流、绿色物流、物流金融、冷链物流等内容。每一项目分为几个部分,每一部分设置了教学目标、案例导入、知识链接、小结、复习思考题、实训等内容。"教学目标"是经过学习应该达到的知识目标和技能目标;"案例导入"是对典型案例的分析与讨论;"知识链接"是对相关理论知识的拓展与延伸;"小结"是对学习内容的总结与回顾;"复习思考题"是对值得思考、容易混淆、可集思广义的问题进行思考;"实训"是根据实际的教学设计的课外实训题。通过以上教学模式的组织,突出知识应用与技能训练。建议教学中教师当好"教练"角色,组织与指导学生当好"运动员"角色,让学生在做中学,学中会,提高应用操作能力。

本书由西安职业技术学院物流管理专业教师团队与京东西北物流中心、北京络捷斯特科技发展股份有限公司联合编写,由西安职业技术学院吴会杰教授、李菁副教授担任主编。具体编写人员有吴会杰、李菁、马伯君、樊恺盈、季新竹。

本书既可作为高职高专物流管理、市场营销、电子商务等经济管理类专业的教学用书,也可作为广大物流从业人员的参考书。

本书在编写过程中,参考和引用了国内外许多专家的大量文献,在此表示深深的感谢。由于时间仓促、编者水平有限,书中难免有不当之处,敬请读者批评指正。

编 者
2021.5

目录 Contents

项目1　现代物流管理概述 /1
1.1　物流概述 /1
1.2　物流管理概述 /8
1.3　现代物流的发展 /12

项目2　物流系统 /18
2.1　物流系统概述 /18
2.2　物流系统的构成 /22
2.3　物流系统分析 /25
2.4　物流标准化 /30

项目3　运输管理 /38
3.1　运输管理概述 /38
3.2　运输方式的选择 /42
3.3　运输合理化管理 /46

项目4　仓储和库存管理 /52
4.1　仓储概述 /52
4.2　仓库作业管理 /61
4.3　库存管理 /80

项目5　物流配送管理 /86
5.1　配送概述 /86
5.2　配送中心 /91
5.3　国内外配送的发展 /98
5.4　配送合理化 /104

项目6　包装 /110
6.1　包装概述 /110
6.2　集装化和集合包装 /114
6.3　包装合理化 /120

项目7　装卸搬运 /123
7.1　装卸搬运概述 /123
7.2　装卸搬运方式及作业组织 /126

7.3 装卸搬运合理化 /131

项目 8 物流信息管理 /136
8.1 物流信息概述 /136
8.2 物流信息系统 /143
8.3 物流信息技术 /148

项目 9 企业物流 /153
9.1 企业供应物流 /153
9.2 企业生产物流 /160
9.3 企业销售物流 /166
9.4 逆向物流与废弃物物流 /169

项目 10 第三方物流 /173
10.1 第三方物流概述 /173
10.2 第三方物流的发展 /178

项目 11 供应链管理 /182
11.1 供应链概述 /182
11.2 供应链管理概述 /187
11.3 电子商务与供应链管理 /191

项目 12 国际物流 /195
12.1 国际物流概述 /195
12.2 国际物流系统 /198
12.3 国际物流网络 /202

项目 13 绿色物流 /206
13.1 绿色物流概述 /206
13.2 绿色物流的发展 /210
13.3 绿色物流管理 /216

项目 14 物流金融 /221
14.1 物流金融概述 /221
14.2 物流金融业务分类与运作模式 /224
14.3 物流金融的发展 /227

项目 15 冷链物流 /232
15.1 冷链物流概述 /232
15.2 我国冷链物流的发展历史、现状及存在的问题 /236
15.3 我国冷链物流的发展对策与趋势 /240

参考文献 /245

项目 1　现代物流管理概述

1.1　物流概述

 教学目标

知识目标

1. 理解物流的基本概念及分类。
2. 理解物流的基本特征。
3. 了解物流在生产生活中的作用。

技能目标

能够利用物流的基本概念分析问题。

案例导入

"鲜花经济"越开越旺　即时物流服务成为关键一环

现在送花可谓"花"样百出：花束、礼盒、公仔花……送花的数量也很有讲究,1朵玫瑰可以代表情有独钟,99朵象征长长久久,更有999、1001朵这样的巨型玫瑰花束。以前,鲜花是伴侣间表达爱意的特殊符号,多出现在情人节、七夕等节日。近年来,随着各类新型节日的涌现和人们生活方式的改变,鲜花的使用场景也愈加丰富。

慢慢地,鲜花从节庆标配跃升为日常消费需求。与一般商品不同的是,鲜花的保鲜期极短且外观容易损毁,如何让商家售卖的新鲜花朵在外观完美的状态下到达消费者手中,成为保障鲜花消费体验的关键。而负责同城配送最后一公里的即时物流服务恰好能够补齐鲜花消费体验的最后一环。

应对节日订单高峰,即时物流平台不可或缺

当前,许多主流即时物流平台都将鲜花配送纳入服务版图,越来越多的消费者也开始用跑腿来买花、送花。根据顺丰同城急送在网上披露的数据,2021年妇女节期间该平台上的鲜花类配送订单数量较上年增长数倍,北京、上海、西安三个城市位居订单数量前三,二线城市成为节日经济消费的新生力量。

西安某花店商家表示,由于三八妇女节订单量很大,他们选择与即时配送平台合作,一是因为店铺的人力有限,靠自己无法完成大量订单的配送;二是因为平台服务更专业,客户体验更好。在所有的配送平台中,客户对顺丰同城急送的服务评价最高。

即时配送服务不断升级,鲜花配送痛点一一击破

中国产业信息网相关数据显示,中国花卉市场总规模到2024年预计将达到2215亿元。随着互联网技术不断升级,鲜花商家将引领花卉消费市场多元发展,这也意味着鲜花的同城配送需求将大幅增长,针对鲜花品类的专送服务也需配套升级。

鲜花配送有三大痛点:时效慢、破损多和体验差。首先鲜花的卖点就在于"鲜",过长的配送时间势必会对鲜花的新鲜造成影响,所以配送方需要有强大的数据能力,能够通过订单匹配适合的骑士,帮助骑士科学规划路线,从而对时效做出保证。其次,鲜花非常娇嫩,容易受到挤压、碰撞等,对配送的要求很高。最后,不管是买花人还是收花人,都希望有一种完美的鲜花消费体验,有时卡片丢失、骑士态度差等情况都会降低用户的体验感和满意度,所以花店也更为倾向使用大品牌的配送平台,最大程度实现鲜花所带来的美好仪式感。

同城物流不断转型升级,将为鲜花市场提供更广阔的发展空间。而鲜花配送则不会只停留在"把花送到"这一层面上,送得快、送得好、送得有仪式感才是消费者对鲜花配送的进阶需求,也是配送行业需要继续钻研的重要课题。

在"一周一花""鲜花包月"等花卉消费新理念的影响下,越来越多的人开始追求浪漫、仪式感的生活方式。未来,互联网鲜花平台或将发掘更多鲜花商业模式,鲜花商户对即时物流的需求将变得多样化,鲜花经济推动即时物流加速升级,以应对更多个性化需求;同时,同城配送平台在鲜花细分领域上的深耕与进步,也会带给鲜花商户更多的市场可能,两者相辅相成,共同成长。

资料来源:"鲜花经济"越开越旺 即时物流服务成为关键一环[EB/OL].(2021-03-23)[2021-04-10]. http://biz.ifeng.com/c/84qEkw41wJX.

案例分析

这个案例提示我们,近年来,我国物流业的快速增长,已经渗透到生产生活的各个领域,即时物流也给我们的生活及所需商品的流通带来了重大改变。鲜花即时物流的兴起,给消费者和商户及物流公司都带来更多的商机。

思考·讨论·训练

1. 之前鲜花配送面临的最大困难是什么?
2. 即时物流解决了类似商品的什么问题?

知识链接

1. 物流的概念

物流是一个十分现代化的概念,它在商品流通中发挥着极其重要的作用,作为国民经济的一个重要领域,与社会生产和人类生活密切相关。可以说,物流是现代社会覆盖最广泛的产业之一,在当今的国民经济中发挥着极为重要的作用。由于它对商务活动的影响日益明显,也越来越引起了人们的注意。

物流(logistics)是物品从供应地向接收地的实体流动过程。根据实际需要,将运输、储存、装卸、搬运、包装、流通加工、配送、信息处理等基本功能实施有机结合。它主要涵盖了以下几个方面的内容:一是物流的"物",它指一切可以进行物理性位置移动的物品,而"流"则包括了商业活动和生产活动中的"流通"和"流程";二是物流的主要流向是从物品的供应地到接收地的过程,是一种满足社会需求的活动;三是物流不仅包括物品的空间转移,也包括时间位置的移动和形状性质的变动,可增加物品的实际效用,更好地满足顾客的需求;四是物流过程是一个由许多物流作业环节组成的复杂系统,包括运输、储存、装卸、搬运、包装、流通加工、配送等基本功能,更强调各个活动之间的配合、协调。

2. 物流的分类

物流活动在整个社会经济领域无处不在,为了全面认识物流,有必要从不用的角度将物流分为不同的类型。

(1) 按照研究的范围不同,物流可分为宏观物流和微观物流

①宏观物流。宏观物流是指社会再生产总体的物流活动,亦指从社会再生产总体角度认识和研究的物流活动。这种物流活动的参与者是构成社会总体的大产业、大集团。宏观物流的研究对象是社会再生产总体物流、产业或集团的物流活动和物流行为。宏观物流还可以从空间范畴来理解,在很大空间范畴的物流活动,往往带有宏观性。同时它也指物流全体,是从总体看物流而不是从某一个构成环节来看。因此,全国物流、国际物流都属于宏观物流。其研究的特点是综合性和全局性,内容包括物流总体构成、物流与社会的关系及在社会中的地位、物流与经济发展的关系、社会物流系统和国际物流系统的建立和运作等。

②微观物流。微观物流是指消费者、生产企业所从事的物流活动,物流活动以企业为范围,面向企业。在整个物流活动中的一个局部、一个环节的具体物流活动属于微观物流;在一个小地域空间发生的具体的物流活动也属于微观物流;针对某一种具体产品所进行的物流活动也是微观物流。例如企业物流、生产物流、供应物流、销售物流等都属于微观物流。微观物流研究的特点是具体性和局部性。由此可见,微观物流是更贴近具体企业的物流。

(2) 按照活动的空间,物流可分为国际物流、国内物流、地区物流

①国际物流。国际物流是指在两个或两个以上国家或地区之间所进行的物流。它是指当生产和消费分别在两个或两个以上的国家或地区独立进行时,为了克服生产和消费之间的空间间隔和时间距离,对货物(商品)进行物流性移动的一项国际商品交流活动,从而完成国际商品交易的最终目的,即实现卖方交付单证和货物,买方收取货物。国际物流是国际贸易的必然组成部分,各国之间相互贸易最终通过国际物流来实现。随着全球经济一体化,国际分工日益深化,国际物流也成为物流研究领域的一个重要的分支。

②国内物流。国内物流是指为国家的整体利益服务,在本国的地域范围内开展的物流活动。作为国民经济的一个重要方面,物流应该纳入国家总体规划,我国的物流事业是国家现代化建设的重要组成部分。

③地区物流。地区物流是指在一国疆域内,根据行政区域或地理位置划分的一定区域内的物流。地区物流对于提高所在地区的企业物流活动的效率,以及保障当地居民的生活和环境,具有不可缺少的作用。

(3) 按照研究的着眼点,物流可分为一般物流和特殊物流

①一般物流。一般物流是指物流活动的共同点和一般性。物流活动的一个重要特点,是涉及全社会各企业,因此,物流系统的建立、物流活动的开展必须有普遍的适用性。一般物流研究的着眼点在于物流的一般规律,建立普遍适用的物流标准化系统,研究物流的共同功能要素与其他系统的结合衔接等。

②特殊物流。特殊物流是指专门范围、专门领域、特殊行业,在遵循一般物流规律基础上,带有特殊制约因素、特殊应用领域、特殊管理方式、特殊劳动对象、特殊机械装备特点的物流。特殊物流活动的产生是社会分工深化、物流活动合理化和精细化的产物。例如,按劳动对象的特殊性,有水泥物流、石油及油品物流、煤炭物流、危险品物流等;按数量及形体不同,有多品种、少批量、多批次产品物流,超大、超长型物流等;按服务方式及服务水平不同,有"门到门"的

一贯物流和配送等;按装备及技术不同,有集装箱物流、托盘物流等;按特殊的领域划分,有军事物流、废弃物物流等;按组织方式不同,有加工物流等。

(4)按照系统范畴不同,物流可分为社会物流、行业物流、企业物流

①社会物流。社会物流是物流的主要研究对象,是指以全社会为范畴、面向广大用户的超越一家一户的物流。社会物流涉及商品流通领域发生的所有物流活动,是流通领域发生的物流,是全社会物流的整体。因此社会物流带有宏观性和广泛性,所以也称之为大物流或宏观物流。

②行业物流。在一个行业内部发生的物流活动被称为行业物流。在一般情况下,同一行业的各个企业在经营上往往是竞争对手,但为了共同的利益,在物流领域中却又常常互相协作,共同促进物流系统的合理化。

③企业物流。企业物流是指企业内部的物品实体流动。它从企业角度研究与之有关的物流活动,是具体的、微观的物流活动的典型领域。

(5)按照在供应链中所起的作用,物流可分为供应物流、生产物流、销售物流、逆向物流和废弃物物流

①供应物流。供应物流是指提供原材料、零部件或其他物料时所发生的物流活动。对于生产企业而言,它是指对生产活动所需要的原材料等物资的采购、供应活动所产生的物流;对于流通领域而言,它是指交易活动中从买方角度出发的交易行为中所发生的物流。

②生产物流。生产物流是指企业生产过程中发生的涉及原材料、在制品、半成品、产成品等所进行的物流活动。

③销售物流。销售物流又称为企业销售物流,是企业为保证本身的经营利益,不断伴随销售活动,将产品所有权转给用户的物流活动。通过销售物流,企业可以回收资金,进行再生产活动。

④逆向物流。逆向物流与传统供应链反向,是指为价值恢复或处置而对原材料、中间库存、最终产品及相关信息从消费地到起始点的有效实际流动所进行的计划、管理和控制过程。

⑤废弃物物流。废弃物物流是指将经济活动或人民生活中失去原有使用价值的物品,根据实际需要进行收集、分类、加工、包装、搬运、储存等,并分送到专门处理场所的物流活动。废弃物物流的作用是无视对象物的价值或对象物没有再利用价值,仅从环境保护出发,将其妥善处理,以免造成环境污染。

(6)按照物流活动的承担主体不同,物流可分为第一方物流、第二方物流、第三方物流、第四方物流

①第一方物流。第一方物流指卖方、生产者或者供应方组织的物流活动。这些组织的主要业务是生产和供应商品,但为了其自身生产和销售的需要而进行物流网络及设施设备的投资、经营与管理。

②第二方物流。第二方物流指买方、销售者或流通企业组织的物流活动。这些组织的核心业务是采购并销售商品,为了销售业务需要而投资建设物流网络、物流设施和设备,并进行具体的物流业务运作组织和管理。严格地说,从事第二方物流的公司属于分销商。

③第三方物流。第三方物流是指生产经营企业为集中精力搞好主业,把原来属于自己处理的物流活动,以合同方式委托给专业物流服务企业,同时通过信息系统与物流企业保持密切联系,以达到对物流全程管理控制的一种物流运作与管理方式。第三方物流企业既不属于第

一方,也不属于第二方,而是通过与第一方或第二方的合作来提供专业化的物流服务。第三方物流企业不拥有商品,不参与商品的买卖,而是为客户提供以合同为约束、以结盟为基础的系列化、个性化、信息化的物流代理服务。

④第四方物流。第四方物流是1998年美国埃森哲咨询公司率先提出的,专门为第一方、第二方和第三方提供物流规划、咨询、物流信息系统、供应链管理等活动。第四方并不实际承担具体的物流运作活动,而更多地关注整个供应链的物流活动。

除以上常见物流分类之外,还可以从物流作业的执行者角度将物流分为自营式物流、第三方物流、混合式物流等其他类型。

3. 物流的特征

（1）社会化

现代社会中的任何组织机构或个人,对物流的需求都不再是单纯追求由自己内部完成,而是交给其他专门的物流组织机构。物流从自给自足的生产方式转化成一定社会分工的专业化生产方式。第三方物流就已经成为物流业中发展最强且最具活力的一部分。

（2）现代化

在现代物流活动中,先进的机械设备在运输、仓储、装卸搬运、包装及流通加工等作业环节中得到广泛使用,例如,运输手段的专用化、大型化,装卸搬运的机械化、自动化,信息传输的网络化和计算机化,以及立体仓库的使用等。

（3）信息化

物流信息化是指物流企业运用现代信息技术对物流过程中产生的全部或部分信息进行采集、分类、传递、汇总、识别、跟踪、查询等一系列处理活动,以实现对货物流动过程的控制,从而降低成本、提高效益的管理活动。它能够以最小的成本带来最大的效益。

（4）系统化

物流系统是在一定的时间和空间里为进行物流活动,由物流人员、物流设施、待运物资和物流信息等要素构成的具有特定功能的有机整体。对物流系统进行系统综合、系统分析和系统管理等一系列过程就称为物流系统化。其包括:提高运输效率的方法,提高节点功能的方法,装卸合理化的方法,提高信息功能的方法。

（5）集成化

现代物流更注重于物流与供应链其他环节的集成,包括物流与商流的集成,物流渠道之间的集成,物流环节与制造环节之间的集成。

（6）快速化

快速化主要体现在物流反应方面。物流服务提供者对上游、下游的物流需求反应速度越来越快,前置时间越来越短,配送间隔越来越短,速度越来越快。

（7）专业化

专业化一方面体现在物流作为企业的一个专业部门独立存在,并承担专门职能;另一方面随着现代物流的发展,出现了专业化的物流企业,提供不同的物流服务。

（8）网络化

为了保证对产品促销提供快速、全方位的物流支持,现代物流需要有完善、健全的物流网络体系,网络上点与点之间的物流活动保持系统性、一致性,这样可以保证整个物流网络有最优的库存水平及库存分布,运输与配送快速、机动,既能铺开又能收拢。分散的物流单体只有形成网络才能满足现代生产与流通的需要。

（9）电子化

由于计算机信息技术的应用,现代物流过程的可见性明显增加,物流过程中库存积压、延期交货、送货不及时、库存与运输不可控等风险大大降低,从而可以加强供应商、物流商、批发商、零售商在组织物流过程中的协调和配合以及对物流过程的控制。

（10）市场化

现代物流的具体经营采用市场机制,无论是企业自己组织物流,还是委托社会化物流企业承担物流任务,都以"服务-成本"的最佳配合为总目标,谁能提供最佳的"服务-成本"组合,就找谁服务。国际上既有大量自办物流,也有大量利用第三方物流企业提供物流服务的例子,比较而言,物流的社会化、专业化已经占到主流,即使是非社会化、非专业化的物流组织也都实行严格的经济核算。

4. 物流的作用

物流作为一种社会经济活动,除了具有运输、储存、配送、包装、装卸搬运、流通加工、信息流动等重要功能之外,对社会生产和生活活动也起着不可小觑的作用。

（1）物流创造了时间价值、空间价值、加工附加价值

①时间价值。"物"从供给者到需要者之间本来就存在一段时间差,时间价值是指改变这一时间差所创造的价值。时间价值通过物流能够获得。缩短时间,是物流必须遵循的一条经济规律,可以加快物流速度,减少物流损失,降低消耗,加速周转,节约资金;弥补时间差,以科学的、系统的方法弥补供给与需求之间的时间差,实现时间价值;延长时间差,人为地、能动地延长物流时间来创造商品价值,均衡人们的需求。

②空间价值。空间价值是由现代社会产业结构、社会分工所决定的,商品在不同地理位置有不同的价值,通过物流将商品由低价值区转到高价值区,比如:从集中生产场所流入分散需求场所创造价值;从分散生产场所流入集中需求场所创造价值;在低价值地生产流入高价值地需求创造价值等。

③加工附加价值。加工附加价值是补充性加工活动所创造的,这种活动并不创造商品的主要实体并形成商品,而是带有完善、补充、增加性质的加工活动。它是现代物流区别于传统物流的一个重要方面。

（2）物流是社会再生产和企业生产连续进行的前提条件

物流要为企业创造经营的外部环境,一个企业的正常运转,一方面要保证按企业生产计划和生产节奏提供和运达原材料、燃料、零部件,另一方面要将产品和制成品不断运离企业,这个最基本的外部环境正是要依靠物流及有关的其他活动创造和提供保证的。物流是企业生产运行的保证,企业生产过程的连续性和衔接性是依靠生产工艺中不断的物流活动保证的。物流是发展企业的重要支撑力量。

（3）物流是实现商品价值和使用价值的条件

物流是把生产生活领域物质资料的潜在的价值和使用价值变成现实的价值和使用价值的关键。它能够按生产的需要及时为企业生产提供劳动资料和对象,从而促进生产快速发展,也可以将生产资料按质按量供给生产企业实现其价值和使用价值,同时也将企业的生活资料及时、准确地送到消费者手中,实现其价值和使用价值。

（4）合理的物流是提高全社会经济效益的重要源泉

对物流过程进行合理的控制,不仅可以减少生产资料在流通环节的损耗,而且还可以在生产资料综合利用、节约代用、加工改制等方面起作用,充分发挥生产资料的效用。合理的物流能消除迂回运输、相向运输等不合理运输,在节约运力方面发挥重要作用,增加企业效益。合理的物流还可以控制企业的商品库存,减少不必要的物资储存,加速物资周转,更好地发挥现有物资的效用。除此之外,合理的物流能够成为国家或地区财政收入的主要来源,能够造就大量的就业领域,成为科技进步的主要发源地和现代科技的应用领域。

（5）物流是联系国民经济各类领域、部门、产业、行业、企业的纽带与桥梁

物流通过不断输送各种物质产品,使生产者不断获得原材料、燃料以保证生产过程的正常进行,又不断将产品运送给不同需要的消费者,以使这些消费者的生产、生活得以正常进行。这些互相依赖的存在,是靠物流来维系的,国民经济因此才得以成为一个有内在联系的整体。

（6）合理的物流可以最大限度地满足社会和劳动者的物质和文化的需要

合理的物流会使地区经济与外界交流活跃,增加人员的交往,因而极有利于开阔视野,启迪思维,促进观念的更新,促进社会的进步。社会的不断进步,也必然对物流的程度和范围提出更高的要求。合理的物流对我国实现农业、工业、国防和科学技术的现代化起到了重要的作用,对社会经济的发展起到了支柱作用。

小结

物流是指物品从供应地向接收地的实体流动过程。根据实际需要,将运输、储存、装卸、搬运、包装、流通加工、配送、信息处理等基本功能实施有机结合。

物流的特点包括社会化、现代化、信息化、系统化、集成化、快速化、专业化、网络化、电子化、市场化。

物流可以根据不同的划分标准分为不同类型,并且在社会生产生活中有着非常重要的作用。

 复习思考题

1. 物流的基本概念及特征是什么?
2. 物流有哪些分类标准?
3. 物流有什么作用?

 实训

实训1-1

1.2 物流管理概述

知识目标

1. 理解物流管理的基本概念及目标。
2. 掌握物流管理的基本内容。
3. 理解物流管理的基本特征。

技能目标

能够利用物流管理的基本概念解决基本问题。

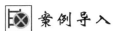

传化智联：天网＋地网，描绘物流新场景

3C电器、建筑材料、化工原料……各式各样的货物在这里不断地聚集，经快速分拨后发往全国。这样繁忙的景象，在杭州传化公路港2.8万平方米的仓库中每天上演。

这么庞大的货物体量，如何精准快速地送到客户手中？传化智联的智能物流平台在背后起着重要作用。"从线下到线上，我们对仓储和运力资源进行全网线上调度和匹配，实现全网智能调度、全网智能指挥、全网智能监控。"传化智联智能化技术中心副总经理说。

目前，传化智联搭建了遍布全国100多个城市的智能公路港和"仓、运、配"一体化服务网络，打造贯穿产业链上下游的智能信息系统。让企业物流实现一键发货、一单到底、全程智能化管理和在线支付，还可接入各类安全、便捷的供应链金融服务。

布局全国化智能公路港 帮助企业降本增效

随着大数据、人工智能等技术在传统物流行业的应用推广，物流行业正在经历数字化转型大变革时代。作为物流行业的"元老"，传化智联自然走在前头，其目标是将传化智联打造成一家数据驱动的技术公司。

传化集团自1997年涉足物流业，就一直以创新的思维，引领国内公路物流业的发展。传化智联构建服务产业端的智能物流平台，为货主企业和物流企业提供智能公路港服务、网络货运平台服务、仓运配物流服务和支付金融服务等，持续帮助企业供应链降本增效。

早在2003年，传化智联就建成全国首个公路港——杭州公路港，在全国首创"公路港物流服务平台"模式。其核心是把分散运力、货源、物流相关服务等物流资源集聚到一起，通过基于共享的整合、调度，实现高效配置，成为城市功能的重要组成部分。

以"智能公路港全国网"为基础，传化智联建设形成了覆盖33个城市的仓储网络，整合连接了自有车辆、物流公司与社会车辆等400多万运力资源，形成了"仓储、运输和配送"的全国化网络及"干线＋配送"的一体化能力。2020年以来，传化网络货运平台业务累计运力资源230万、日订单处理能力3万，并保持了超过23%的月复合增长率。

AI赋能物流供应链 让复杂信息顺畅流转

物流的运输离不开一张基础的网络。这张网络由目前分布在全国各地传化公路港交织而成，让生产资料和生活资料高效流通。

从集货到仓储分拨,到干线运输,再到落地配送,诸多环节涉及多种角色共同参与,其中的复杂环节如何互相衔接、顺畅流转?

凭经验做事是肯定不行的,需要依靠人工智能(AI)、物联网等技术组成的公共平台来实时掌握每一环节的数据,然后根据数据计算得到最优解,优化整体效率。数字化是实现智慧物流的第一步,也是最重要和艰难的一步。其中,数字化分为两类。一类是实体的数字化,即把人、车、货、场等实体映射到数字空间;另一类是事件的数字化,实时记录人、车、货、场的关系变化,比如是哪辆车进入公路港、是否在装卸货物等。而事件的数字化比较困难,其实现途径主要有两种:一种是 UGC(用户生成内容),比如用户通过传化智联的系统下了一条订单,这就生成了一条数字化信息;另一种是利用物联网技术让机器自动创建数据,比如集成了 AI 技术的摄像头可以自动分析画面内容生成数据。

传化智联在公路港的入口部署了很多智能摄像头,车辆进入时它会自动拍照和识别车牌、车标、车长、车身颜色等信息,并关联业务系统,分析这辆车的出入信息、物流公司归属等数据。同时,引入区块链、智能算法等人工智能技术,实现 AI 智能审单、运力智能调度、车辆在途监控、超时预警、专属第三方支付等功能,打破行业信息孤岛,提升系统安全和供应链各环节整体协作效率。

与其他行业强强联合 共同打造未来物流生态

人工智能会给物流行业带来哪些改变?技术的发展和流程的改进,本就是一个相辅相成的过程,最终会带来效率的提升。最终,人工智能带给行业的,会是物流供应链流程的整体梳理。

对于智慧物流的未来,传化智联看得非常清楚。"我们的公路港是共享的,未来的仓是共享的,未来的车子是共享的,它们统一向物流大脑输送数据。传化智联希望做到未来物流行业的动力源不是柴油和汽油,而是数据。"传化智联智能化技术中心副总经理描绘了一张智慧物流蓝图。

有了信息,效率就可以提升,就可以挖掘出更多的价值。当然这个不是传化智联一家的事情,这么多不同类型的技术、专业、科目,需要专业的人去做,必须要联合更多的合作伙伴、外部资源共同来打造这个生态,提升整个行业效率。

目前,传化智联已经携手中国电信、华为、天翼智联,发挥各自的优势,共同探索新技术在各类物流场景的应用。比如,传化智联和海康威视合作,依托图像识别技术和事件算法,实现园区智慧安防,通过5G+无人车实现园区机器人巡查和货物搬运。物联网的网络怎么快速地获取数据?在各种终端上则是依托中国电信的技术。传化智联还与中国电信试点了5G智能化公路港,在共享云仓、停车场出入口等区域的视频监控上应用,未来将逐步实现园区内物流全流程可视化、无感停车、人脸识别、仓库的无人叉车等。

资料来源:传化集团有限公司传化智联:天网+地网,描绘物流新场景[EB/OL].(2020-12-16)[2021-04-10].https://tech.china.com/article/20201216/122020_675504.html.

案例分析

传化智联通过采用先进的物流管理系统,以创新的思维打造智慧物流平台。随着大数据和人工智能在物流业的广泛应用,物流业也在经历着巨大的变革。先进的物流管理方式和理念,以及先进的科学技术的引入,在深度及广度上都覆盖了综合的物流服务网络,给企业及客户都带来极大的好处。

思考·讨论·训练

1. 分析传化智联如何打造智慧物流?
2. 你认为新技术给物流行业带来哪些改变?

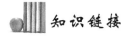
知识链接

1. 物流管理的概念和目标

物流管理(logistics management)是指在社会再生产过程中,根据物质资料实体流动的规律,应用管理的基本原理和科学方法,对物流活动进行计划、组织、指挥、协调、控制和监督,使各项物流活动实现最佳的协调与配合,以降低物流成本,提高物流效率和经济效益。实施物流管理的目的就是要在尽可能最低的总成本条件下实现既定的客户服务水平,即寻求服务优势和成本优势的一种动态平衡,并由此创造企业在竞争中的战略优势。根据这个目标,物流管理要解决的基本问题,就是把合适的产品以合适的数量和合适的价格在合适的时间和合适的地点提供给客户。

2. 物流管理的内容

(1) 物流作业管理

企业乃至供应链的物流系统是由一系列物流作业组成的。随着物流管理越来越受到重视,物流作业管理也成为现代物流管理的重要组成部分。物流作业管理强调低成本、高质量和快速响应。企业利用作业成本法测算与物流活动相关的费用,使得物流成本明晰化。然后,在作业成本法的基础上,应用作业管理思想来进行物流管理,深入开展企业作业的增值性分析和因果关系分析。作业成本法为物流作业管理提供了有效的成本核算工具,企业利用作业成本法所得到的信息,在作业分析的基础上,对物流作业流程进行改善,实行有效的作业管理,从而实现物流总成本最低和作业流程最优的目标。

(2) 物流战略管理

物流战略管理是指通过物流战略设计、战略实施、战略评价与控制等环节,调节物流资源、组织结构等最终实现物流系统宗旨和战略目标的一系列动态过程的总和。物流战略管理包括企业物流战略和第三方物流战略,涉及不同层次的战略设计、战略组织和战略过程。其目标是降低成本、减少资本、提高服务水平。

(3) 物流成本管理

物流成本管理是对物流相关费用进行的计划、协调与控制。物流成本管理是通过成本去管理物流,即管理的对象是物流而不是成本。物流成本管理可以说是以成本为手段的物流管理方法。物流成本是以物流活动的整体为对象的,是唯一基础性的、可以共同使用的基本数据。可以说物流成本是进行物流管理,使物流合理化的基础。

(4) 物流服务管理

物流企业要取得竞争优势,向集约化发展是一条必由之路。物流的配送中心不仅只提供仓储和运输服务,还必须开展配货、配送和各种提高附加值的流通加工服务项目,也可按客户的需要提供其他个性化服务。物流企业一方面要与货主企业结成战略伙伴关系,以保证得到长期的货源;另一方面要有助于货主企业的产品迅速进入市场,提高竞争力,从而实现互利共赢。因此,对于物流企业而言,服务质量和服务水平正逐步成为比价格更为重要的选择因素。

(5) 人力资源管理

人力资源管理是指在经济学与人本思想指导下,通过招聘、甄选、培训、报酬等管理形式对组织内外相关人力资源进行有效运用,满足组织当前及未来发展的需要,保证组织目标实现与成员发展的最大化的一系列活动的总称。其就是预测组织人力资源需求并做出人力需求计划,招聘选择人员并进行有效组织,考核绩效支付报酬并进行有效激励,结合组织与个人需要进行有效开发以便实现最优组织绩效的全过程。

(6) 供应链管理

供应链是由供应商、制造商、仓库、配送中心和渠道商等构成的物流网络。同一企业可能构成这个网络的不同组成节点,但更多的情况下是由不同的企业构成这个网络中的不同节点。比如,在某个供应链中,同一企业可能既在制造商、仓库节点,又在配送中心节点等占有位置。在分工愈细、专业要求愈高的供应链中,不同节点基本上由不同的企业组成。在供应链各成员单位间流动的原材料、在制品和产成品等构成了供应链上的货物流。有效的供应链管理可以实现四项目标:缩短现金周转时间,降低企业面临的风险,实现盈利增长,提供可预测收入。

3. 物流管理的特征

(1) 以提高客户满意度为第一目标

物流起源于客户需求,离开了客户需求,物的流动就会变得盲目。因此,在客户需求的驱动下,物沿着供应链从上游的供应商向下游的客户流动。客户需求成为驱动物流的原动力。

(2) 注重整个流通渠道的物流运动

物流管理的主要对象从传统的包含采购、生产和销售物流的企业物流,扩展成包含退货物流和废弃物物流等逆向物流的社会物流。

(3) 以整体最优为目的

从原材料的供应计划到向最终消费者配送产品等各种活动,不光是各个单个部门的活动,而是将各部分和部门有效结合发挥综合效益。也就是说,现代物流所追求的费用、效益观,是针对供应、生产、销售、物流等全体最优而言的。

(4) 既重视效率,更重视效益

现代物流管理不仅追求物流体系中的增值能力,更注重物流活动过程中的增值服务能力,把客户满意度作为衡量物流运营能力的标准。

(5) 以信息为中心的实需对应型的商品供应体系

在信息的驱动下,物流的效率和效益达到了最大化,同时,它改变了传统的由预测驱动物流的方式,因为现代物流是由客户的订货单驱动的。

(6) 对商品运动的一元化管理

伴随着商品实体的运动,必然会出现"场所移动"和"提前期"这两种物理现象。其中"提前期"在当今产销紧密联系以及物流一体化、网络化的过程中,已经成为一种重要的经营资源。"场所移动"和"提前期"分别表达了订货至交货的场所和订货至交货的时间内涵,突出了准时制(JIT)的思想。

小结

物流管理是一个企业发展战略的重要组成部分。物流是随着社会经济的发展、社会分工的细化而产生的,物流管理必须不断完善和科学化。随着全球经济一体化和信息技术的飞速发展,企业获取生产资料的途径与产品营销的范围日趋扩大;再加之现代企业竞争的结果使生产企业和商业企业都进入了一个微利时代,产品的成本和利润也变得非常透明。这些因素都呼唤一种新的模式来变革社会生产、物资流动、商品交易及管理方式。

物流管理是以企业的物流活动为对象,为了以最低的成本向用户提供满意的物流服务,对物流活动进行的计划、组织、协调和控制,包括物流作业管理、物流战略管理、物流成本管理、物流服务管理、人力资源管理和供应链管理等,具有不同的特征和作用。

1. 物流的管理的基本概念及特征是什么?
2. 简述物流管理的目标。
3. 简述物流管理的基本内容。

实训

实训 1-2

1.3 现代物流的发展

知识目标

1. 了解现代物流的发展历程。
2. 了解现代物流的发展趋势。
3. 认识我国现代物流发展现状。

技能目标

能够基于现代物流发展的历程和现状分析发展规律。

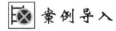

面单小了,包装轻了——"双11"绿色物流观察

纸张使用减少一半的快递面单,减塑20%、单个可减少碳排量11.69 g的环保快递袋,不使用额外包装的商品"原箱配送",根据包裹大小"量体裁衣"的"切箱"技术,无须胶带封装、百分百可回收的"拉链箱"……在浙江杭州未来科技城,仓溢东苑社区快递网点经历了一场"双11"的绿色升级。

"每当有客户来取包裹,我们都会向客户倡议将快递包装盒进行绿色回收,回收的快递盒我们会给其他客户寄件使用,让包装循环使用。"仓溢东苑站长指了指网点进门右手边的绿色回收箱，里面堆满了不同规格的包装盒。"双11"期间每天至少有1500人来取件，其中约有一半人会参与快递盒回收。

这样的站点，正在向外传导"双11"绿色升级的信号。菜鸟"绿色行动"负责人介绍，2020年"双11"，"绿色行动"覆盖快递包裹的查、取、寄等各环节。尤其在"最后100米"，菜鸟驿站专门新增了1.2万个回收点，将绿色物流深入消费者所在的社区。

国家邮政局数据显示，2019年中国快递量超600亿件，2020年预计达750亿件。据初步预计，2020年11月1日至16日，全行业处理的邮(快)件业务量将达57.8亿件，同比增长47%左右。

"双11"产生的这些订单意味着数亿件包裹在全国流动，通过包装减量、提升包材"含绿量"、降低碳排放量，中国的快递行业正为"双11""减碳增绿"加码发力。

圆通速递在"双11"期间增加投放可循环中转袋650万个；中通快递已实现45 mm以下"瘦身胶带"封装比例大于90%，电商快件不再二次包装率大于80%，末端网点铺设超过2.1万个包装废弃物回收装置；顺丰速运2020年计划试点循环容器等环保项目……

从底层技术方面不断优化电子面单、装箱算法、智能路径规划等技术，到末端回收方面广布绿色回收箱，一个社会协同、开放共享的绿色快递基础设施正在逐步建立完善。

《中国邮政快递业绿色发展报告(2019—2020)》统计，2019年全行业使用快递电子运单节约耗用纸量相当于617.4亿张A4纸，可以少砍伐188.72万棵大树，节约2696 m^3 的水。

物流包装不只是电子商务配送末端的物流包裹问题，在电子商务物流系统上游，商品的采购、运输、仓储、分拣、加工、配送等各环节也都涉及产品包装，在拆箱、分拣过程中存在着重复包装、过度包装、包装规格杂乱无章等问题。

快递绿色化发展问题不仅在于包装原材料的持续创新和规模化应用，更在于建设一个社会协同的、开放共享的基础设施，例如回收体系、治理体系，而绿色物流也需要坚持长期主义和社会各界共同参与、多方共治。

资料来源：殷晓圣，黄筱.面单小了，包装轻了："双11"绿色物流观察[EB/OL].(2020-11-13)[2021-04-12].http://www.xinhuanet.com/2020-11/13/c_1126737336.htm.

案例分析

这个案例提示我们，近年来，我国物流业的快速增长，环境保护也成为物流发展的新方向。如何实现低碳环保，成为每个物流企业的新课题。绿色物流的倡导也是物流发展的新趋势。从底层技术方面不断优化电子面单、装箱算法、智能路径规划等技术，到末端回收方面广布绿色回收箱，一个社会协同、开放共享的绿色快递基础设施正在逐步建立完善。从小处着眼，绿色物流带来的好处不胜枚举。

思考·讨论·训练

1. 随着物流的发展，绿色物流呈现出哪些特点？
2. 试分析现代物流发展的趋势。

知识链接

1. 现代物流的发展历程

现代物流是人类进入信息经济时代适应全球经济一体化的产物，可以说现代物流是现代社会经济正常运行的主动脉。它是泛指原材料、产成品从起点至终点伴随相关信息有效流动的全过程，包含了产品生命周期的整个物理性位移的全过程。现代物流将运输、包装、仓储、装卸、加工、整理、配送与信息等方面有机地结合起来,形成完整的供应链,为用户提供多功能、一体化的综合性服务。

物流管理和经营活动最初发源于美国,其理论最初产生于 1901 年。早在第一次世界大战后的 20 世纪 20 年代,美国的理论界就开始使用"physical distribution"作为企业经营活动中一个重要的因素来加以考察和研究。到了第二次世界大战,规模空前的战争导致了物资运输不仅横跨大西洋、太平洋,而且遍布亚、非、欧三大洲,大规模的后勤供给活动促使人们开始运用运筹学、系统论的观点,综合地看待战争时期的后勤供给活动,以保障物资运输链条的高效运转,并以最少的周转环节、最短的时间保证物资及时到达目的地。它不仅保证了反法西斯同盟取得二战的最终胜利,也创造和孕育了现代物流基本理论体系的雏形,人们开始使用"logistics management"。

第二次世界大战后,物流的理论与管理方法得到了企业及政府管理部门的普遍认可和赞同,并被广泛应用于社会实践和生产管理中,其理论在实践中得到了进一步的发展和深化;特别是 20 世纪 80 年代以后,大型先进管理系统软件的开发和应用,极大地推动了现代物流和供应链管理理论在生产流通全过程的广泛应用,并形成了综合物流的概念和供应链管理过程一体化的概念。

目前,世界上一些国家,为了充分发挥货物运输的效率,在其中心城市、交通枢纽周围都设有货物流通中心,而且已联成网。

在现代物流管理过程中,信息化、网络化的特征愈来愈明显,人们甚至开始使用电子物流来指代现代物流活动,现代物流愈发体现出专业化、国际化、一体化的特点。在全球化浪潮的推动下,如何利用现代物流的理念,结合电子技术、信息技术、网络技术、数据库技术、数据挖掘技术推动我国的物流产业升级与整合,参与全球化竞争,提高国际竞争力,开拓出一条跨越式的发展道路来,已经成为我们必须面对并应解决的问题。

2. 现代物流的发展趋势

进入 21 世纪,全球经济一体化进程加快,企业面临着更为激烈的竞争环境,资源在全球范围内的流动和配置大大加强,世界各国更加重视物流发展对于本国经济发展、民生素质和军事实力增强的影响,更加重视物流的现代化,从而使现代物流呈现出一系列新的发展趋势。

(1) 物流企业向集约化与协同化方向发展

就整个物流产业而言,在物流市场形成初期,由于物流服务的技术含量不高,行业壁垒又较低,各类物流企业间因经营模式的相似性而难分高下,多数物流企业没有形成独特的经营理念,企业的竞争地位不稳定。伴随着物流市场的全面启动,物流产业将由起步期逐渐过渡到发展期甚至成熟期,物流服务产品的标准化、规范化和全面市场化的发展必然对物流企业产生重大的影响。物流行业服务标准的形成和物流市场竞争格局的逐步确立,将使得物流产业的规模效应迅速显现出来,物流产业的空间范围进一步扩大,物流企业将向集约化与协同化发展,主要表现为:物流企业的兼并与合作、物流企业间战略联盟的形成。

(2) 物流服务的优质化与全球化趋势日益明显

随着消费多样化、生产柔性化、流通高效化时代的到来,社会和客户对物流服务的要求越来越高,人们更注重的是物流服务的质量,物流成本不再是客户选择物流服务的唯一标准。所以今后发展的主要趋势是物流服务的优质化,即把适当的产品,在适当的时间、适当的地点,以适当的数量、适当的价格,提供给客户,将成为物流企业优质服务的共同标准。

（3）第三方物流快速发展

第三方物流就是指在物流渠道中由中间商提供的服务。所以，第三方物流提供商是一个为外部客户管理、控制和提供物流服务作业的公司，它们在供应链中不占有一席之地，仅仅是第三方物流公司，但通过提供一整套物流活动服务于供应链。

（4）绿色物流成为物流发展的又一趋势

绿色物流，就是以降低对环境的污染、减少资源消耗为目标，利用先进物流技术规划和实施运输、仓储、流通加工、配送、包装等的物流活动。绿色物流适应世界发展的潮流，是全球一体化的需要，是物流不断发展壮大的根本保障，是最大限度降低经营成本的必由之路。

（5）物流产业将向多元化方向发展

随着电子商务、网络技术及物流全球化的迅速发展，广义的区域物流与企业物流通过上下游的延伸和拓展，呈现出相互整合的趋势。这种趋势促使物流企业模式即物流产业经营类型与业态向着多元化和细分化的方向发展。随着我国物流业的发展趋于成熟，市场份额的控制壁垒随之产生，并会不断强化。在优胜劣汰中保留下来的物流企业将会控制行业的部分份额，并形成稳定的业务渠道；新加入的企业则必须开辟新的市场空间。这将在一定程度上加速物流业态向多元化发展。

（6）物流呈现信息化、自动化、网络化和智能化的趋势

物流信息化主要包括物流信息收集的数据库化和代码化、物流信息传递的标准化和实时化。物流信息化使得物流信息传递更加方便、快捷、准确，从而提高了整个物流系统的经济效益。也可以说，信息化是物流业发展的助推器，是现代物流的基础，也是现代物流最基本的特征。自动化以信息化为基础，利用各种自动化技术使物资在分类、配送、库存管理、计量等方面实现无人自动化控制，极大地提高了物流作业的能力，减少了物流作业的差错。自动化技术在物流中的运用，使物流业发生了巨大的变革，也使物流及其管理进入了现代化。网络化以物流的信息化为基础，一般包括两个层面：组织的网络化和计算机信息通信的网络化。智能化是物流自动化、信息化的一种高层次应用。随着区块链、物联网、大数据、云计算、人工智能等技术的运用，物流的智能化成为物流发展的一个方向。

3. 我国现代物流的发展

（1）我国现代物流的发展现状

①我国物流产业处于高速增长和激烈竞争阶段。纵观我国物流业发展的历程，大致可以分为四个阶段。第一阶段是1978年以前，当时由于受到计划经济和苏联模式的影响，物流业主要是保证国家指令性计划分配指标的落实，很大程度上忽略物流的成本与经济效益；第二阶段是1978—1993年，伴随着改革开放，逐步实现了计划经济向市场经济的转变，西方先进的物流思想也同时在国内受到重视，物流产业处于初始成长期；第三阶段是1993—2000年，由于市场经济不断发展和企业物流需求的不断增加，现代物流得到广泛重视并实现规模化的快速发展；第四阶段是2001年以后，我国加入世界贸易组织（WTO）后，外资物流企业大量涌入我国市场，推动国内物流产业的跨越式发展。物流产业已名副其实地成为我国经济发展的重要因素和企业创造利润的源泉之一。

②我国物流产业呈现多元化格局，竞争更为激烈。按照我国加入WTO时的承诺，2005年，在商品分销、公路运输、铁路运输、仓储、货运代理、邮递服务等物流市场领域已经全面开放，市场主体正呈现国有、集体、民营、外资等各种所有制物流企业相互依存、同台竞争、相互促

进的多元化的局面。一是国外跨国公司以合资或独资形式建立外资物流企业,为其在中国的生产、销售和采购等物流活动提供越来越全面的服务;二是民营物流企业按照现代物流理念和经营模式建立的新型专业物流服务企业,成为物流市场最具活力的力量;三是传统的运输、货代、仓储等国有企业,仍是物流市场的主力军。这种多元结构使我国物流产业形成了激烈竞争的格局。

③我国第三方物流方兴未艾。第三方物流模式是一种个性化、多功能的增值服务,效益和效率都比较高的现代物流社会化服务模式,受到全球企业的广泛关注。日本、欧洲和美国等发达国家和地区目前使用第三方物流服务的比率分别高达80%、76%和58%,而且需求仍处在不断增长之中。我国第三方物流开始于20世纪末,现已发展成为一个具有较高发展潜力的崭新行业。

（2）我国物流产业发展过程中存在的问题

我国物流产业同发达国家物流产业相比较,还相对落后,一些弊端逐渐显现。特别是在我国加入WTO以来,物流产业明显暴露出落后和不适应的劣势。

①我国物流产业市场机制不健全,缺乏高效的现代物流体系。现代物流产业涉及多个部门,横跨运输、仓储、装卸等不同的行业。这就必然要求通过建立政府部门间的综合协调机制,构建统一、高效的现代物流体系。然而目前,我国物流产业实际上处于条块分割的管理体制之下,物流产业的管理权限被分割在若干个部门和地区,各部门和地区自成体系、自我管理,使得部门之间、地区之间的权力和责任相互重叠,无法形成有效合作和协调发展的现代物流产业体系。在现代物流体系缺位的背景下,物流资源无法得到科学、有效的统一配置,阻碍物流产业的进一步发展。

②我国物流产业增长方式仍然属于粗放式经营模式。尽管我国物流产业规模不断扩大,但同发达国家物流产业相比较,我国物流产业整体水平相对较弱,物流产业仍然处于粗放式经营的层面,质量和效益并不理想。一方面,我国物流成本较高,物流产业效率偏低。另一方面,我国物流业务附加值低,增值服务少。多数从事物流服务的企业只能提供单一运输和仓储服务,缺乏流通加工、物流信息服务、库存管理、物流成本控制等增值服务,特别是在物流方案设计以及全程物流服务等高附加值服务方面还没有全面展开,导致物流活动长期处于低水平的粗放阶段。

③我国物流产业空间布局上呈现区域梯级发展模式。我国物流产业空间发展不平衡,东部沿海地区明显领先于中西部地区,表现为物流基础设施和规模大的物流企业多集中于东部沿海地区。据统计,我国物流基础设施54%分布在东部、30%分布在中部、16%分布在西部,呈现明显梯级递减模式。另外,我国城市物流与农村物流发展严重失衡,农产品物流与农资物流发展滞后。

由此可见,我国物流产业存在多方面问题,面临着适应各种新趋势的巨大压力和挑战。解决这些问题的根本途径在于实现国内传统物流向现代物流的顺利转变。现代物流是建立在新的政策体制、技术手段、企业制度、运行机制的平台上的,对社会物流资源的全面整合,是一项十分复杂的系统工程。在上述的转变过程中需要重点思考以下三个问题:

第一,充分发挥政府在物流产业发展中的指导作用,积极发展现代物流产业。发达国家的经验表明,现代物流产业同各国经济结构的调整、经济增长方式的转变有着巨大的关联性,各国政府在其本国物流产业的发展中也都发挥着举足轻重的作用。政府应该从整体上重视物流发展的规划工作,制定完善的物流产业政策,建立物流产业从宏观乃至行业管理的有机体系,形成合理的物流产业结构,实现管理上的科学、合理分工。

第二,转变物流企业经营方式,努力提高物流产业核心竞争力。我国与全球市场的联系日益紧密,国内物流企业与国外物流企业的竞争更为激烈。但是国内物流企业经营管理方式落后,缺乏核心竞争力。因此,转变物流企业经营方式,改善物流管理水平,提升物流产业的核心竞争力,将是领先国际物流市场的重要战略。

第三,发展国际物流,积极参与全球供应链一体化。跨国公司的全球供应链整合延伸到国内,企业的经营视角已不再局限于某个地区,而是转向全球市场,物流国际化已成为不可阻挡的必然趋势。如何应对物流国际化将是国内物流企业面临的重大挑战之一。首先,我国物流企业应增强全球化物流的整体意识,积极制定、实施国际化物流战略,通过技术革新提高国内物流企业在国际市场上的竞争能力和成本优势。其次,积极参与全球动态联盟供应链,利用网络技术在全球范围内建立一条经济利益相连、业务关系紧密的行业供应链,实现资源共享、优势互补,充分利用国内、国外一切可利用的资源来适应经济全球化的竞争环境,加速商品周转、资金流动,减少库存和加速商品的国际流通。

小结

现代物流是指具有现代特征的物流。现代物流是与现代化大生产紧密联系在一起的,体现了现代企业经营和社会经济发展的需要。随着现代物流的发展、时代的进步,物流管理和物流活动的现代化程度也在不断提高。

随着全球经济一体化的加快,世界各国也更加重视物流的发展,现代物流在整个生产生活中也占有着非常重要的地位,更有不断向前发展的趋势。我国的现代物流发展较晚,虽然面临着一些挑战,但也有更好的机遇。

复习思考题

1. 现代物流的发展趋势是什么?
2. 简述我国现代物流的发展现状。

实训

实训1-3

即测即评

项目 2　物流系统

2.1　物流系统概述

知识目标
1. 理解物流系统的基本概念及特征。
2. 了解物流系统的构成要素。
3. 理解物流系统的基本模式。

技能目标
1. 能够识别物流系统模式。
2. 能够理解不同企业提出的物流系统目标。

南亚最大电商平台 Daraz 搭建自营物流系统

南亚最大电商公司 Daraz 的自主物流平台 Daraz Express(DEX)全面布局斯里兰卡物流基础设施,到 2019 年 3 月为止已将物流枢纽发展到该国 14 个地区。

自 2012 年成立起,Daraz 迅速将业务拓展至巴基斯坦、尼泊尔、孟加拉国、缅甸和斯里兰卡。斯里兰卡方面,除了主要消费市场科伦坡,加姆珀哈、康提和卡卢特勒也紧随其后,地区内每月至少有 4000 次出货量。斯里兰卡贾夫纳、库鲁加拉拉、安帕拉和巴杜勒等地区的电商市场也正在迅速崛起,而物流设施却亟待改善。

Daraz 分析斯里兰卡物流现状,自营物流利于品牌推广

Daraz 成立初期就认识到分散运营和建立区域枢纽的重要性。在建立枢纽之前,Daraz 斯里兰卡首席运营官 Darshika Attanayake 对市场进行了审查,以了解业务的数量和可持续性。他表示建设枢纽主要为了适应第三方物流公司(3PL)难以满足的激增的市场需求,并更好触达买家。

自建物流枢纽的另一个优势在于跟踪交付的可见性,拥有更快的交付周期以及建立买卖双方之间的信任。DEX 每个枢纽中心至少包含四名车手、一名行政人员和一名客服人员。这种分散的操作可以加强社区性运营。另外,枢纽工作人员可以帮助当地刚接触网购的消费者学习网购流程。

从品牌推广的角度来看,带有品牌标志的 Daraz 车队和车手在岛上骑行运送货品的过程,本身就相当于为品牌做了户外广告,可以更好地提高 Daraz 在斯里兰卡当地的知名度。

Daraz 计划与区域物流供应商分享技术,为行业带来可持续的增值。换句话说,就是 Daraz 将提供管理技术和基础设施,由第三方物流公司执行运输。这一战略将为第三方物流企业创造利润空间，以 Daraz 为基准自行增长。

斯里兰卡电商市场被看好，更强物流筹备"双11"大促

"基于过去几年 Daraz 业务增长五倍的佳绩，我们看到电子商务在斯里兰卡的良好前景，并且能看到当地物流市场的巨大潜力。"Darshika 表示，未来，物流枢纽可以实现客户对包裹的实时跟踪，并在为顾客提供方便的基础上提高出货量。

Darshika 另外强调，库存管理是高效物流运作的关键。理论上，电商平台是在零库存模型中运行，但是在斯里兰卡，智能手机、家电和笔记本电脑等品类有很大市场需求，因此 Daraz 会通过购买并储存快速消费品来缩短交货时间2~3天。

而建设高效物流也是为"双11"大促做筹备。据 Darshika 介绍，"双11"期间，斯里兰卡地区出货量接近190000个。整个市场只能处理大约90000个，其中大部分是通过物流中枢 DEX 处理的。如此规模的活动需要近一年的时间来规划，整个物流生态系统必须协作。

资料来源：南亚最大电商平台 Daraz 搭建自营物流系统[EB/OL].(2019-03-10)[2021-04-12]. https://www.ebrun.com/20190310/323870.shtml.

案例分析

这个案例提示我们，目前各国物流企业都在加紧信息化建设，对于企业业务数量的增长和可持续性的发展来说，可以更好地提高效益，带来持续增值。未来物流枢纽可以实现客户对包裹的实时跟踪，并且在为顾客提供方便的基础上提高出货量。

思考·讨论·训练

1. Daraz 搭建自营物流系统带来的好处有哪些？
2. 你认为如何利用物流各子系统的优势来优化企业物流？

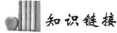
知识链接

1. 物流系统的概念

物流系统是由两个或两个以上的物流功能单元构成，以完成物流服务为目的的有机集合体。它是指在一定的时间和空间里，由所需输送的物料和包括有关设备、输送工具、仓储设备、人员以及通信联系等若干相互制约的动态要素构成的具有特定功能的有机整体。物流系统是由物流各要素所组成的，物流各要素之间是存在有机联系的综合体。这使得物流系统整体构成十分复杂，其外部存在过多的不确定因素，其内部存在着相互的依赖性。

2. 物流系统的特征

（1）**物流系统的客观存在性**

物流系统本来就一直存在，但一直未为人们所认识，从而人们未能有效地利用系统的优势。物流系统的各个要素或子系统，在长期的社会发展中，都已有了较高的水平并日趋成熟。因而，一旦物流系统的概念形成就会迅速发挥其总体优势。

（2）**物流系统是一个大跨度系统**

这反映在两个方面，一是时间跨度大，二是地域跨度大。时间跨度大主要是从商品最初原材料的采购加工到最后成品流入消费者手中，时间之长自不必说；而地域跨度大不仅体现在一个企业间的物流可能要跨越不同的地区，更体现在国际物流中的地域跨越不同的国家。物流系统的大跨度主要问题是管理难度较大，对信息的依赖程度高。

（3）**物流系统动态性较强**

物流系统连接多个生产企业或用户，随着需求、供应、渠道、价格的变化，系统内的要素及系统的运行经常发生变化,难于长期稳定。稳定性差、动态性强带来的主要问题是要求系统有足够的灵活性与可改变性,这自然会增加管理和运行的难度。

(4) 物流系统的复杂性

物流系统的要素十分复杂,它的运行对象遍及所有社会物质资源,此外,物流系统要素间的关系也不如某些生产系统那样简单而明了,这就增加了系统的复杂性。

(5) 物流系统属于中间层次系统范畴

物流系统本身具有可分性,可以分解成若干个子系统,而且物流系统在整个社会经济中处于中间的一环,从宏观角度来看,它必然受到更大的系统的制约。

3. 物流系统的模式

物流系统的基本模式和一般系统一样,具有输入、转换及输出三大功能,通过输入和输出,系统与社会环境进行交换,系统和环境相依而存,而转换则是这个系统带有特点的系统功能(见图2-1)。

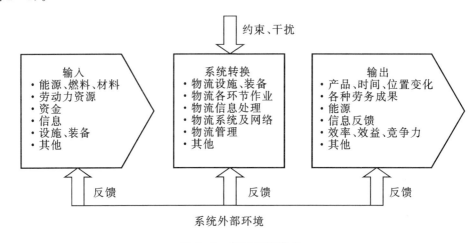

图2-1 物流系统模式

(1) 输入

输入是通过提供资源、能源、设备、劳动力等手段对某一系统发生作用,被统称为外部环境对物流系统的输入。

(2) 转换

转换是物流本身转化的过程。从输入到输出之间所进行的生产、供应、销售、服务等活动中的物流业务活动被称为物流系统的处理或转换。具体内容有:物流设施设备的建设;物流业务活动,如运输、储存、包装、装卸、搬运等;信息处理及管理工作。

(3) 输出

物流系统与其本身所具有的各种手段和功能对环境的输入进行各种处理后所提供的物流服务被称为系统的输出。具体内容有:产品位置与场所的转移;各种劳动,如合同的履行及其他服务等;能源与信息。

4. 物流系统的要素

(1) 一般要素

物流系统的一般要素包括以下内容:

①人的要素。人是所有系统的核心要素,也是系统的第一要素,是物流系统的主体。人是保证物流得以顺利进行和提高管理水平的最关键的因素。提高人的素质,是建立一个合理化的物流系统并使它有效运转的根本。

②资金要素。资金是所有企业系统的动力,是物流活动中不可缺少的要素。物流系统建设是资金投入的一大领域,离开资金这一要素,物流不可能实现。

③物的要素。它包括物流系统的劳动对象,即各种实物以及劳动工具、劳动手段,如各种物流设施、工具、各种消耗材料等。

④信息要素。它包括物流系统所需要处理的信息,即物流信息。

（2）**功能要素**

物流系统的功能要素指的是物流系统所具有的基本能力,这些基本能力有效地组合、联结在一起,变成了物流系统的总功能,便能合理、有效地实现物流系统的总目的。其主要包括运输、储存保管、包装、装卸搬运、流通加工、配送、物流信息等要素。物流功能要素反映了整个物流系统的能力,增强这些要素,使之更加协调、更加可靠,就能够提高物流运行的水平。

（3）**流动要素**

流动要素包括以下方面：

①流体,即"物";

②载体,即承载"物"的设备和这些设备据以运作的设施,如汽车和道路；

③流向,即"物"转移的方向；

④流量,即物流的数量表现；

⑤流程,即物流路径的数量表现,亦即物流经过的里程；

⑥流速,即流体流动的速度；

⑦流效,即流体流动的效率和效益、成本与服务等。

（4）**支撑要素**

物流系统的建立需要许多支撑手段,尤其是处于复杂的社会经济系统中,要确定物流系统的地位,要协调与其他系统的关系,这些要素必不可少。支撑要素主要包括以下内容：

①法律制度,决定物流系统的结构、组织、领导、管理方式,是物流系统的重要保障；

②行政命令,是决定物流系统正常运转的重要支持要素；

③标准化,是保证物流环节协调运行,保证物流系统与其他系统在技术上实现联结的重要支撑条件；

④商业习惯,是整个物流系统为了使客户达到满意所提供服务的基本要求,了解商业习惯将使物流系统始终围绕客户为主进行运营,达到企业的目的。

（5）**物质基础要素**

物流系统的建立和运行,需要大量技术装备手段,这些手段的有机联系对物流系统的运行有决定意义。物质基础要素具体包括以下内容：

①基础设施,是组织物流系统运行的基础物质条件,包括物流场站、物流中心、仓库,物流线路、建筑、公路、铁路、港口等；

②物流装备,是保证物流系统开动的条件,包括仓库货架、进出库设备、加工设备、运输设备、装卸机械等；

③物流工具,是物流系统运行的物质条件,包括包装工具、维修保养工具、办公设备等；

④信息技术及网络,是掌握和传递物流信息的手段,根据所需信息水平不同,包括通信设备及线路、传真设备、计算机及网络设备等;

⑤组织及管理,是物流系统的"软件",起着连接、调运、运筹、协调、指挥其他各要素以保障物流系统目的实现的作用。

物流系统是指在一定的时间和空间里,由所需位移的物资以及包装设备、装卸搬运机械、运输工具、仓储设施、人员和通信联系等若干相互制约的动态要素所构成的具有特定功能的有机整体。其目的是实现物资的空间效益和时间效益,在保证社会再生产顺利进行的前提条件下,实现各种物流环节的合理衔接并取得最佳的经济效益。

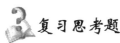

1.物流系统的基本特征有哪些?
2.简述物流系统的模式。
3.简述物流系统的构成要素。

实训 2-1

2.2 物流系统的构成

知识目标

1.了解物流系统的构成内容。
2.了解物流系统不同的子系统。

技能目标

能够识别各物流子系统,并根据每个子系统的注意问题在实际操作中进行优化。

案例导入

特斯拉全力升级物流系统 打造自家车辆运输半挂车

据国外媒体报道称,特斯拉 CEO 埃隆·马斯克(Elon Musk)亲自承认,特斯拉正升级自己的物流系统,希望通过打造自家"车辆运输半挂车"(car carrier trailers,即专门用于运输成品车辆的运输拖车)来解决公司的物流配送问题。

马斯克在推特上表示,公司正在全力升级物流系统,但遇到了"车辆运输半挂车"极度紧缺的情况。马斯克是在推特上回复一名消费者抱怨车辆交付的问题时做出以上回复的,这名消费者早在 2018 年 6 月就预定了一辆全时四驱 Model 3 车型,但直到 9 月都没有收到新车。

马斯克在推特上承认:"我们现在已经从'生产地狱'(production hell)走向了'物流配送地狱'(delivery logistics hell),但这一问题相对更容易处理一些。我们目前已经取得了进步,相信很快就会解决这一问题。"所谓"生产地狱",即 Model 3 早期生产、产能爬坡可能面临挑战。但特斯拉现在正面临新的挑战,这主要是因为由于北美地区的汽车交付数量显著增加,特斯拉响应客户所需时间可能延长,这就是所谓的"物流配送地狱"。

除了将打造自己的车辆运输半挂车以外,特斯拉还采取了其他一系列措施加快车辆的交付时效。比如,特斯拉向消费者送出通知称,为了提高产能、加快交付速度和提高服务效率,公司即将减少旗下 Model S、Model X 和 Model 3 的"金属银"和"曜石黑"车身配色选项。同时,特斯拉还正在测试一种全新的交付方式,即从工厂直接送到用户家中,以省去中间环节。

资料来源:特斯拉全力升级物流系统 打造自家车辆运输半挂车[EB/OL].(2018-09-25)[2021-04-12]. https://tech.qq.com/a/20180925/010173.htm.

案例分析

这个案例提示我们,近年来,物流系统的搭建和升级是解决企业各项问题的关键。特斯拉在面临瓶颈的时候,也是通过升级物流系统来解决公司的物流配送问题,且可以提高产能、加快交付速度和提高服务效率。

思考·讨论·训练

1. 案例中所指的"物流配送地狱"是什么?
2. 升级物流系统能够为企业带来什么好处?

  知识链接

1. 运输子系统

运输的作用是将商品使用价值进行空间移动,物流系统依靠运输作业克服商品生产地和需要地间的空间距离,创造了商品的空间效益。可以说,运输子系统在物流系统中是一个极为重要的环节。运输子系统应根据其负担的业务范围、货运量的多少以及同其他子系统的协调关系,考虑以下几个方面的问题:选择最佳的运输方式和最优化的运输路径,配置适当的运输工具;缩短运输时间,提高运输效率;制订有效的运输计划,保证运输作业的连续性,节约运输费用;提高服务水平,保证运输安全与质量。国际货物运输是国际物流系统的核心。

2. 仓储子系统

商品的储存、保管使商品在其流通过程中处于一种或长或短的相对停滞状态,这种停滞是完全必要的。仓储子系统用以实现物流的储存功能,解决供应与需求在时间上的差异,保障物品不受损害,以创造物流的时间效益。因为,商品流通是一个由分散到集中,再由集中到分散的源源不断的流通过程。而国际贸易和跨国经营中的商品从生产厂或供应部门被集中运送到装运港口,有时须临时存放一段时间,再装运出口。它主要是在各国的保税区和保税仓库进行的。仓储系统应根据仓库所在的地理位置、周围环境以及物流的多少、进出库的频度,注意如下问题:仓库建设与布局要合理,以利于储存和运输;最大限度地充分利用仓库的容积,尽可能发挥其效用;加强入库的验收和仓库的审核工作,以保证入库物品的质量合格、出库物品与数量符合要求;降低仓储费用,保证仓库安全。

3. 商品包装子系统

杜邦定律(美国杜邦化学公司提出)认为:63%的消费者是根据商品的包装来选购商品。市场和消费者是通过商品来认识企业的,而商品的商标和包装就是企业的面孔。所以包装子系统在整个物流系统中,是一个很重要的环节。因为包装在整个物流过程中是能够确保货物储运安全,并能够产生价值的。包装系统应根据不同的货物,注意采用不同的包装机械、包装技术和包装方法,需要考虑以下方面:选择适用的包装机械,注重包装质量,使包装能被顾客方便使用;加强包装技术的研究与开发,改进包装方法,使包装标准化、系列化;注意节约包装材料,降低包装费用,提高包装效益。

4. 装卸搬运子系统

装卸搬运子系统是物流系统中不可缺少的一个环节,是各项物流过程中重要的活动,特别是在运输与仓储工作中,时刻都离不开装卸搬运工作。装卸本身虽然不能产生价值,但是货物装卸质量直接影响到货物的使用价值,并能够对节省物流费用。需要注意的是:要选择最适用的装卸搬运机械器具,以保证装卸搬运的效率与质量;要努力提高装卸搬运的机械化程度,使装卸搬运能更安全、更省时、更省力;要指定装卸搬运作业程序,协调与其他子系统的作业配合,节约费用。

5. 配送子系统

配送子系统是直接接触到客户的,其效率的高低、质量的好坏,都会对物流企业产生很重要的影响。配送属于物品的第二次运输,是物品的终端运输,应根据其配送的区域范围、服务对象以及物流量的大小,考虑如下问题:选择最佳的配送中心地址,配送中心的作业区要布置合理,有利于收货验货、货物仓储,以及加工包装、分拣选货和备货配送;合理配置各类需要的配送车辆和装卸搬运机械及辅助器具;规划出最优的配送路线,以提高服务水平,节省路上时间,使配送及时;判定合理化的配送作业流程,使配送作业更合理,提高工作效率。图2-2为配送子系统示意图。

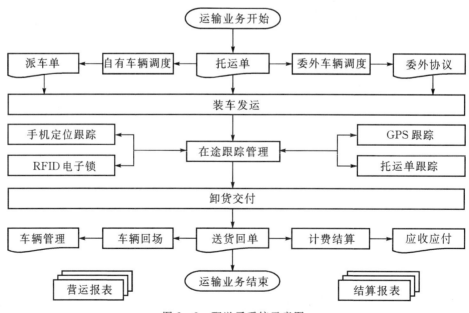

图2-2 配送子系统示意图

6. 流通加工子系统

流通加工子系统是物流过程中的加工作业,是为了销售或运输以及提高物流效率而进行的加工。在物流过程中,通过加工,物品会更加适应消费者和使用者的需求,从而可以提高商品附加值。

7. 物流信息子系统

物流信息子系统的主要功能是采集、处理和传递物流和商流的信息情报。它既是一个独立的子系统,又是一个为物流系统整体服务的辅助系统。没有功能完善的信息系统,其他子系统的各项业务都无法进行,所以无论是运输、仓储、包装、装卸搬运,还是配送、流通加工等,这些子系统的活动都必须依靠信息系统的各项信息来联系和引导,以做到协调一致,保证整个物流系统的高效运转,获得最佳的经济效益。信息系统是物流活动的基础,处理信息是物流活动的基本内容。企业的经营管理活动都离不开信息的支持,而在物流系统中信息的作用表现得极为重要。没有物流信息子系统的有效运用,就谈不上物流的现代化。

小结

物流系统按自身运动过程、系统功能结构、物流活动的辐射范围、物流组成要素等,可分为各种类型的物流子系统。在物流各子系统中,又可分为下一阶的子系统。物流子系统的组成并非一成不变,它是根据物流管理目标和管理分工自成体系的,因此,物流子系统不仅具有多层次,而且具有多目标性。物流系统可分为运输、仓储、包装、装卸搬运、配送、流通加工、信息等子系统。

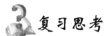
复习思考题

1. 简述运输子系统。
2. 简述配送子系统应注意的问题。
3. 简述物流信息子系统。

实训

实训2-2

2.3 物流系统分析

教学目标

知识目标

1. 理解物流系统分析的概念。
2. 掌握物流系统分析的特点及其基本内容。

3. 理解物流系统分析的基本步骤。

技能目标

能够结合实际情况分析现代企业加强物流系统改造的意义。

 **案例导入**

赋能工业4.0,向日葵助力智慧物流系统远程售后运维

如果将整个工业体系比作人的身体,那么维系货物流转的物流系统就像血液循环系统,对应的仓储系统则可以视为心脏,是整个体系的核心所在。它主要囊括了储存、运输、分拣以及软件控制等多个子系统,互相之间紧密联系,保证了物料的精准输送。

智慧物流的"蛋糕"越做越大

随着如今"互联网+"和"工业4.0"的不断发展,作为连接制造端和需求端的核心环节,物流仓储技术也在不断进行智能化蜕变,各种新技术正在源源不断地注入这个行业,带来了丰沛的阳光雨露。

具体而言,互联网技术的引入可以实现物流系统下各个环节的自动化运作,提升整体效率与服务水平,降低成本并减少资源损耗。这些优势可以为整个产业链上的企业带来进步和实惠,因此在市场层面自然也得到了很好的反馈。

据前瞻产业研究院的数据显示,2013—2018年我国智慧物流市场持续增长,且增长率保持在20%以上,势头强劲,预计2025年市场规模将超过万亿元。

面对快速扩张的市场,行业上的相关企业也纷纷摩拳擦掌,希望通过提升产品和服务质量在蓝海中夺得先机,占据主动,某智能物流系统集成商就是其中之一。

物流系统售后问题制约行业发展

在不断向客户提供智慧物流解决方案的过程中,该企业逐渐发现,售后服务对其产品销售乃至行业发展的影响远比他们想象的要大。一次突发的物流系统软件故障的处理不当或不及时就可能带来巨大的后果:轻则仓储中心"爆仓",出现管理混乱;重则影响企业的关键物资交割,造成巨大的经济损失。

传统的售后方式受到人力、地域、差旅成本等多方面的限制,难以做到效率、服务品质、成本三者的平衡。而如果对售后的流程进行改良,引入远程技术支持方案,则可以在提高效率与服务品质的同时大幅削减售后成本,为企业和行业提供新的发展思路。该企业就认识到了这一点,决定改良其售后流程并引入一套稳定、安全、高性价比的远程技术支持解决方案。

高性价比向日葵方案效果显著

在对市面上的远程技术支持解决方案进行考察之后,该企业选择了国产的"向日葵领航·坐席"解决方案(以下简称"向日葵领航方案"),该方案可以让企业的售后人员通过远程协助,第一时间对系统软件的故障进行排查修复,降低了客户的等待时间,大大提升了售后服务的体验和效率。

此外,引入该方案后,企业的售后服务成本得到了有效的控制。一方面,许多售后需求的远程解决减少了人员的差旅费用,避免了时间上的浪费;另一方面,向日葵领航方案的性价比相比市面上其他类似的方案具有很大的优势:在功能特性更具有针对性的情况下,向日葵领航方案不足千元的单价仅仅是国外同类型产品的2/3。

远程文件满足日常维护需要

如果将对于系统突发故障的维护理解为"急救",那么对于软件的定期维护和迭代就可以理解为"日常护理"了。有条理的"日常护理"能有效降低突发故障的发生率,从而进一步降低风险、减少售后成本。该企业十分明白这个道理,因此其会定期对客户的软件系统进行迭代升级。

引入向日葵领航方案之后,企业售后人员在进行软件迭代时可以直接使用"远程文件"这一功能,将更新安装包传输过去之后进行远程安装;如果双方设备都使用 Windows 系统,则可以直接在窗口拖拽文件进行传输,更加方便快捷。

坐席 ID 体系增加有效管理途径

除了对于售后过程本身的优化外,向日葵领航方案的引入为该企业对售后的管理还带来了全新的途径。不同于传统的远程协助方案,向日葵领航方案采用了独特的坐席 ID 体系:主账号下辖多个独立的坐席 ID,每个坐席 ID 使用独立的账号密码登录。主账号则可以通过向日葵管理后台对下辖坐席 ID 进行管理,通过查看远控日志等方式设置更加合理的管理制度和工作目标,彻底避免了传统方案"一号多用"造成的管理混乱问题。

此外,坐席 ID 系统还支持对重点客户进行星标以及对识别码进行备注,在存储客户信息的同时可以快速建立重点客户列表,为后续的服务和销售行为提供线索。

资料来源赋能工业 4.0,向日葵助力智慧物流系统远程售后运维[EB/OL].(2021-01-13)[2021-04-12].https://www.ithome.com/html/it/529851.htm.

案例分析

作为连接制造端和需求端的核心环节,物流仓储技术也在不断进行智能化蜕变,各种新技术正在源源不断地注入这个行业,它主要囊括了储存、运输、分拣以及软件控制等多个子系统,互相之间紧密联系,保证物料的精准输送,最终带来效率的上升和成本的下降,效果非常显著。

思考·讨论·训练

1. 物流系统各环节的自动化运作会给整个产业链的企业带来什么好处?
2. 向日葵方案的引入为企业带来了什么优势?

 知识链接

1. 物流系统分析的概念

物流系统分析是指在一定时间、空间里对其所从事的物流实务和过程作为一个整体来处理,以系统的观点、系统工程的理论和方法进行分析研究,以实现其空间和时间的经济效应。

物流系统分析是一种仍在不断发展的现代科学方法,虽然已在很多领域采用并取得显著成效,但是在实际情况下,并不是任何物流系统都可用系统分析的方法来研究,因为要考虑到经济与时效等因素。为此,在采用物流系统分析前,要注意以下几个方面:

①物流系统分析是一个长期的工作,它贯穿在物流系统规划、运行评价、优化改善的全过程中。因为物流系统分析的总目标是寻找物流系统的最优途径,而在物流系统运行过程中,它所处的外界环境及其内部构成都在不断地变化和运动,系统分析就要抓住这些信息,总结和归纳出这些特征,找到系统达到效益最优的途径和方法。可以说,只要有物流系统在运行,物流系统分析工作就时时刻刻地进行。

②物流系统分析虽然对制定决策有很大的帮助,但是它不能完全代替想象力、经验和判断力。物流系统分析只能将研究问题运用数学的方法或模型,推演出相对优化的备选方案。在将现实问题归纳成数字模型的过程中,必然舍去了一些无法运用数学方法进行分析的因素,而这些因素可能对系统的实际运行产生影响,因此当管理者进行选择或决策时,必然要运用自己的经验、想象或直觉进行综合判断。

③物流系统分析基本上考虑经济、效益等目标,或者说以经济学的方法来解决问题。对任何问题,通常均有不同的解决方案,应用物流系统分析研究问题时,应对各种解决问题的方案,计算出全部费用,然后再进行比较。但在决策时又要注意费用最少的方案不一定是最佳选择,因为选择最佳方案的着眼点,不在于"省钱",而是"有效"。

2. 物流系统分析的特点

(1) 追求整体目标最优

在一个系统中,处于各个层次的分系统都具有特定的功能及目标,只有彼此分工协作,才能实现系统整体最优。因此,如果只研究改善某些局部问题,而其他分系统被忽略或不健全,则系统整体效益将受到不利影响。所以,从事任何系统分析都必须以发挥系统总体的最大效益为准,不可只局限于某部分,以免顾此失彼。

(2) 以特定问题为对象

物流系统中的许多问题都含有不确定因素,而系统分析就是针对这种不确定的情况,研究解决问题的各种方案及其可能产生的结果。系统分析是一种处理问题的方法,有很强的针对性,其目的在于寻求解决特定问题的最佳策略。所以,系统分析必须以能求得解决特定问题的最佳方案为重点。

(3) 运用定量分析方法

在许多复杂的情况下,解决问题需要有精确可靠的数字、资料,以作为科学决断的依据。有些情况下利用数字模型有困难,还要借助于结构模型或计算机模型。

(4) 凭借价值判断

进行系统分析时,必须对某些事物作某种程度的预测,或者用过去发生的事实作样本,以推断未来可能出现的趋势或倾向。由于所提供的资料有许多是不确定的变量,而客观环境又会发生各种变化,因此在进行系统分析时,还要凭借各种价值观念进行判断和选优。

3. 物流系统分析的基本内容

(1) 系统目标

确定系统目标是系统分析的首要工作。只有目标明确,才能获得最优化的信息,建立和提供最优化的分析依据。

(2) 替代方案

替代方案是优选的前提,没有足够数量的方案就没有优化。在分析阶段,可以制订若干能达到已经确定的目的和要求的系统替代方案或备择方案。这些方案总是各有利弊的,经过分析比较,权衡利弊,选择一种最合理的方案是物流系统分析研究和解决的重要问题。

(3) 模型

模型是根据目标要求,用若干参数或因素对实体物流系统本质的描述,它可以将复杂的问题简化为易于处理的形式。同时,还可以利用模型来预测各种替代方案的性能、费用和效益,有利于对各种替代方案进行分析和比较。

（4）费用和效益

建立一个大系统，需要大量的投资，而系统建成后则可以获得一定的效益。一般说来，效益大于费用的设计方案是可取的。

（5）评价标准

评价标准就是在物流系统分析中确定各种替代方案优先顺序的标准。有了它，可对方案进行综合评价，并按不同准则排列替代方案的优先次序。由于物流系统自身的多义性、构成的多元性以及人们主观认识上的历史性，因而必须建立评价方案优劣的尺度、标准。评价标准一般应根据物流系统的具体情况而定，但费用与效益的比较是评价各个方案优劣的基本标准。

4. 物流系统分析的步骤

（1）明确问题

明确问题即明确物流系统的性质，划分它的界限和范围。只有明确系统分析的特点，才能进一步确定系统所包含的各种联系，探究问题产生的原因和确定可行的目标。

（2）确定目标

物流系统分析是针对具体目标展开的，而目标又可以通过某些指标来表达。由于实现系统功能的目的是靠多方面因素来保证的，因此物流系统目标往往有多个。在有多个目标的情况下，要考虑目标的取舍与协调，防止轻视或漏掉一些必要的目标。同时要注意目标的整体性、经济性和目标的约束条件。

（3）收集资料，拟订方案

收集与物流系统有关的资料和数据，并在此基础上拟订出能达到总体目标和符合约束条件的数个替代方案。这些方案在数量上应把所有的可能方案包括在内，特别要避免漏掉最优方案。另外，各个替代方案之间要有原则区别并且相互排斥，不宜只有细节上的差别。

（4）建立分析模型

在分析的过程中，可依据不同的目标，构建出各种不同的物流系统模型。模型能帮助人们了解影响物流系统功能的重要因素及其相互关系，确认这些因素对功能和目标的影响程度，揭示总目标及子目标的达成途径。

（5）用最优化方法解析模型

模型的优化方法因模型类型和性质的不同而不同，通常采用数学模型进行优化。在这一步骤中，利用模型对替代方案产生的结果进行计算和测定，分析参数与变量情况，记录各种指标达到的程度，并判断系统的参数与变量能否取得最优值。

（6）综合评价

综合评价是指利用模型和收集到的其他资料进行综合分析，得出方案的可能性。

小结

物流系统分析的目的在于通过分析比较各种替代方案的有关技术经济指标，得出决策者形成正确判断所必需的资料和信息，以便获得最优系统方案。

复习思考题

1. 怎样理解物流系统分析的概念？
2. 物流系统分析的特点有哪些？

3. 简述物流系统分析的步骤。

实训

实训 2-3

2.4 物流标准化

教学目标

知识目标

1. 理解物流标准化的定义。
2. 掌握物流标准化的种类。
3. 了解物流标准化的形式。

技能目标

能够运用举例的方式阐述物流统一基础标准,并结合现代企业运营模式分析物流标准化的意义。

案例导入

无规矩不成方圆 有标准才能引领企业——八方物流标准化建设案例

浙江八方物流有限公司,原杭州八方物流有限公司,成立于1995年3月,是浙江省第一家正式登记注册的第三方物流公司,也是浙江省首家从单一的货代企业成功地向综合物流公司转型的物流企业。公司拥有自有协议等运输车辆逾万辆,近百辆叉车,仓储面积70余万 m²,全国共有物流网点109个。截至2015年底,资产总额达1.71亿元,营业收入突破2.51亿元,营业利润达946万元,纳税额达830万元。

1. 从跟随标准到制定标准

作为一家现代化的综合服务型物流企业,在市场上占据了重要市场份额的八方物流,有着优渥的企业核心竞争力。八方物流除了注重企业治理结构、经营理念、员工精神状态、行业规范等方面之外,在八方物流为增强企业核心竞争力所做的众多努力中,尤其以标准化和信息化建设最为突出。

自2000年公司正式注册成为浙江省第一家物流公司(第三方物流企业)之初,八方物流就着手打造一系列科学有效的管理体系,根据国际质量认证体系的要求制定并实施第三方物流服务产品质量要求。

2000年,公司在浙江省内物流企业中率先通过 ISO 9001:2000 国际质量标准认证体系评审。2005年7月,成为全国首批、浙江省首家AAA级综合服务型物流企业。

2012年4月,成为杭州经济技术开发区内唯一一家AAAA级综合服务型物流企业。

八方物流快运网通过完善的组织机构、良好的后勤保障机制、一流的物流网络和先进的现代物流信息系统,积极参与标准化活动,努力打造现代化、标准化物流项目。2009年,八方物流快运网项目被浙江省质量技术监督局列为"浙江省服务标准化试点项目"。在此契机下,八方物流提出了到货时间标准化、货款结算标准化、货运单据标准化、货物回单返回时间标准化、客户查询标准化等五个目标,为公司之后开展一系列标准化工作奠定了坚实的基础。

2011年11月,八方物流作为第一起草人起草的地方服务规范——《物流网络平台服务规范》获得行业认可,并荣获杭州市技术标准一等奖。同年,基于八方物流标准化开展较丰富的实践经验,全国物流信息管理标准化技术委员会将八方物流列入国家两项标准——《托盘编码及条码表示规范》《自动分拣过程包装箱条码规范》的起草与应用试点企业,这两项国标填补了国家标准空白,是行业的先驱者,方式方法值得同行业全面推广,并且也已颁布实施。同年,八方物流被杭州经济技术开发区列为首批国家物流服务标准化试点单位,2012年通过国标委验收组验收,获国家物流服务标准化试点标准体系建设达标单位。从跟随标准到制定标准,八方物流从物流标准化中受益良多。

2. 紧握网络信息化的脉搏

网络化和信息化是进入21世纪以来的两大主题。面对互联网、大数据、云计算、平台化、物联网等新概念的冲击,八方物流通过自身努力开发了一套适用于自己的ERP(企业资源计划)信息系统,将企业信息化和物流网络化融为整个物流体系中的管理核心。整套系统对物流过程中的订单管理、库存管理、物流成本控制、财务结算四大块进行信息化标准化管理。同时对原有的老旧系统进行了升级更新。可以说是迈入了八方物流信息化的2.0时代。

八方物流ERP系统分两期实施:第一期完成八方物流门户网站、运输管理模块、OA模块及与其相关的财务模块的开发。第二期完成仓储管理模块的开发,现已运作多年。八方物流ERP系统是一套基于BS结构的业务操作系统,该系统按照国家物流信息标准化的要求进行开发。整个系统包括以下相关功能模块:①受理订单模块;②业务订单内部交易模块;③干线车辆调度模块;④城市配送模块;⑤呼叫中心模块;⑥信息跟踪模块;⑦货物交付模块;⑧回单登记模块。

配送中心逐步实现机械化装卸,在仓库内大量投入了输送带、吸胶机、叉车等装卸设备,进行以半自动化、机械操作为主,人工为辅的装卸作业。其中,吸胶机是与供应商共同开发,根据货物大小进行分类装卸操作,简化了装卸程序。机械化设备的应用大大减少了人工装卸的安全隐患,弥补了装卸人员短缺问题,在提高物流运作效率的同时,大大降低了装卸成本。

公司在仓储作业中逐步推广使用条码扫描技术,与紧密型客户的上下游统一条码结构标准。利用条码扫描设备进行出入库操作,可实现对货物按钮扫码后,扫描器自动将货物的数据传输至公司数据库,并显示货物当前状态的目标。现代物流标准化要求在运输工具、包装、装卸、仓储、信息、资金结算等方面采用统一标准,其中条码标准化是至关重要的。而射频识别扫描枪技术和条码技术正是八方物流致力于建设现代化物流标准化而大力研究开发的成果。该标准技术的应用,解决了仓库作业人员数据输入的自动化,实现了数据的准确传输,确保了仓库的作业效率。

3. 启示

一流的企业做标准,二流的企业做品牌,三流的企业做产品。做标准的企业就是行业的标杆和领头羊,它是制定游戏规则的,只要你在这个行业,就得按该行业的标准(游戏规则)来做,所以做标准的企业是绝对的领先优势,可以通过提高门槛、提高标准来限制其他企业的准入,削弱对手的优势。二流的企业做品牌,是指在该行业的标准之下,通过营销、加强内部管理、质量管理树立品牌。品牌优势需要长时间不断地进行品牌培育,但一旦行业标准改变,就需要再次适应新的标准,属业内竞争优势。三流的企业做产品是指通过提高产品质量,获得产品的竞争优势,但保持这种优势比较困难,受到标准、其他大品牌的打压和制约。

八方物流从单一的运输企业向综合物流企业转型,在从跟随标准到制定标准,从传统物流企业向信息化标准化为基本特征的现代物流企业转型的过程中,逐步成为行业的标杆,这一过程值得借鉴。

资料来源:无规矩不成方圆 有标准才能引领企业:八方物流标准化建设案例[J].上海物流,2016(5):9-12.

案例分析

物流已不是一个国家一个地区的物流,全球性的物流网络对其本身要求具有很强的国际性,因此,与国际物流标准接轨已经刻不容缓。在标准制定过程中应考虑与国际标准的一致性,这种一致性将有助于进行国际贸易。我国要想在以后的国际贸易等方面得到发展,必须制定一系列的国际化、标准化的措施。

思考·讨论·训练

1. 物流标准化的发展对八方物流的发展具有哪些影响?
2. 案例中涉及的物流标准化措施有哪些?

知识链接

1. 物流标准化的概念

(1) 标准的概念

我国国家标准《标准化工作指南第1部分:标准化和相关活动的通用术语》(GB/T 20000.1—2014)对标准的定义为:"通过标准化活动,按照规定的程序经协商一致制定,为各种活动或其结果提供规则、指南或特性,供共同使用和重复使用的文件。"

(2) 标准化的概念

标准化是指为了在既定范围内获得最佳程序,促进共同效益,对现实问题或潜在问题确立共同使用和重复使用的条款以及编制、发布和应用文件的活动。

(3) 物流标准化

物流标准化是指物流组织或行业以物流系统与物流业务为对象,专门针对运输、储存、包装、装卸搬运、流通加工和物流信息处理等物流活动而制定、发布和实施有关技术和工作业务流程的标准,并以此标准提出物流系统的配合性要求,从而达到统一实现整个物流系统的标准运作过程。

(4) 标准化的内容

标准化的内容如图2-3所示。其实际上就是经过优选之后的共同规则。为了推行这种共同规则,世界上大多数国家都有标准化组织,例如英国的标准化协会,我国的国家市场监督管理总局等。在日内瓦的国际标准化组织(ISO)负责协调世界范围的标准化问题。目前,标准化工作开展较普遍的领域是产品标准,这也是标准化的核心,围绕产品标准,工程标准、工作标准、环境标准、服务标准等也出现了发展的势头。

图 2-3 标准化的内容

2. 物流标准化的特点

物流标准化的主要特点有以下几方面：

①和一般标准化系统不同，物流系统的标准化涉及面更为广泛，其对象也不像一般标准化系统那样单一，而是包括了机电、建筑、工具、工作方法等许多种类。虽然处于一个大系统中，但缺乏共性，从而造成标准种类繁多，标准内容复杂，也给标准的统一性及配合性带来很大困难。

②物流标准化系统属于二次系统，这是由于物流及物流管理思想诞生较晚，组成物流大系统的各个分系统，过去在没有归入物流系统之前，早已分别实现了本系统的标准化，并且经多年的应用，不断发展和巩固，已很难改变。在推行物流标准化时，必须以此为依据，个别情况下固然可将有关旧标准化体系推翻，按物流系统所提出的要求重建新的标准化体系，但通常还是在各个分系统标准化基础上建立物流标准化系统。这就必然从适应及协调角度建立新的物流标准化系统，而不可能全部创新。

③物流标准化更要求体现科学性、民主性和经济性。科学性、民主性和经济性，是标准的"三性"。物流标准化的特殊性要求，必须非常突出地体现这"三性"。

科学性的要求，是要体现现代科技成果，以科学试验为基础，在物流中，则还要求与物流的现代化（包括现代技术及管理）相适应，要求能将现代科技成果联结成物流大系统。否则，尽管各种具体的硬技术标准化水要求颇高、十分先进，但如果不能与系统协调，单项技术再高也是空的，甚至还起相反作用。所以，这种科学性不但反映本身的科学技术水平，还表现在协调与适应的能力方面，使综合的科技水平最优。

民主性指标准的制定，采用协商一致的办法，广泛考虑各种现实条件，广泛听取意见，而不能过分偏重某一个国家，使标准更具权威，减少阻力，易于贯彻执行。

经济性是标准化的主要目的之一，也是标准化生命力如何的决定因素，物流过程不像深加工那样引起产品的大幅度增值，即使通过流通加工等方式，增值也是有限的。所以，物流费用多开支一分，就要影响到一分效益，但是，物流过程又必须大量投入消耗，如不注重标准的经济性，片面强调反映现代科学水平，片面顺从物流习惯及现状，引起物流成本的增加，自然会使标准失去生命力。

④物流标准化有非常强的国际性。经济全球化的趋势带来国际交往大幅度增加，而所有的国际贸易又最终靠国际物流来完成。各个国家都很重视本国物流与国际物流的衔接，在本

国物流管理发展初期就力求使本国物流标准与国际物流标准化体系一致,若不如此,不但会加大国际交往的技术难度,更重要的是在本来就很高的关税及运费基础上又增加了因标准化系统不统一所造成的效益损失,使外贸成本增加。因此,物流标准化的国际性也是其不同于一般产品标准的重要特点。

⑤贯彻安全与保险的原则。物流安全问题也是近些年来非常突出的问题,往往一个安全事故会让一个公司损失殆尽,几十万吨的超级油轮、货轮遭受灭顶损失的事例也并不乏见。当然,除了经济方面的损失外,人身伤害也是物流中经常出现的,如交通事故的伤害,物品对人的碰撞伤害,危险品的爆炸、腐蚀、毒害的伤害等。所以,物流标准化的另一个特点是在物流标准中对物流安全性、可靠性的规定和为安全性、可靠性统一技术标准、工作标准。

物流保险的规定也是与安全性、可靠性标准有关的标准化内容。在物流中,尤其在国际物流中,都有世界公认的保险险别与保险条款,虽然许多规定并不是以标准化形式出现的,而是以立法形式出现的,但是,其共同约定、共同遵循的性质,是通用的,是具有标准化内涵的,其中不少手续、申报、文件等都有具体的标准化规定,保险费用等的计算也受标准规定的约束,因而物流保险的相关标准化工作,也是物流标准化的重要内容。

3. 物流标准化的种类

（1）物流统一基础标准

①基础编码标准。基础编码标准是对物流对象的物编码,并且按物流过程的要求,转化成条形码,这是物流大系统能够实现衔接、配合的最基本的标准,也是采用信息技术对物流进行管理和组织、控制的技术标准。在这个标准之上,才可能实现电子信息传递、远程数据交换、统计、核算等物流活动。HS 编码查询如图 2-4 所示。

图 2-4 HS 编码的查询

②物流基础模数尺寸标准。基础模数尺寸是指标准化的共同单位尺寸或系统各标准尺寸的最小公约尺寸。在基础模数尺寸确定之后,各个具体的尺寸标准,都要以基础模数尺寸为依据,选取其整数倍数为规定的尺寸标准。这就大大减少了尺寸的复杂性。物流基础模数尺寸的确定不但要考虑国内物流系统,而且要考虑到与国际物流系统的衔接,具有一定的难

度和复杂性。目前 ISO 中央秘书处及欧洲各国基本认定 600 mm×400 mm 为基础模数尺寸(见图 2-5)。

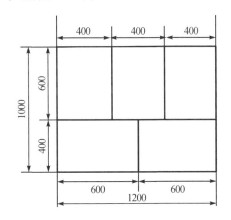
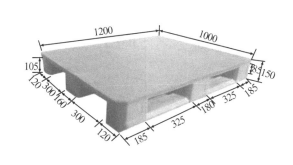

图 2-5 物流基础模数尺寸

③物流建筑基础模数尺寸。这主要是物流系统中各种建筑物所使用的基础模数,它是以物流基础模数尺寸为依据确定的,也可选择共同的模数尺寸。该尺寸是设计建筑物长、宽、高尺寸,门窗尺寸,建筑物柱间距、跨度及进深等尺寸的依据。

④集装模数尺寸。集装模数尺寸是在物流基础模数尺寸基础上,推导出的各种集装设备的基础尺寸,以此尺寸作为设计集装设备三向尺寸的依据。在物流系统中,由于集装是起贯穿作用的,集装尺寸必须与各环节物流设施、设备、机具相配合,因此,整个物流系统设计时往往以集装尺寸为核心,然后在满足其他要求前提下决定各设计尺寸。因此,集装模数尺寸影响和决定着与其有关各环节标准化。其标准主要有:1200 mm×1000 mm、1200 mm×800 mm、1100 mm×1100 mm。

⑤物流专业名词标准。为了使大系统有效配合和统一,尤其在建立系统的情报信息网络之后,要求信息传递异常准确,这首先便要求专用语言及所代表的含义实现标准化,如果同一个指令,不同环节有不同的理解,这不仅会造成工作的混乱,而且容易出现大的损失。物流专业名词标准包括物流用语的统一化及定义的统一解释,还包括专业名词的统一编码。

⑥物流单据、票证的标准化。物流单据、票证的标准化,可以实现信息的录入和采集,将管理工作规范化和标准化,也是应用计算机和通信网络进行数据交换和传递的基础标准。它可用于物流核算、统计的规范化,是建立系统情报网、对系统进行统一管理的重要前提条件,也是对系统进行宏观控制与微观监测的必备前提。

⑦标志、图示和识别标准。物流中的物品、工具、机具都在不断运动中,因此,识别和区分便十分重要,对于物流中的物流对象,需要有易于识别又易于区分的标识,有时需要自动识别,这就可以用复杂的条形码来代替用肉眼识别的标识。部分物流标识如图 2-6 所示。

⑧专业计量单位标准。除国家公布的统一计量标准外,物流系统还有许多专业的计量问题,必须在国家及国际标准基础上,确定本身专门的标准,同时,由于物流的国际性很突出,专业计量标准需考虑国际计量方式的不一致性,还要考虑国际习惯用法,不能完全以国家统一计量标准作为唯一依据。

图2-6 部分物流标识

(2)物流系统技术标准

物流系统技术标准主要有运输车船标准,作业车辆标准,传输机具标准,仓库技术标准,包装、托盘、集装箱标准。

(3)物流工作标准

物流工作标准是指对工作的内容、方法、程序和质量要求所制定的标准。

(4)物流作业标准

物流作业标准是指在物流作业过程中,物流设备运行、作业程序、作业要求等标准。这是实现作业规范化、效率化的基础。

4. 物流标准化的原则

物流标准化要遵循以下原则:

(1)简化

简化是指在一定范围内缩减物流标准化对象的类型数目,使之在一定时间内满足一般需要。

(2)统一化

统一化是指把同类事物的若干表现形式归并为一种或限定在一个范围内。

(3)系列化

系列化是指按照用途和结构把同类型产品归并在一起,使产品品种典型化;又把同类型的产品的主要参数、尺寸,按优先数理论合理分级,以协调同类产品和配套产品及包装之间的关系。

(4)通用化

通用化是指在互相独立的系统中,选择与确定具有功能互换性或尺寸互换性的子系统或功能单元的标准化形式。互换性是通用化的前提。通用程度越高,对市场的适应性越强。

(5)组合化

组合化是按照标准化原则,设计制造若干组通用性较强的单元,再根据需要进行合拼的标准化形式。对于物品编码系统和相应的计算机程序同样可通过组合化使之更加合理。

小结

物流标准化是以物流为一个大系统,分别制定系统内部各个环节的工作标准、技术标准和服务标准,以及各岗位责任制、操作程序、机械设备使用规定等;以系统为出发点,研究各个分系统与分领域中各个标准的配合性,按其要求,统一整个物流系统的标准、计量单位标准等。

实现物流标准化是发展物流技术、实施大系统物流管理的有效保证。

复习思考题

1. 如何理解物流标准化的定义?
2. 物流标准化的种类有哪些?
3. 简述物流标准化的形式。

实训

实训2-4

即测即评

项目 3　运输管理

3.1　运输管理概述

 教学目标

知识目标

1. 掌握运输的定义。
2. 理解运输的特点与原则。
3. 了解运输在物流中的地位。

技能目标

1. 能够分析运输怎样在物流中展开。
2. 能够分析运输在物流企业中的作用。

 案例导入

纯电革新　领先前行　比亚迪携百威共推啤酒运输"绿色物流"全球变革

2021年4月13日,比亚迪与百威(中国)集团在深圳坪山比亚迪全球总部正式签署战略合作协议,百威将率先采购首批比亚迪纯电动牵引车Q3,后陆续投运佛山、唐山、武汉等多地园区。此次比亚迪携手百威将零排放、无污染的新能源技术应用于啤酒运输,以国际化企业的社会责任感与担当,汇聚可持续发展的强大合力,共同推动全球绿色物流运输体系建设,促进行业乃至整个社会的绿色低碳发展。

为百威低碳运输赋能　百年国际品牌领率绿色物流发展

百威旗下业务遍及全球50多个国家和地区,在中国市场也拥有着广泛知名度和庞大销售量,是备受消费者喜爱的啤酒品牌。随着低碳环保成为全球共识,节能减排理念亦深入人心,作为啤酒行业绿色环保的先锋,百威始终把减少碳排放作为环保工作的重点之一,并于2018年发布"2025年可持续发展目标",致力于通过减少自身碳排放来实现其气候变化领域的承诺。

百威中国作为贯彻百威集团可持续发展战略中的重要一环,在我国提出碳达峰、碳中和目标和"重型柴油车从2021年7月1日开始全面实施国六排放标准"的大背景下,其积极响应国家政策,并结合自身"到2025年超过50%的固定运输车辆使用绿色能源驱动"的规划,率先一步与比亚迪签署绿色物流相关合作协议,通过规模化应用纯电动卡车等举措大力推进物流可持续发展,一步到位解决后顾之忧,成为快消行业首家将纯电动重卡引入日常物流运输的企业,对食品运输行业乃至整个物流行业实现运输链的纯电动化变革发挥着强有力的示范引领作用。

纯电动重卡产品力制胜　比亚迪绿色梦想走向全球

作为全球新能源汽车引领者,得益于强大的研发实力以及新能源汽车电池、电机、电控以及芯片等全产业链核心技术,比亚迪于2012年开始研发纯电动卡车,是全球最早一批投入新能源卡车研发的企业。随着在高技术门槛纯电动重卡领域的突破,比亚迪不仅填补了技术、市场的多项空白,占据产业发展制高点,也引领着全球新能源重卡产业持续变革。截至2021年4月,比亚迪已交付纯电动卡车及专用车超过1.3万台,进入了北京、深圳、西安、杭州以及美国、加拿大、巴西、澳大利亚等市场,在全球范围内率先实现了纯电动卡车的规模化、商业化运营。

作为比亚迪主打工业园区、港口以及中短距离物流运输领域的Q系纯电动牵引车,具有零排放、无污染、高效率等众多优点。比亚迪Q系纯电动牵引车已在宁波港、厦门港、淮安港、盐田港等国内知名港区,百威南加州配送中心、亚马逊园区、洛杉矶港、奥克兰港、圣地亚哥港等海外区域推广应用,积累了成熟的规模化运营管理经验。凭借优秀的产品品质、出色的运营表现,比亚迪纯电动重卡受到了国内外客户的一致好评,为减少碳排放、促进生态环境改善,贡献着源源不断的绿色能量。

未来,比亚迪将充分发挥自身雄厚的新能源技术研发和创新实力,全力支持百威实现更环保、更可持续的物流运营。同时双方也将深化合作,共同彰显作为行业引领者的责任与担当,怀着积极应对气候变化、走绿色低碳发展道路的坚定决心,以实际行动带头推动物流电动化进程,为实现创造一个"更美好世界",打造更"美好生活"的目标共同努力。

资料来源:纯电革新　领先前行　比亚迪携手百威共推"绿色物流"全球变革[EB/OL].(2021-04-14)[2021-04-20]. http://www.bydcv.cn/New/Detail? categroyid=31&articleid=1495.

案例分析

运输在整个物流当中的重要性不言而喻,在货物空间转移的过程中,运输业扮演了非常重要的角色。绿色运输是物流运输的发展方向,比亚迪的电动车凭借着优秀的产品品质、出色的运营表现,推动了物流行业的可持续发展,也引领了全球绿色物流的新风尚。

思考·讨论·训练

1. 将电动重卡引入物流运输会带来什么样的变革?
2. 绿色物流运输是什么样的?

知识链接

1. 运输的概念

运输是实现人和物空间位置变化的活动,与人类的生产生活息息相关。物流的运输则专指"物"的载运及输送,它是在不同地域范围间(如两个城市、两个工厂之间,或一大企业内相距较远的两部门之间),以改变"物"的空间位置为目的的活动,是对"物"进行的空间转移。我国国家标准《物流术语》将运输定义为:利用载运工具、设施设备及人力等运力资源,使货物在较大空间上产生位置移动的活动。

运输是物流系统的中心环节,所以在整个物流领域中占有非常重要的地位。运输有两大功能:一是实现产品的转移,即通过改变产品的地理位置,消除产品的生产与消费之间的空间位置上的距离,或者将产品从效用价值低的地方转移到效用价值高的地方,创造空间效用。除此之外,运输的主要目的是以最少时间完成从原产地到规定地点的转移,使产品在需要的时间到达需要的地点,创造时间效用。二是实现产品储存。对产品进行临时存储是指将运输车辆临时作为流动仓库。由于移动中的产品需要储存,但是在短时间内又要重新转移,当这种活动造成的货物搬运和装卸成本超过存储在运输工具中的费用时,使用运输的存储功能就是合理的,也是在特定情况下实现物流成本降低的良好选择。

运输作业流程如图3-1所示。

2. 运输的特点

（1）运输需求的派生性

由于在大多数的情况下,人或者物在空间上的位移不是目的而是手段,是为了实现生产生活中其他的某种最终目的而必要的一种过程,所以,派生性是运输需求的一个重要的特征。

（2）运输产品的无形性

运输业这一产业部门的产品不是有具体形态的有形产品,而是没有具体形态的服务,属于无形产品,而运输产品的交换也属于一种无形贸易。

（3）运输生产和消费的不可分割性

运输产品的生产和消费在时间和空间上都是不可分离地结合在一起的,是同时进行的,属于边生产边消费。

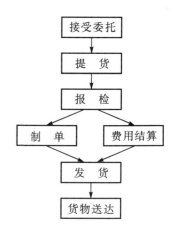

图3-1 运输作业流程

（4）运输产品的非储存性

由于运输产品是无形的,不具有物质实体,又由于它的边生产边消费属性,因此运输产品既不能调拨,也不能存储。

（5）运输产品的同一性

对不同的运输方式来说,虽然它们使用不同的运输工具,具有不同的特征,在不同的线路上进行运输生产活动,但它们都实现了物品的空间位移。运输产品的同一性使得各种运输方式之间可以相互补充、协调、替代,形成一个有效的综合运输系统。

3. 运输的原则

（1）安全

安全是指保证商品在运输过程中的安全。一是注意在装卸过程中防止商品的破损;二是防止商品由于物理、化学或生物等自然原因引起的商品耗损和变质。对于不同的商品,了解其特性,选择适合的运输方式,是保证运输安全的首要原则。

（2）及时

及时是指根据用户的时间要求把商品送到消费地,或把货物及时运到销售地,尽量缩短货物的在途时间。缩短流通时间的主要手段是实现运输现代化和合理化。另外,还应根据货物的特性和急需程度选择合适的运输方式,并且做好不同运输方式之间的衔接工作,及时发运及转运货物。

（3）准确

准确是指在运输过程中准时准点到货,无差错事故,准确地完成任务。由于货物品种繁多、规格不一,加上运输过程中要经过多个环节,因此容易发生差错。对于发运货物不仅要求时间准确,而且商品本身,比如数量、规格、品质、包装等也不能搞错。

（4）经济

经济是衡量运输效果的一项综合指标，以上的三个原则在一定程度上均可转化成经济因素。应以最经济的方法调运商品，降低运输成本。尽可能减少中间环节，缩短运输里程，力求用最少的费用，把货物运送到目的地。

4.运输在物流中的地位

（1）运输是物流的主要功能要素之一

运输是物流业务的中心活动。可以说，一切物体的移动，都离不开运输环节。它还承担了改变空间状态的主要任务，是改变空间状态的主要手段，再配以搬运、配送等活动，就能圆满完成改变空间状态的全部任务。

（2）运输是社会物质生产的必要条件之一

运输是生产过程在流通领域的继续，是使社会生产得以延续的关键，是加速和促进社会物质再生产连续不断进行的前提条件。

（3）运输可以提高产品的使用价值

同种商品由于空间场所不同，其使用价值的实现程度则不同，其效益的实现也不同。由于改变场所而最大限度发挥使用价值，从而提高了投入产出比。通过运输，商品被运到效用最高的地方，就能发挥其本质潜力，实现资源的优化配置。

（4）运输是降低物流成本的中心环节

在整个物流成本中，运输成本所占比重是最大的，为了能够降低物流成本，合理地组织运输是必要手段，也是实现"第三利润"的主要源泉。

运输作为实现人和物空间位置变化的活动，与人类的生产和生活息息相关。可以说，运输的历史与人类的历史相比同样悠久，而运输也在物流中占有重要的地位。

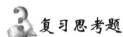

1.运输的含义是什么？

2.运输有何特点？

3.如何理解运输在物流中的重要性？

实训3-1

3.2 运输方式的选择

教学目标

知识目标
1. 了解物流运输中的不同运输方式。
2. 熟悉几种常见的运输方式。
3. 理解不同运输方式的特点。

技能目标
能够分析不同商品适合的运输方式。

案例导入

巨轮堵塞苏伊士运河造成世界贸易瘫痪

2021年3月23日,一艘长约400 m、满载22.4万t集装箱的巨型货船"长赐号"因为强风、沙尘暴以及驾驶操作失误等原因,在苏伊士运河新开通航道最狭窄处搁浅,导致运河被堵塞整整一周,不仅航线完全瘫痪,全球货物运输遭受重创,还使得国际贸易和世界经济面临严峻考验。

1869年通航的苏伊士运河,地处欧亚非三大洲交界之处,是连接地中海与红海、从欧洲至印度洋和西太平洋的最便捷航线,也是世界航运使用最频繁的航线之一。数据显示,目前全球25%的集装箱运输需要通过苏伊士运河,每年经苏伊士运河运输的货物约占世界海运贸易的15%。中东地区出口到西欧的石油,70%也经由苏伊士运河运送。苏伊士运河是当今世界上最具经济价值和战略地位的国际航运水道。

在3月23日航道被堵的仅一周时间里,就有300多条货轮被堵在"长赐号"后面等待排队。据德国保险巨头安联集团估算,苏伊士运河堵塞一天就意味着5.5万个集装箱延迟交付,每堵塞1小时对全球贸易造成的损失最多可达4亿美元。

由于每天大约有52万桶原油要通过苏伊士运河,运河被堵塞的短短4天内国际基准油价就飙升了约6%。此外,还引发了货物交付延期、海运成本上涨、欧洲超市货物短缺等一连串蝴蝶效应。

资料来源:贺文萍.苏伊士运河"塞船",下次咋办[EB/OL].(2021-04-25)[2021-04-28]. http://www.banyuetan.org/gj/detail/20210425/1000200033136201619318353954338500_1.html.

案例分析

运输在整个物流行业当中占有不可小觑的作用,近年来随着物流行业的发展,运输业也在迅猛发展。海洋运输依然是国际贸易的重要桥梁。苏伊士运河的堵塞给全球贸易带来了重大影响,给埃及政府也造成了巨大损失。

思考·讨论·训练

1. 海洋运输有什么特点?
2. 此次苏伊士运河堵塞给国际贸易带来哪些影响?

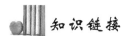

1. 海洋运输

海洋运输,是国际物流中最主要的运输方式之一,也是国际商品买卖过程中实现货物空间转移的重要纽带。它是指使用船舶通过海上航道在不同国家和地区的港口之间运送货物的一种方式,在国际货物运输中使用最广泛。目前,国际贸易总运量的大部分都是利用海上运输。海洋运输有如下特点:

①天然航道,不受道路、轨道的限制,通过能力更强。

②载运量大。随着现代造船技术日益精湛,船舶日趋大型化,超巨型油轮已达50多万t,第六代集装箱船的载箱能力已超过8000 TEU。

③运费低廉。海上航道天然形成,基础设施一般为政府所建,载运量又大,单位运输成本较低。

④运输的国际性。海洋运输一般都是为国际贸易服务的,其过程涉及不同国家或地区,需要受到国际法、国际公约和惯例的约束与影响。

⑤速度慢,风险大。可以说海洋运输是所有运输方式中速度最慢的,受自然条件影响较大,遇到的风险和不可抗力也较其他运输方式更大。

⑥不完整性。海运只可以算作运输过程的一个环节,两端的港口必须与其他运输方式相衔接。

海洋运输有两种营运方式。

①班轮运输。班轮运输是指轮船公司将船舶按事先制定的船期表,在特定海上航线的若干个固定挂靠的港口之间,定期为非特定的众多货主提供货物运输服务,并按事先公布的费率或协议费率收取运费的一种船舶经营方式。其特点如下:一是具有"四固定"的特点,即固定航线、固定港口、固定船期和相对固定的运费率,这是班轮运输的最基本特征;二是船方管装管卸,即货物由承运人负责配载装卸,承托双方不计滞期费和速遣费;三是承运人对货物负责的时段是从货物装上船起,到货物卸下船止,即"船舷至船舷"或"钩至钩";四是承运人和托运人双方的权利义务和责任豁免以签发的提单为依据。

②租船运输。租船运输又称不定期船运输,是相对于班轮运输而言的另一种远洋船舶营运方式。它是指租船人向船东租赁船舶用于货物运输的一种方式,多用于大宗货物运输。其特点如下:一是租船运输是根据租船合同组织的,租船合同条款由船东和租方双方共同商定;二是不定航线,不定船期,航线和船期等都是双方事先共同商定的;三是运费率是根据租船市场行情决定的;四是船舶营运中有关费用的支出取决于不同的租船方式,由船东和租方负担,并在合同条款中订明。租船运输的方式主要有定程租船、定期租船、光船租船、包运租船,每一种方式都有相应的租船合同。

2. 航空运输

航空输运是使用航空器运送人员、货物、邮件的一种运输方式。它是现代旅客运输,尤其是远程旅客运输的重要方式,为贸易中的贵重物品、鲜活货物和精密仪器运输所不可缺。航空运输具有如下特点:

①速度快,少受地理条件的限制;

②机动灵活,不受地形地势的影响,可到达其他运输方式难以到达的地方,特别能满足特

殊情况下的特殊运输；

③安全可靠，由于是现代化的运输方式，设备的先进性使得货物在运输中受到的震动和撞击较少；

④受气候条件影响较大，恶劣的天气容易影响运输的准确性和正常性；

⑤基础投资比较大，载运量相对较小，单位成本较高。

航空运输有以下四种营运方式：

①班机运输。班机运输是指具有固定开航时间、航线和停靠航站的飞机。班机通常为客货混合型飞机，货舱容量较小，运价较贵，但由于航期固定，有利于客户安排鲜活商品或急需商品的运送。

②包机运输。包机运输是指航空公司按照约定的条件和费率，将整架飞机租给一个或若干个包机人（包机人指发货人或航空货运代理公司），从一个或几个航空站装运货物至指定目的地。包机运输适合于大宗货物运输，费率低于班机，但运送时间比班机要长些。它分为整机包机和部分包机。

③集中托运。集中托运是指集中托运人将若干批单独发运的货物组成一整批，向航空公司办理托运，采用一份航空总运单集中发运到同一目的地，由集中托运人在目的地指定的代理收货，再根据集中托运人签发的航空分运单分拨给各实际收货人的运输方式。它也是航空货物运输中开展得最为普遍的一种运输方式，是航空货运代理的主要业务之一。

④航空快递。航空快递业务又称航空急件传送，是目前国际航空运输中最快捷的运输方式。它是由一个专门经营快递业务的机构与航空公司密切合作，设专人用最快的速度在货主、机场、收件人之间传送急件，特别适用于急需的药品、医疗器械、贵重物品、图纸资料、货样及单证等的传送，被称为"桌到桌运输"。

3. 铁路运输

铁路运输是一种陆上货物长距离的运输方式，是其中一种最有效的方式。按中国铁路技术条件，现行的铁路货物运输种类分为整车、零担、集装箱三种。整车适于运输大宗货物；零担适于运输小批量的零星货物；集装箱适于运输精密、贵重、易损的货物。铁路运输具有运量大、速度快、成本低、经常性好、易受轨道限制等特点。

4. 公路运输

公路运输是用汽车在公路上运送旅客和货物的一种运输方式，是交通运输系统的组成部分之一，主要承担短途客货运输。在地势崎岖、人烟稀少、铁路和水运不发达的边远和经济落后地区，公路为主要运输方式，起着运输干线作用。它具有适应性强、速度较快、运量较小、持续性差、安全性低等特点。但是公路运输可以承接海运、空运、铁路运输等的两端，是门到门运输不可缺少的一环。

5. 邮包运输

邮包运输是指利用邮局办理货物运输的方式。这种方式具有手续简便、费用低等特点，但只适用于重量轻、体积小的商品，也多用于个人寄送物品。邮包收据是邮包运输的主要凭证，它既是邮局收到寄件人邮包后所签发的凭证，也是收件人提取邮件的凭证，还是当邮包发生灭失或损坏时索赔和理赔的依据。其具有门到门运输和多式联运的双重特性。

6. 内河运输

内河运输是指使用船舶通过国际国内江湖河川等天然或人工水道运送货物和旅客的一种

运输方式。它是水上运输的一个组成部分,是内陆腹地和沿海地区的纽带,也是边疆地区与邻国边境河流的连接线,在现代化的运输中起着重要的辅助作用。

7. 管道运输

管道运输是用管道作为运输工具的一种长距离输送液体和气体物资的运输方式,是一种专门由生产地向市场输送石油、煤和化学产品的运输方式,是统一运输网中干线运输的特殊组成部分。

8. 集装箱运输

集装箱运输,是指以集装箱这种大型容器为载体,将货物集合组装成集装单元,以便在现代流通领域内运用大型装卸机械和大型载运车辆进行装卸、搬运作业和完成运输任务,从而更好地实现货物"门到门"运输的一种新型、高效率和高效益的运输方式。目前国际上对于集装箱的定义都是以国际标准化组织给出的为准。集装箱是一种运输设备,具备以下条件:

①具有足够的强度,可长期反复使用;
②适用于一种或多种运输方式运送,途中转运时,箱内货物不需换装;
③具有快速装卸和搬运的装置,特别便于从一种运输方式转移到另一种运输方式;
④便于货物满装和卸空;
⑤具有 1 m³ 及 1 m³ 以上的容积。

1961 年国际标准化组织集装箱技术委员会成立后,开始着手制定国际集装箱标准。目前国际上使用得最多的是 20 ft 和 40 ft 的集装箱,为了便于计算集装箱数量,以 20 ft 集装箱作为换算的标准箱,称为 1 TEU,40 ft=2 TEU。

9. 多式联运

多式联运是由两种或两种以上的运输工具相互衔接、转运而共同完成的运输过程。《联合国国际货物多式联运公约》对国际多式联运所下的定义是:按照国际多式联运合同,以至少两种不同的运输方式,由多式联运经营人把货物从一国境内接管地点运至另一国境内指定交付地点的货物运输。多式联运有如下特点:

①一份多式联运合同;
②由一个多式联运经营人对货物运输的全程负责;
③必须以至少两种不同的运输方式连续进行运输;
④必须是国际的货物运输。

10. 大陆桥运输

大陆桥运输是指利用横贯大陆的铁路(公路)运输系统作为中间桥梁,把大陆两端的海洋连接起来的连贯运输方式。简单地说,就是陆海陆的运输。目前国际上有影响力的大陆桥一是北美大陆桥,包括美国大陆桥运输和加拿大大陆桥运输,都是连接太平洋和大西洋的。北美大陆桥是世界上历史最悠久、影响最大、服务范围最广的陆桥运输线。二是亚欧大陆桥,分为两条:其一为西伯利亚大陆桥(或称第一亚欧大陆桥),全长 13000 km,东起俄罗斯符拉迪沃斯托克,西至荷兰鹿特丹港。其二为第二亚欧大陆桥,也称新亚欧大陆桥。该大陆桥东起中国的连云港,西至荷兰鹿特丹港,全长 10900 多 km,途径中国、哈萨克斯坦、俄罗斯、白俄罗斯、波兰、德国和荷兰 7 个国家。路桥运输除大陆桥运输之外还包括小陆桥运输(mini-bridge)和微桥运输(micro-bridge)等运输组织形式。

由于货物本身的性质不同,在选择不同运输方式的时候还需考虑运输的成本、运输的时间要求、运输的安全性能等因素。

运输方式如图3-2所示。

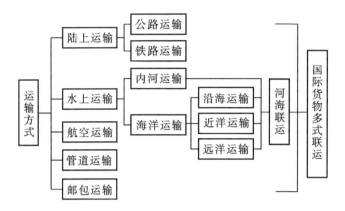

图3-2 运输方式

按运输设备及运输工具的不同,可以将运输分为不同的运输方式,各种运输方式都有其优缺点,掌握其各自特点,有利于我们进行运输管理和选择,从而实现运输的合理化,提高物流效率。

 复习思考题

1. 试比较海运、空运、陆运三种运输方式。
2. 海洋运输的优点和缺点各有哪些?

实训3-2

3.3 运输合理化管理

教学目标

知识目标

1. 理解什么是运输合理化及其影响因素。
2. 了解不合理运输的表现。
3. 理解运输合理化的途径。

技能目标
1. 能够分析现实物流运输中哪些现象属于不合理运输。
2. 能够分析一个运输企业如何才能实现运输合理化。

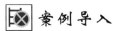 案例导入

韩国三星公司合理化运输

当今的商业环境正在发生显著的变化,市场竞争愈加激烈,客户的期望值正在日益提高。为适应这种变化,企业的物流工作必须进行革新,创建出一种适合企业发展、让客户满意的物流运输合理化系统。三星公司从1989年到1993年实施了物流运输工作合理化革新的第一个五年计划。这期间,为了减少成本和提高配送效率进行了"节约成本200亿""全面提高物流劳动生产率"等活动,最终降低了成本,缩短了前置时间,减少了40%的存货量,并使三星公司获得首届韩国物流大奖。

三星公司从1994年到1998年实施物流运输工作合理化革新的第二个五年计划,重点是将销售、配送、生产和采购有机结合起来,实现公司的目标,即将客户的满意程度提高到100%,同时将库存量再减少50%。为了这一目标,三星公司进一步扩展和强化物流网络,同时建立了一个全球性的物流链使产品的供应路线最优化,并设立全球物流网络上的集成订货-交货系统,从原材料采购到交货给最终客户的整个路径上实现物流和信息流一体化,这样客户就能以最低的价格得到高质量的服务,从而对企业更加满意。基于这种思想,三星公司物流工作合理化革新小组在配送选址、实物运输、现场作业和信息系统四个方面进行物流革新。

(1)配送选址新措施:提高配送中心的效率和质量。三星公司将其配送中心划分为产地配送中心和销地配送中心。前者用于原材料的补充,后者用于存货的调整。这样对每个职能部门都确定了最优工序,配送中心的数量被减少,规模得以最优化,便于向客户提供最佳的服务。

(2)实物运输革新措施:能及时地交货给零售商。配送中心在考虑货物数量和运输所需时间的基础上确定出合理的运输路线。同时,一个高效的调拨系统也被开发出来,这方面的革新加强了支持销售的能力。

(3)现场作业革新措施:使进出工厂的货物更方便快捷地流动。为此公司建立了一个交货点查询管理系统,可以查询货物的进出库频率,高效地配置资源。

(4)信息系统新措施:将生产配送和销售一体化。三星公司在局域网环境下建立了一个通信网络,并开发了一个客户服务器系统,公司集成系统的三分之一将投入物流中使用。由于将生产配送和销售一体化,整个系统中不同的职能部门将能达到信息共享。客户如有涉及物流的问题,都可以通过实行订单跟踪系统得到回答。

三星公司物流工作合理化革新小组对配送选址、实物运输、现场作业和信息系统四个方面进行物流革新,提升了企业在客户心目中的形象,从而更加有利于企业的经营。

资料来源:沈毅.物流实用手册[M].南京:江苏科学技术出版社,2006.

案例分析

三星公司通过在采购、销售过程中有效地掌握物流、信息流去满足客户的需求,也就是在最合适的时间、最合适的地点提供给客户需要的产品。对不同的货物进行搭配运输,或者使同一运输工具能够尽可能多地装载货物,能最大限度地利用运输工具,提高其使用效率,使得企业的产品运输能够实现合理化,为企业带来更高的效益,为货主提供更好的服务。

思考·讨论·训练
1. 三星公司为运输合理化实施了哪些措施？
2. 三星公司的运输合理化为公司带来了哪些好处？

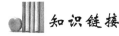知识链接

1. 运输合理化的含义

在整个物流活动中，运输实现了商品的空间转移，创造了空间效用和时间效用，是物流活动最重要的一个环节。所以实现物流的更优化、更合理化也在很大程度上依赖于运输的合理化。

运输合理化是指从物流系统的总体目标出发，按照货物流通规律，运用系统理论及系统工程原理和方法，选择合理的运输路线和运输工具，以最短的路径、最少的环节、最快的速度和最少的劳动消耗，组织好货物的运输与配送，以获取最大的经济效益。

2. 影响运输合理化的因素

在物流系统中，实现运输合理化有很多影响因素，起决定作用的有以下几个要素：

（1）运输速度

运输是物流活动中需要花费较多时间的一个环节，在全部物流时间中占绝大部分，尤其是远距离运输，因此，运输时间的缩短对整个流通时间的缩短起着决定性的作用。因此，运输速度的提高，对运输时间的缩短是至关重要的。此外，加快运输速度可以充分发挥运输工具效力，提高运输线路通过能力，更好地实现运输合理化。

（2）运输费用

运输费用在全部物流费用中占很大比例，运费的高低在很大程度上能够决定整个物流费用的高低，从而决定整个物流系统的竞争能力。从实际看，运费的降低，无论对货主还是对物流企业都是运输合理化的一个重要标志。

（3）运输工具

在物流运输中可以选择的运输工具有很多，各种运输工具都有其长处与不足，根据运输物品的实际情况与各运输工具的特点进行优化选择，最大限度地发挥运输工具的优势，也是运输合理化重要的一环。

（4）运输距离

在运输过程中，运输时间、运输运费、运输工具的选择都与运输距离有一定的关系，运距长短是运输是否合理的一个最基本的因素，所以缩短运输距离也是合理化的一个重要内容。

（5）运输环节

每增加一个运输环节，都会引起运输成本及费用的增加，除此之外还要增加运输的附属活动，如装卸、包装等，各项技术经济指标也会因此发生变化，因此减少运输环节对运输合理化有一定的促进作用。

3. 不合理运输的表现

不合理运输是在现有条件下可以达到的运输水平而未达到，从而造成了运力浪费、运输时间增加、运费超支等问题的运输形式。目前我国存在的主要不合理运输形式有以下几种。

（1）空驶

空驶即空车无货载行驶，可以说是不合理运输的最严重形式。空驶的形式主要有单程满驶、单程空驶或运输工具空去空回，造成运力浪费，运输成本增加。

（2）重复运输

重复运输即本来可以直接将货物运到目的地，但是在还未到达目的地之前，或在目的地之外的其他场所将货卸下，再重复装运送至目的地；或者是，同品种货物在同一地点一面运进，同时又向外运出。重复运输最大的弊端是增加了不必要的中间环节，使得流通速度降低，增加中间费用，更容易造成货物损失。

（3）迂回运输

迂回运输是舍近取远的一种运输。它是本可以选取短距离运输，但最后却选择路程较长路线进行运输的一种不合理形式。如果对于当地环境不熟，或走错路而绕行，属于不合理运输，但是如果短距离运输线路内发生交通堵塞或限制通行或其他路况严重不好的情况，就不能称为不合理运输了。迂回运输也容易造成运输成本增加，运输时间延长。迂回运输示意如图3-3所示。

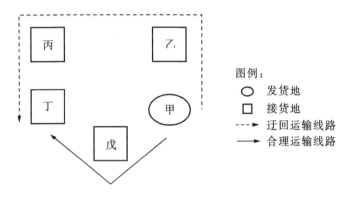

图3-3 迂回运输示意图

（4）过远运输

过远运输是指调运物资的时候舍近求远，近处有资源不调而从远处调，这就造成本可采取近程运输而未采取，反而拉长了货物的运输距离。过远运输使运输时间延长，容易造成货物损失，还增加了成本。

（5）对流运输

对流运输亦称"相对运输""交错运输"，指同一种货物，或彼此间可以互相代用而又不影响管理、技术及效益的货物，在同一线路上或平行线路上做相对方向的运送，而与对方运程的全部或一部分发生重叠交错的运输。对流运输也容易造成运输成本的增加和运输时间的延长及商品流动性的降低。

（6）倒流运输

倒流运输是指货物从销地或中转地向产地或起运地回流的一种运输现象。其不合理程度要远远大于对流运输，其原因在于，往返两程的运输都是不必要的，形成了双程的浪费。比如发错货物被退回，就属于倒流运输。倒流运输造成了运输时间延长、运输环节增多、运输成本增加的不合理情况。

（7）运力选择不当

运力选择不当即没有选择运输工具的优势，或没有正确利用运输工具，造成的各种浪费现象。比如：当有两种运输方式可以选择时，没有选择成本较低的一种；或者在近距离运输中选择了大型的运输工具，增加了装卸之前的准备时间，加上机动灵活性不足，无法发挥自身优势，反而会延长运输时间,费用也相对较高;又或者不根据承运货物的数量及重量而盲目选择运输工具,造成超载、损坏车辆或者不满载等现象。

(8)托运方式选择不当

托运方式选择不当是指对于货主而言,可以选择最好托运方式而未选择,造成运力浪费及费用支出加大的一种不合理运输。比如可选整车却采取了零担运输或可直达却选择了中转运输。

上述的各种不合理运输形式都是在特定条件下表现出来的,在进行判断时必须注意其不合理的前提条件,而且在实践中,必须将其放在物流系统中作综合判断,单一地去看往往会作出相反的结论。所以采取必要的措施,选择正确的途径进行有效判断,才可能避免不合理运输,从而提高合理化运输。

4. 运输合理化的途径

(1)**选择合适的运输方式和运输路线**

根据货物的实际情况和特点以及运输方式的特点,考虑供需地之间的交通条件、道路状况和货主需要的时间和及时性,选择针对某种商品适合的运输工具和路线。

(2)**选择适合的运输工具**

对于运输方也就是承运人,需要考虑其所提供的运输工具的新旧程度、装卸搬运的质量、工作人员的业务素质、服务商对运输过程的掌控、运输计划的准确性、价格的合理性、顾客满意度等内容。

(3)**提高运输工具实载率**

实载率有两层含义:一是单车实际载重与运距之乘积和标定载重与行驶里程之乘积的比率,这在安排单车、单船运输时,是作为判断装载合理与否的重要指标;二是车船的统计指标,即一定时期内车船实际完成的货物周转量(以吨公里计)占车船载重吨位与行驶公里之乘积的百分比。在计算时车船行驶的公里数,不仅包括载货行驶,也包括空驶。

提高实载率能够充分利用运输工具的额定能力,减少车船空驶和不满载行驶的时间,减少浪费,从而使得运输合理化。

当前,国内外开展的配送形式,优势之一就是将多家需要的货和一家需要的多种货实行配装,以达到容积和载重的充分合理运用,比起以往自家提货或一家送货车辆大部分空驶的状况,是运输合理化的一个进展。

(4)**减少动力投入,增加运输能力**

这种合理化的要点是少投入、多产出,走高效益之路。运输的投入主要是能耗和基础设施的建设,在设施建设已定型和完成的情况下,尽量减少能源投入,是少投入的核心。做到了这一点就能大大节约运费,降低单位货物的运输成本,达到合理化的目的。

(5)**尽量发展直达运输**

直达运输是追求运输合理化的重要形式,其对合理化的追求要点是通过减少中转过程换载,从而提高运输速度,省略中间环节,节省装卸费用,降低中转货损。直达的优势,尤其是在一次运输批量和用户一次需求量达到了一整车时表现最为突出。直达运输有利于提高运输的计划水平,考虑用最有效的技术来实现这种稳定运输,从而大大提高运输效率。但是,直达运输的合理性也是在一定条件下才会有所表现,不能绝对认为直达一定优于中转。这要根据用户的要求,从物流总体出发做综合判断。

（6）**发展社会化的运输体系**

运输社会化的含义是发展运输的大生产优势，实行专业分工，打破一家一户自成运输体系的状况。实行运输社会化，可以统一安排运输工具，避免对流、倒流、空驶、运力不当等多种不合理形式，不但可以追求组织效益，而且可以追求规模效益，所以发展社会化的运输体系是运输合理化非常重要的措施。

（7）**发展中短距离铁路公路分流，以公路运输代替铁路运输**

这种方式一是对于比较紧张的铁路运输，用公路分流后，可以得到一定程度的缓解，从而加大这一区段的运输通过能力；二是充分利用公路从门到门和在中途运输中速度快且灵活机动的优势，实现铁路运输服务难以达到的水平。

（8）**配载运输**

配载运输是充分利用运输工具载重量和容积，合理安排装载的货物及载运方法以求得合理化的一种运输方式。配载运输也是提高运输工具实载率的一种有效形式。

优化运输的方式很多，利用不同的措施实现运输的合理化，不仅可以节省运输成本，减少货损货差，也能够使整个物流环节得以优化，实现物流的合理化。

小结

运输合理化就是按照货物流通规律，组织货物运输，力求用最少的劳动消耗，得到最高的经济效益。在既有利于生产，又有利于市场供应，还有利于节约流通费用、运力以及劳动力的前提下，使货物运输以最短的里程，经过最少的环节，用最快的时间，以最小的损耗和最低的成本，把货物从出发地运到客户要求的地点。尽量在运输过程中采取相应措施实现合理运输，避免不合理运输造成的运力浪费和成本增加。

复习思考题

1. 影响运输合理化的因素有哪些？
2. 简述实现运输合理化的措施。

实训3-3

即测即评

项目4 仓储和库存管理

4.1 仓储概述

 **教学目标**

知识目标

1. 掌握仓储管理的概念与性质、仓储管理的任务和要求。
2. 了解我国仓储活动的产生和发展过程。

技能目标

1. 理解各种仓储活动在物流中的重要意义和作用。
2. 能够运用仓储的基本知识解决实际问题。

 **案例导入**

全球智能仓储行业的发展现状及未来趋势分析

智能仓储系统是运用软件技术、互联网技术、自动分拣技术、光导技术、射频识别(RFID)、声控技术等先进的科技手段和设备对物品的进出库、存储、分拣、包装、配送及其信息进行有效的计划、执行和控制的物流系统。它主要包括识别系统、搬运系统、储存系统、分拣系统以及管理系统。

1. 全球智能仓储行业发展现状分析

1963年美国率先在高架仓库中采用计算机控制技术,建立了第一座计算机控制的高架仓库。此后自动化高架仓库在美国和欧洲得到迅速发展,并形成了专门的学科。目前日本自动化仓库每年建造约250座,成为世界上拥有自动仓储系统最多的国家之一。现在,美国、日本依然牢牢掌握智能仓储系统最先进的技术,引领智能仓储的发展。

智能仓储的发展分为五个阶段:人工仓储阶段、机械化仓储阶段、自动化仓储阶段、集成化仓储阶段、智能化仓储阶段。

近年来,随着全球移动互联网的快速发展,仓储物流连接呈现快速增长态势,传感器、射频识别、定位系统等技术手段不断更新升级,大量仓储设施通过传感器接入互联网,以信息互联、设施互联带动仓储互联,使仓储信息互联互通成为可能,大大促进智能仓储的发展。

根据Logistics IQ的最新报告数据,电子商务、新零售及第三方物流的驱动作用凸显,2018年全球仓储自动化市场为130亿美元,2019年达到139亿美元。

2. 全球智能仓储行业市场竞争格局分析

根据美国行业权威杂志 *Modem Materials Handling* 资料显示,全球前十大仓储自动化企业年收入在64亿至280亿元之间,排名第一的日本大福2019年营业收入达到270.01亿元,近年来头部企业规模总体呈现上升趋势,其中全球排名前五的企业收入总额占全球前二十收入总额的60%以上,所以从全球范围内看,智能仓储行业已呈现一定的寡头竞争特征,即少数系统集成能力强、装备制造能力强的企业规模较大,每年营收较高,占据相对较高的市场份额。

从全球前十大仓储自动化企业所在地来看,行业龙头企业主要分布在欧洲、美国、日本等工业发展地区,其中欧洲地区数量最多,共有6家。

3. 全球智能仓储行业发展趋势分析

在工业4.0时代,客户要求高度个性化,产品创新周期缩短,生产节拍不断加速。一方面,随着信息技术向制造业的全面深入,生产要素高度灵活配置,大规模定制生产得以实现,传统的生产流程、生产模式及管理方式不断被打破。

另一方面,新兴自动化和智能技术促进了现有硬件设备的扩容与升级,改善了仓储物流运作流程,提高了仓储技术装备的柔性化应用水平,降低了物流成本。信息技术、自动化技术与智能技术使得仓储装备的技术集成程度进一步提高。技术集成能力成为国外仓储装备研发与制造能力的优势所在,也成为仓储装备行业重要的核心竞争力所在。

随着物联网、大数据、人工智能等信息技术进一步发展,资本市场对智能仓储科技应用场景的关注,智能仓储物联网等行业标准法规将逐步完善,机器人和认知技术、3D打印技术等最新科技将在仓储物流领域中将得以深度应用,预测性维护和按需仓储将得到更多关注。

资料来源:全球智能仓储行业发展现状及未来趋势分析[EB/OL].(2020-12-04)[2021-04-20]. https://www.sohu.com/na/436162757_120321294.

案例分析

通过这个案例,我们了解到全球智能仓储行业已经进入快速发展阶段,智能仓储业已经成为发达国家推动经济发展的重要因素。如何推动我国智能仓储业的快速发展,已成为每个物流人共同面对的问题。

思考·讨论·训练

全球智能仓储行业的发展现状及未来趋势是怎样的?

知识链接

1. 仓储的概念与性质

(1) 仓储的概念

"仓"也称为仓库(warehouse),是存放、保管、储存物品的建筑物或场所的总称,它可以是房屋建筑物,也可以是大型容器、洞穴或者特定的场所等,其功能是存放和保护物品;"储"表示将储存对象储存起来以备使用,具有收存、保护、管理、以备交付使用的意思。仓储就是指通过仓库对物资进行储存和保管的活动。

(2) 仓储的性质

仓储具有以下性质:

①仓储是物质产品生产过程的持续。这是因为仓储活动是社会再生产过程不可缺少的环节,产品从脱离生产到进入消费,一般要经过运输和储存,所以,仓储是物质产品生产过程的持续。

②物质产品的仓储提升了物质产品的价值。这是因为:第一,仓储活动和其他物质生产活

动一样具有生产力三要素（劳动力——仓储作业人员，劳动资料——仓储设备与设施，劳动对象——储存保管的物资），生产力创造物质产品及其价值。第二，仓储活动中的有些环节提升了产品价值，例如加工、包装、拣选等活动就提升了产品价值。第三，仓储中劳务的消耗、资产的消耗与磨损，即仓储发生的费用要转移到库存商品中去，构成其价值增量的一部分，从而导致库存商品价值的增加。

③仓储活动发生在仓库这个特定的场所。

④仓储的对象既可以是生产资料，也可以是生活资料，但必须是实物动产。

⑤仓储活动所消耗的物化劳动和活劳动一般不改变劳动对象的功能、性质和使用价值，只是保持和延续其使用价值。

2. 仓储的产生和发展

（1）仓储活动的产生

仓储随着物资储存的产生而产生，随着生产力的发展而发展。人类社会自从有剩余产品以来，就产生了储存。我国的仓储业有着悠久的历史，在我国的经济发展过程中起着重要的作用。在原始社会末期，当某个人或者某个部落获得食物自给有余时，就把多余的产品储藏起来，同时也就产生了专门储存产品的场所和条件，于是"窖穴"就出现了。在西安半坡遗址，已经发现了许多储存食物和用具的窖穴，它们多分布在居住区内，和房屋交错在一起，这可以说是我国最早的仓库的雏形。在古籍中常常看到有"仓廪""窦窖"这样的词语。"仓廪"中的"仓"是指专门藏谷的场所，"廪"是指专门藏米的场所。所谓"窦窖"，是指储藏物品的地下室，椭圆形的叫"窦"，方形的叫"窖"。古代也把存放用品的地方叫作"库"。后人把"仓"和"库"两个字合用，从而形成了"仓库"这样一个概念，即储存和保管物资的建筑物与场所称为仓库。

（2）我国仓储活动的发展过程

我国仓储活动的发展历史，大体可分为以下四个阶段：

①我国古代的仓储业。我国古代商业仓库是随着社会分工和专业化生产的发展而逐渐形成和扩大的。我国商业仓库的最初形式可以追溯到"邸店"。"邸店"既具有商品寄存性质，又具有旅店性质。随着社会分工的进一步发展和商品交换的进一步扩大，专门储存商品的"塌房"从"邸店"中分离出来，才出现了带企业性质的近代的仓储业。

②我国近代的仓储业。随着商品经济的发展和商业活动范围的扩大，我国近代的仓储业得到了相应的发展。近代的商业仓库叫作"堆栈""货栈"，即指堆存和保管物品的场地。堆栈业与交通运输业、工商业，以及与商品交换的深度和广度关系极为密切。由于我国近代工业主要集中在东南沿海地区，因此堆栈业也在东南沿海地区较为发达。根据统计，1929年上海码头仓库总计在40家以上，库房总容量达到90多万t，货场总容量达到70多万t。随着堆栈业务的扩大，服务对象的增加，旧中国的堆栈业已经划分为码头堆栈、铁路堆栈、保管堆栈、厂号堆栈、金融堆栈和海关堆栈等。当时堆栈业大多由私人经营，为了商业竞争和垄断的需要，往往组成同业会，订立同业堆栈租价价目表等。

③新中国成立后的仓储业。新中国成立以后，政府接管并改造了旧中国留下来的仓库。当时采取对口接管改造的政策，即铁路、港口仓库由交通运输部门接管。物资部门的仓库由全国物资清理委员会接管；私营仓库由商业部门对口接管改造；外商仓库，按经营的性质，分别由港务、外贸、商业等有关部门接管。在这一阶段，无论是仓库建筑、装备，还是装卸搬运设施，都比旧中国商业仓库有了较大的发展。

④仓储业现代化发展阶段。我国在一个较长时期里,仓库一直属于劳动密集型企业,即仓库中大量的装卸、搬运、堆码、计量等作业都是由人工来完成的。因此,仓库不仅占用了大量的劳动力,而且劳动强度大、劳动条件差,特别是一些危险品仓库,还极易发生中毒等事故;从劳动效率来看,人工作业的劳动效率低下,库容利用率不高。为迅速改变这种落后状况,我国在这方面下了很大力气。一方面,重视仓库的改造工作,按照现代仓储作业要求,来改建旧式仓库,增加设备的投入,配备各种装卸、搬运、堆码等设备,减轻工人的劳动强度,改善劳动条件,提高仓储作业的机械化水平;另一方面,新建了一批具有先进技术水平的现代化仓库。特别是在 20 世纪 60 年代以来,随着世界经济发展和现代科学技术的突飞猛进,仓库的性质发生了根本性变化,从单纯地进行储存保管货物的静态储存一跃而进入了多功能的动态储存新领域,成为生产、流通的枢纽和服务中心。我国于 20 世纪 70 年代开始建造自动化仓库,并在这些自动化仓库中普遍采用电子计算机辅助仓库管理,使我国仓储业开始迈入了仓储自动化的新阶段。

3. 仓储活动的意义

商品的仓储活动是由商品生产和商品消费之间的矛盾所决定的。商品在从生产领域向消费领域转移过程中,一般都要经过商品的仓储阶段,这主要是由于商品生产和商品消费在时间上、空间上以及品种和数量等方面的不同步所引起的,也正是在这些不同步中,仓储活动发挥了重要的作用。

(1)搞好仓储活动是社会再生产过程顺利进行的必要条件

商品由生产地向消费地转移,是依靠仓储活动来实现的。可见,仓储活动的意义正是由于生产与消费在空间、时间以及品种、数量等方面存在的矛盾所引起的。尤其是在社会化大生产的条件下,专业化程度不断提高,社会分工越来越细,随着生产的发展,这些矛盾又势必进一步扩大。因此,在仓储活动中不能采取简单地把商品生产和消费直接联系起来的办法,而需要对复杂的仓储活动进行精心组织,拓展各部门、各生产单位之间相互交换产品的深度和广度,在流通过程中不断进行商品品种上的组合,在商品数量上不断加以集散,在地域和时间上进行合理安排。通过搞活流通,搞好仓储活动,发挥仓储活动连接生产与消费的纽带和桥梁作用,借以克服众多的相互分立又相互联系的生产者之间、生产者与消费者之间地理上的分离,衔接商品生产与消费时间上的不一致,以及调节商品生产与消费在方式上的差异,使社会简单再生产和扩大再生产能建立在一定的商品资源的基础上,保证社会再生产顺利进行。

(2)搞好仓储活动是保持物资原有使用价值和合理使用物资的重要手段

任何一种物资,在它生产出来以后至消费之前,由于其本身的性质、所处的条件,以及自然的、社会的、经济的、技术的因素,都可能使物资使用价值在数量上减少、在质量上降低,如果不创造必要的条件,就不可避免地使物资受到损害。因此,必须进行科学的管理,加强对物资的养护,搞好仓储活动,以保护好处于暂时停滞状态的物资的使用价值。同时,在物资仓储过程中,努力做到流向合理,加快物资流转速度,注意物资的合理分配、合理供料,不断提高工作效率,使有限的物资能够及时发挥最大的效用。

(3)搞好仓储活动,是加快资金周转、节约流通费用、降低物流成本、提高经济效益的有效途径

仓储活动是物质产品在社会再生产过程中必然出现的一种状态。这对整个社会再生产,对国民经济各部门、各行业的生产经营活动的顺利进行,都有着巨大的作用。然而,在仓储活动中,为了保证物资的使用价值在时空上的顺利转移,必然要消耗一定的物化劳动和活劳动。

尽管这些合理费用的支出是必要的,但是由于它不能创造使用价值,因而在保证物资使用价值得到有效保护、有利于社会再生产顺利进行的前提下,这种费用支出越少越好。因此,搞好物资的仓储活动,就可以减少物资在仓储过程中的物资损耗和劳动消耗,就可以加速物资的流通和资金的周转,从而节省费用,降低物流成本,开拓"第三利润源",提高物流社会效益和企业的经济效益。

(4)物资仓储活动是物资供销管理工作的重要组成部分

物资仓储活动在物资供销管理工作中有特殊的地位和重要的作用。从物资供销管理工作的全过程来看,它包括供需预测、计划分配、市场采购、订购衔接、货运组织、储存保管、维护保养、配送发料、用料管理、销售发运、货款结算、用户服务等主要环节。各主要环节之间相互依存、相互影响,关系极为密切。与其中许多环节相比,仓储活动所消耗和占用的人力、物力、财力多,受自然的、社会的各种因素影响很大,组织管理工作有很强的经济性,既涉及经济学、管理学、物理、化学、机械、建筑、气象等方面的知识,又涉及物资流通的专业知识和专业技能。因此,仓储活动直接影响到物资管理工作的质量,也直接关系到物资从实物形态上确定分配供销的经济关系的实现。

4. 仓储活动的作用

(1)仓储是物流的主要功能要素之一

在物流中,运输承担了改变空间状态的重任,而另一个重任,即改变"物"的时间状态,是由仓储来承担的。所以,在物流系统中,运输和仓储是并列的两大主要功能要素,被称作物流的两根支柱。

(2)仓储是社会物质生产的必要条件之一

仓储作为社会再生产各环节之中以及社会再生产各环节之间的"物"的停滞,构成了上一步活动和下一步活动衔接的必要条件。例如,在生产过程中,上一道工序与下一道工序之间免不了有一定时间间隔,上一道工序的零件总是要达到一定批量之后,才能经济合理地送给下一道工序加工,而下一道工序为了保持生产的连续性,也总是要有必备的最低的半成品储备保证,于是,仓储无论对哪一道工序来说,都是保证顺利生产的必要条件。

(3)仓储可以创造"时间效用"

同种物品由于使用时间不同,物品的效用即使用价值也不同。在物品的最佳使用时间内,其使用价值的实用限度可发挥到最佳水平,从而最大限度地提高产出投入比。通过仓储,物品在效用最大的时间发挥作用,就能充分发挥物品的潜力,实现时间上的优化配置。从这个意义上来讲,也就相当于通过仓储提高了物的使用价值。

(4)仓储是"第三利润源"的重要源泉之一

我们必须清醒地认识到仓储有一个逆作用,这个逆作用是:在物流系统中,仓储作为一种必要活动,由其特点决定,经常有冲减物流系统效益、恶化物流系统运行的趋势;在生产系统中,原材料、半成品、产成品的过多库存会导致企业资金循环困难,增大生产成本和经营风险。正是因为仓储的逆作用,所以甚至有经济学家和企业家明确提出仓储中的库存是企业的"癌症"。

仓储是"第三利润源"中的主要部分之一。首先,这是因为仓储存在逆作用,对于任何一个企业来讲,仓储作为一种停滞,必然会冲减企业经营利润,但是很多企业经营业务又离不开仓储,那么,哪个企业能将库存成本控制得当,哪个企业就能大大地节约物流成本,仓储成本的降低便成为物流的一个重要的利润来源。其次,现代化大生产不需要每个企业均设立仓库,其仓储业务可交予第三方物流管理,或者采用供应链管理环境下的供应商管理库存等方式,而这些合作方式的普及,必然会极大地体现出仓储是"第三利润源"中的主要部分之一的作用。

5. 仓储的任务与要求

仓储的物资储藏的基本功能决定了仓储的基本任务是储存保管、储存控制、储存物品数量管理和储存物品质量维护,同时利用仓库设施开发和开展多种服务,提高仓储附加值,促进物资流通,提高社会资源的有效利用。归纳起来,仓储有以下八大任务与要求:

(1) *物资储存*

物资储存是仓储最基本的任务。正是因为有了产品剩余,需要将剩余产品收存,所以形成了仓储。要稳妥地完成物资储存的任务,必须明确:储存的对象必须是有价值的产品;储存的目的是确保存储物的价值不受损害,保管人有绝对的义务妥善保管好存储物;存储物始终属于存货人所有,存货人有权在储存合同期内控制存储物。

(2) *流通调控*

商品流通的需要决定了商品是存储还是流通。或者反言之,由于仓储既可以长期进行,也可以短期开展,对商品储存期的控制也就自然形成了对商品流通的控制,这也就是仓储的"蓄水池"功能。流通调控的原则是商品存储服务于商品流通。也不排除在流通交易不利时,将商品储存起来等待有利的交易时机进行投机,但必须注意这种投机的合法性。流通调控的重要任务就是在对商品市场进行调研预测的基础上,对物资是仓储还是流通作出合理安排,确保商品在市场上的供应。另外,要确定储存时机,计划存放时间、储存地点等。

(3) *数量管理*

仓储的数量管理任务包括两个方面:一方面,存货人交付保管的仓储物的数量和提取仓储物的数量必须一致,这就要求在入出库点验、堆垛、保管、养护、装卸、安全防范上慎之又慎。另一方面,保管人应该按照存货人的要求分批收货和分批出货,对储存的货物进行数量控制,以满足现代物流管理的需要。同时,保管人应向存货人提供存货数量及数量变动的信息服务,以便客户控制存货。

(4) *质量管理*

仓储的质量管理任务是保证仓储物品的质量不发生异常变化。为了有效地完成这一任务,仓储保管人需要采取先进的技术、合理的保管措施,妥善和勤勉地保管仓储物,有针对性地采取储存容器装存、包装、修补、加固、清洁、擦拭、除锈、防霉、保持水分或干燥等保管养护措施。当仓储物预期将发生质量变化时,保管人不仅要及时通知存货人,还要及时采取有效的措施减小损失。

(5) *交易中介*

交易中介是仓储经营的重要内容。仓储的交易中介任务是:仓储经营人利用存放在仓库中的有形资产,利用与物资使用部门广泛的业务联系,使得开展现货交易具有较为便利的条件,同时还有利于加速仓储物的周转和吸引仓储。仓储经营人利用仓储物开展物资交易不仅会给仓储经营人带来收益,还能充分利用社会资源,加快社会资金周转,减少资金沉淀。为了高效率地实现仓储的交易中介任务,加快物流管理信息系统在仓储交易中的建设和应用步伐是当务之急。

（6）流通加工与包装

流通加工与包装本是生产环节之一，但是随着消费日趋多样化、个性化，产品变化愈来愈快，为了适应这种需要，也为了严格控制成本，众多生产企业将产品的定型、分装、组装、包装等工序留到最接近销售的仓储环节进行，使得仓储成为流通加工的重要环节。仓储的流通加工与包装的任务与要求是：根据客户的需要进行流通加工与包装；通过集中加工与包装，有效提高加工与包装质量，提高产品利用率；流通加工与包装应该考虑与合理运输方式有效结合。

（7）配送

对于设置在生产和消费集中地区附近的以原材料、零部件或商品为对象的仓储，向生产企业有关车间和销售点的配送是仓储活动的基本业务，要求仓储经营者根据企业生产的进度和商业销售的需要由仓库及时地、小批量地将仓储物资送到生产车间和零售商店或收货人手上。仓储配送业务的发展，应该加快步伐，实现供应链管理环境下的配送，这有利于供应链管理环境下的合作企业降低存货，减少固定资金投入，实现准时制生产；也有利于下游商店减少存货，降低流动资金使用量，而且能保证销售；还有利于物流企业合理控制库存，合理组织配送。

（8）配载

所谓配载，通俗说来，就是将分散的货物运输到仓库或配送中心这个物流据点集中（集货），按照运输的方向进行分类分区存储，当运输工具到达时，出库装运到指定的运输地点。仓储配送中心的任务就是合理地对运输车辆进行调度配载，确保配载的及时性和运输工具利用的充分性。

6. 仓储的功能

仓储主要是对流通中的商品进行检验、保管、加工、集散和转换运输方式，并为解决供需之间和不同运输方式之间的矛盾，提供场所价值和时间效益，使商品的所有权和使用价值得到保护，加速商品流转，提高物流效率和质量，促进社会效益的提高。概括起来，仓储的功能可以分为以下几个方面：

（1）调节功能

仓储在物流中起着"蓄水池"的作用。一方面仓储可以调节生产与消费的矛盾，如销售与消费的矛盾，使它们在时间上和空间上协调，保证社会再生产的顺利进行。另一方面，它还可以实现对运输的调节。因为产品从生产地向销售地流转，主要依靠运输完成，但不同的运输方式在流向、运程、运量及运输线路和运输时间上存在着差距，一般说来，很多商品从产地向销售地的流转过程中，需要在中途改变运输方式、运输线路、运输规模、运输方法和运输工具，以及协调运输时间和完成产品倒装、转运、分装、集装等物流作业，这就需要在产品运输的中途停留储存，即仓储。

（2）检验功能

在物流过程中，为了保证商品的数量和质量准确无误，明确事故责任，维护各方面的经济利益，要求必须对商品及有关事项进行严格的检验，以满足生产、运输、销售以及用户的要求。物流过程中的检验，一般安排在仓库进货、储存或出货作业环节，仓储活动为组织检验提供了场地和条件。

（3）集散功能

物流仓储把各生产企业的产品汇集起来，形成规模，然后根据需要分散发送到各消费地。通过一集一散，衔接了产需，均衡了运输，提高了物流速度、物流效率与效益。

（4）配送功能

仓储的配送功能是根据用户的需要，对商品进行分拣、组配、包装和配送等作业，并将配好的商品送货上门。仓储配送功能是仓储保管功能的外延，它提高了仓储的社会服务效能。要使仓储的配送功能较好地实现，首先要确保仓储商品的安全，最大限度地保持商品在仓储中的使用价值，减少保管损失。其次是合理仓储，要保证货畅其流，要以不间断满足市场供应为依据，以此确定恰当的仓储定额和商品品种结构，实现仓储的合理化。否则仓储过多，就会造成商品积压，增加占用资金，使仓储保管费用增加，造成商品在库损失，形成巨大的浪费。如果仓储过少，又会造成商品脱销，影响社会消费，最终也会影响国民经济的发展。因此，仓储的合理化具有很重要的意义。

7. 仓储的种类

虽然说仓储的本质是物品的储藏和保管，但是由于经营主体的不同、仓储对象的不同、仓储功能的不同、仓储物处理方式的不同，不同的仓储活动具有不同的特性。

（1）按仓储经营主体划分

①企业自营仓储。企业自营仓储包括生产企业和流通企业的自营仓储。生产企业自营仓储是指生产企业使用自有的仓库设施，对生产使用的原材料、半成品和最终产品实施储存保管的行为。生产企业自营仓储的对象一般来说品种较少，基本上是以满足生产需要为原则。流通企业自营仓储则是流通企业自身以其拥有的仓储设施对其经营的商品进行仓储保管的行为。流通企业自营仓储中的对象种类较多，其目的是支持销售。企业自营的仓储行为具有从属性和服务性特征，即从属于企业，服务于企业，所以，相对来说规模较小，数量众多，专用性强，仓储专业化程度低，一般很少对外开展商业性仓储经营。

②营业仓储。营业仓储是仓库所有者以其拥有的仓储设施，向社会提供商业性仓储服务的仓储行为。仓储经营者与存货人通过订立仓储合同的方式建立仓储关系，并且依据合同约定提供服务和收取仓储费。营业仓储的目的是在仓储活动中获得经济回报，追求的目标是经营利润最大化。其经营内容包括提供货物仓储服务、提供场地服务、提供仓储信息服务等。

③公共仓储。公共仓储是公用事业的配套服务设施，为车站、码头提供仓储配套服务。其主要目的是对车站、码头的货物作业和运输流畅起支撑和保证作用，具有内部服务的性质，处于从属地位。但对于存货人而言，公共仓储也适用营业仓储的关系，只是不独立订立仓储合同，而是将仓储关系列在作业合同、运输合同之中。

④战略储备仓储。战略储备仓储是国家根据国防安全、社会稳定的需要，对战略物资实行战略储备而形成的仓储。战略储备由国家政府控制，通过立法、行政命令的方式进行，由执行战略物资储备的政府部门或机构运作。战略储备特别重视储备品的安全性，且储备时间较长。战略储备物资主要有粮食、油料、能源、有色金属、淡水等。

（2）按仓储对象划分

①普通物品仓储。普通物品仓储是指不需要特殊保管条件的物品仓储。例如一般的生产物资、普通生活用品、普通工具等物品，不需要针对货物设置特殊的保管条件，从而采取无特殊装备的通用仓库或货场来存放。

②特殊物品仓储。特殊物品仓储是指在保管中有特殊要求和需要满足特殊条件的物品仓储。例如危险物品仓储、冷库仓储、粮食仓储等。特殊物品应该存放于适合其仓储的专用仓库，按照物品的物理、化学、生物特性，以及有关法规规定进行专门的仓储管理。

（3）按仓储功能划分

①储存仓储。储存仓储是指物资在较长时期存放的仓储。储存仓储一般设在较为偏远的但具备较好交通运输条件的地区。储存仓储的物资品种少，但存量大。由于物资储存期长，储存仓储特别注重两个方面：一是仓储费用尽可能低；二是对物资的质量保管和养护。

②物流中心仓储。物流中心仓储是指以物流管理为目的的仓储活动，是为了有效实现物流的空间与时间价值，对物流的过程、数量、方向进行调节和控制的重要环节。其一般设置在位于一定经济地区中心、交通便利、储存成本较低的口岸。物流中心仓储品种并不一定很多，但每个品种基本上都是较大批量进库、一定批量分批出库，整体吞吐能力强，故要求机械化、信息化、自动化水平要高。

③配送仓储。配送仓储也称为配送中心仓储，是指商品在配送交付消费者之前所进行的短期仓储，是商品在销售或者供生产使用前的最后储存，并在该环节进行销售或使用前的简单加工与包装等前期处理。配送仓储一般设置在商品的消费经济区间内，要求能迅速地送达销售商和消费者。配送仓储物品品类繁多，但每个品种进库批量并不大，需要进货、验货、制单、分批少量拣货、出库等操作，往往需要进行拆包、分拣、组配等作业。配送仓储特别注重两个方面：一是配送作业的时效性与经济合理性；二是对物品存量的有效控制。基于此，配送仓储十分强调物流管理信息系统的建设与完善。

④运输转换仓储。运输转换仓储是指衔接铁路、公路、水路等不同运输方式的仓储，一般设置在不同运输方式的相接处，如港口、车站。它的目的是保证不同运输方式的高效衔接，减少运输工具的装卸和停留时间。运输转换仓储具有大进大出以及货物存期短的特性，十分注重货物的作业效率和货物周转率。基于此，运输转换仓储活动需要高度机械化作业为支撑。

⑤保税仓储。保税仓储是指使用海关核准的保税仓库存放保税货物的仓储。保税仓储一般设置在进出境口岸附近。保税仓储受到海关的直接监控，虽然货物也是由存货人委托保管，但是保管人要对海关负责，入库或者出库单据均需要由海关签署。

（4）按仓储物的处理方式划分

①保管式仓储。保管式仓储是指存货人将特定的物品交由仓储保管人代为保管，物品保管到期，保管人将代管物品交还存货人的方式所进行的仓储。保管式仓储也称为纯仓储，要求保管物除了自然损耗和自然减量外，数量、质量、件数不应发生变化。保管式仓储又可分为物品独立保管仓储和物品混合在一起保管的混藏式仓储。

②加工式仓储。加工式仓储是指仓储保管人在物品仓储期间根据存货人的合同要求，对保管物进行合同规定的外观、形状、成分构成、尺度等方面的加工或包装，使仓储物品满足委托人所要求达到的变化的仓储方式。

③消费式仓储。消费式仓储是指仓库保管人在接受保管物时，同时接受保管物的所有权，仓库保管人在仓储期间有权对仓储物行使所有权，待仓储期满，保管人将相同种类、品种和数量的替代物交还委托人所进行的仓储。消费式仓储特别适合于保管期较短的商品储存，如储存期较短的肉禽蛋类、蔬菜瓜果类农产品的储存。消费式仓储也适合一定时期内价格波动较大的商品的投机性存储。消费式仓储具有一定的商品保值和增值功能，同时又具有较大的仓储风险，是仓储经营的一个重要发展方向。

小结

仓储就是指通过仓库对物资进行储存和保管的活动。

仓储活动具有以下作用：①仓储是物流的主要功能要素之一；②仓储是社会物质生产的必要条件之一；③仓储可以创造"时间效用"；④仓储是"第三利润源"的重要源泉之一。

仓储的任务与要求主要包括物资储存、流通调控、数量管理、质量管理、交易中介、流通加工与包装、配送和配载。

仓储的功能包括调节功能、检验功能、集散功能和配送功能。

 复习思考题

1. 仓储的意义是什么？
2. 仓储活动具有哪些作用？
3. 仓储的功能有哪些？

 实训

实训 4-1

4.2 仓库作业管理

 教学目标

知识目标

1. 掌握办理货物入库交接手续的全部环节，提高货物入库的质量和效率。
2. 掌握在库作业的基本知识和操作流程。
3. 掌握出库作业的基本流程。

技能目标

1. 能够进行入库接运与验收的情景操作。
2. 能够进行在库物品堆垛的情景操作。
3. 能够绘制入库作业流程图。
4. 能够绘制出库作业流程图。

案例导入

海天味业引入立体仓库等实现资源的优化配置

在海天味业（高明）"酱油城"内，有一座外形时尚感十足、模拟魔方造型的建筑物。作为业内引进的首个现代化大型立体仓库,它每天有条不紊地运行,全自动处理各种货物的出仓、进仓。

这个业内第一的立体仓库占地 10400 m^2,有仓库位 28400 个,可以储存 38000 t 成品,存储率达到 100%,是同面积仓库储存能力的 5 倍。它通过采用高层货架存放货物,充分利用了仓库高达 30 多 m 的垂直空间,货物在高层钢货架上堆叠 10 层,大大节约了土地资源,实现高度集约化。

海天酱油的立体仓库在节约土地资源的同时,实现了高效自动化。它主要由库房、堆垛机、出入库输送系统、计算机控制系统、信息识别系统、通信系统、监控系统和管理系统组成。以巷道式堆货机和出入周边设备进行作业、自行控制系统进行操纵,从下达指令到实物出仓,只需要 120 s。整个过程全自动无人操作,不但降低劳动强度和劳动成本,减少对人员可能的损伤,同时入库出库效率比普通平面仓提高 66%。

高效的货物物流管理水平保障着海天酱油的出品品质。立体仓库满足了调味食品对储存环境和期限的严苛要求。一方面,它可实现温度控制,确保产品存储环境良好;另一方面,它能更方便、强制性地做到"先进先出",确保每箱货物的存放期做到最短。同时,海天酱油能够通过系统查询到每一个垛板的生产日期、质检状态,对不符合项进行冻结,保证不让不符合要求的产品流出市场。

通过与 ERP 联网,海天酱油将立体仓库纳入其下"钢化"管理系统内。通过实行权限分级管理模式,保证了不同层级的人员拥有相应的操作权限,避免了人工记录时可能出现的一系列难以追溯的人为数据错漏。机器操作的精准快速保证发货准确率接近 100%。

资料来源:海天味业引入立体仓库等实现资源的优化配置[EB/OL].(2015-11-26)[2021-04-20]. http://blog.sina.com.cn/s/blog_bdfdf0d40102wnl2.html.

案例分析

通过这个案例,我们可以看到自动化立体仓库系统实现了入库业务、出库业务及库存调拨的全过程管理自动化,有效提高了供应链和物流的运作效率。

思考·讨论·训练

自动化立体仓库的优势有哪些?

 知识链接

1. 入库作业

(1) 入库作业的基本要求

入库是仓储工作的第一步,标志着仓储工作的正式开始。入库作业的水平直接影响着整个仓储作业的效率与效益。物品入库的基本要求是保证入库物品数量准确,质量符合要求,包装完好无损,手续完备清楚,入库迅速。

(2) 入库前的准备

仓库各部门根据入库计划及时地做好入库前的准备工作,是确保货物准确迅速入库的重要环节,也是避免差错、减少浪费的有效措施。这需要由仓库各业务部门、管理部门、设备部门分工协作,相互配合,做好以下工作:

①信息准备。在接到入库作业计划后,仓库业务员要及时获得货物信息,包括:发货时间、发货地点、运输方式、在途天数、预计到货时间、到货地点、联系电话、货物名称、规格、数量、包

装、形状、单件体积、理化性质、保管要求,自提还是送货上门,是否需要与货站结算货款等内容,必要时要向存货人进行询问核实,确保准确无误,便于后续工作的顺利开展。

②场地准备。根据货物的入库时间、数量、性质、保管要求等信息,结合货物的堆码要求,计算货位面积,确定所需的存储空间和仓库条件,并对该仓库进行清查,整理剩余货物,腾出仓容,清扫消毒,准备好存货场所。

③设备准备。在货物到库之前,根据其种类、包装、规格、数量等情况,确定装卸搬运及检验的方法,并准备相应的车辆、检验器材、度量衡工具、移动照明设备、撬棍、锤子、堆码的工具,以及危险品需要的必要防护用品。

④人员准备。根据作业量的大小及专业化程度的高低,安排数量相符、技能娴熟的搬运、堆码、检验等相关作业人员,如遇特殊货物,还须对人员进行作业前培训及安全教育,保证货物到达后,人员及时到位,安全高效地完成工作任务。

⑤货位准备。根据货位的使用原则,妥善安排货位,并进行彻底清扫,清除残留物,检查照明、通风等设备,发现问题及时解决。

⑥作业工艺设定。综合考虑货物、货位、设备、人员、场地、时间等多方面因素,科学合理地确定装卸搬运的工艺方案,尤其是对于超长、超宽、超高、不能拆分的大型物件,在保证安全性的前提下,尽可能地提高作业效率。

⑦单证准备。仓库管理员需根据入库计划将作业时所需的入库记录单、验收单、货卡等各种单据、凭证、报表事先准备好,并预填妥善,以备使用。

⑧苫垫用品准备。根据货物的性质、数量、保管要求、堆码形式、储存场所等因素,确定货垛的苫垫形式,并准确计算出所需苫垫材料的数量和种类,预先准备充足,做到堆码的同时完成苫垫工作,以提高工作效率,降低成本。

(3)货物接运

随着第三方物流业务范围的不断扩展,已经很少有供货商自己开展运输将货物送到仓库,绝大多数都是将这一部分业务转交给专门从事运输业务的物流公司完成,这样既可以将企业的精力集中到提高核心竞争力上去,又可以充分利用运输的规模经济原理来降低运输成本。

做好货物接运业务管理的主要意义在于,防止把在运输过程中或运输之前已经发生的货物损害和各种差错带入仓库,减少或避免经济损失,为验收和保管、保养创造良好的条件。

商品接运可以在车站、码头、专用线或仓库进行,因此可以分为到货和提货两种。

①到货。到货是指仓库不需要自己组织车辆开展库外运输,而是供货单位直接将货物送到仓库的一种形式。在这种形式下,又可以分为供货单位直接送货到库和铁路专用线到货接运两种形式。

②提货。提货是指由仓库组织车辆、选择路线,自行将货物运回的一种接货形式。在回库途中,尤其要注意运输安全。提货接运可以分为到车站、码头提货接运和到供货单位提货接运两种形式。

(4)货物验收

货物验收主要包括数量验收、质量验收和包装验收,其中包装验收的目的是通过检查包装的异常状况来判断内部商品是否发生破损丢失,因此,货物验收工作实际上就是"数量的清点"和"质量的检验"两项任务。在实际工作时,一种做法是数量清点无误后,通知检验部门进行质量检验;另一种做法是先由检验部门检查完质量,认为完全合格后,再通知仓库作业部门办理接收手续,填写收货单。

①货物验收的内容和标准。货物验收的内容包括数量检验、质量检验和包装检验。

A. 数量检验:根据供货单位规定的计量方法进行数量检验,以准确地测定出全部数量。数量检验除规格整齐划一、包装完整者可抽验10%～20%之外,其他应采取全验的方法,以确保入库物资数量的准确。

B. 质量检验:仓库一般只做物资的外观形状和外观质量的检验。需要进行物理、化学、机械性能等内在质量检验时,应请专业检验部门进行化验和测定,并作出记录。

C. 包装检验:是在初步验收时进行的,首先主要查看包装有无浸湿、油污、破损、变形等异常情况。其次,查看包装是否符合相关标准要求,包括选用的材料、规格、制作工艺、标志、填充方式等。另外对于包装物的干湿度也要检验,以免由于过干或过潮对货物造成影响。

为了确保入库货物的质量,在验收前需要对验收的标准予以确认。通常根据以下几项标准进行检验:依据采购合同或订购单所规定的条件进行验收;以比价或议价时的合格样品作为验收的标准;依据采购合同中的规格或图纸作为验收标准;根据各种产品的国家质量标准作为验收标准。

②货物验收的方式。由于货物的种类、性质、价值等因素各不相同,在入库验收时可以结合需求选用全检或抽检的方式。

全检,即全部检验,主要是针对数量验收,或是对于批量小、种类杂、型号多、价值高的货物所采用的验收方法。全检是一项耗费人力、物力、财力、时间的作业,在组织时要注意做好充分的准备以及各环节的比例性和均衡性。

抽检,即抽样检验,是借助于统计学的原理,从总体中抽选出一定量的样本作为检验的对象,并以样本的检验结果作为评价总体质量水平的依据。抽检结果会受到选取样本的直接影响,在确定抽样方法和抽样数量时,首先要结合货物的性质、特点、价值、生产条件、包装情况、运输工具、气候条件等综合因素的具体情况,利用统计学假设检验的方法确定在不同期望水平下抽取样本的数量和方法。在确定检验结果时,还要避免出现"弃真"和"取伪"的现象。弃真是指本来货物的质量达到了验收标准,但由于随机选取样本的质量偏低,没有达到标准,就拒绝接收全部货物;取伪是指本来货物总体的质量是不合格的,但由于随机抽取的样本质量合格就认为货物全部合格,同意接收。表4-1和表4-2给出部分货物的入库抽检比例进行参考。

表4-1 货物数量验收的抽检比例

验收对象	抽检比例
1.散装货物	检斤率为100%,不清点件数
2.有包装的货物	毛检斤率为100%,回皮率为5%～10%,清点件数为100%
3.定尺钢材	检尺率为10%～20%
4.非定尺钢材	检尺率为100%
5.贵重金属材料	检斤率为100%
6.有标量或标准定量的化工产品	按标量计算,核定总重量
7.同一包装、大批量、规格整齐的货物,或包装符合国家标准且有合格证的货物	抽检率为10%～20%

表 4-2 货物质量验收的抽检比例

验收对象	抽检比例
1. 带包装的金属材料	抽检 5%~10%
2. 无包装的金属材料	全部目测查验
3. 10 台以内的机电设备	验收率为 100%
4. 100 台以内的机电设备	验收不少于 10%
5. 运输、起重设备	验收率为 100%
6. 仪器仪表外观缺陷	查验率为 100%
7. 易于发霉、变质、受潮、变色、污染、虫蛀、机械性损伤的货物	抽验率为 5%~10%
8. 外包装有质量缺陷的货物	检验率为 100%
9. 进口货物	检验率为 100%

③验收的方法。

A. 视觉检验。在充足的光线下,利用视力观察货物的状态、颜色、结构等表面状况,检查有无变形、破损、脱落、变色、结块等损害情况以判定质量。

B. 听觉检验。通过摇动、搬运操作、轻度敲击,听取声音,以判定货物的质量。

C. 触觉检验。利用手感鉴定货物的细度、光滑度、黏度、柔软程度等,判定质量。

D. 嗅觉、味觉检验。通过货物所特有的气味、滋味测定,判定质量,或者感觉到串味损害。

E. 测试仪器检验。利用各种专用测试仪器进行货物性质测定,如含水量、密度、黏度、成分、光谱等测试。

F. 运行检验。对货物进行运行操作,如电器、车辆等,检查操作功能是否正常。

④验收结果的处理。

A. 合格货物的处理。验收合格的货物,应在外包装上贴"合格"标签,以示区别,仓库业务人员可根据货物标识办理合格品入库定位手续,并在每日工作结束时,对处理的货物数量进行汇总记录。

B. 不合格货物的处理。不符合验收标准的货物,应在外包装上贴"不合格"标签,并在验收报告上注明不良原因,报相关主管请示处理方法,妥善处置。

C. 数量超额的处理。经验收,若发现交货数量超过"订购量"部分,原则上应予以退回。但对于以重量或长度计算的货物,其超交量在 3% 以下时,可在验收单上备注栏内注明超交数量,经请示相关负责人同意后予以接收。

D. 数量短缺的处理。经验收,若发现数量未达到"订购量"时,原则上应要求供应商予以补足,经采购部门负责人同意后,可采用财务方式解决。对于验收不合格的货物,可能采取退货、维修或折扣的方式予以处理。

(5) **登记建卡**

①建立货物明细卡。货物明细卡(货卡、货牌)是一张卡片,上面记载着所悬挂处货物的名称、型号、规格、数量、单位及进出库动态和积存数。对于货卡的管理通常有两种方式:一种是由专人负责,集中保存管理;另一种是将货卡直接挂在货物下方的货架支架上或是在货垛正面的明显位置,便于随时与实物核对,能够准确地掌握货物的结存数。

②登账。仓库中的实物保管明细账,用来登记货物入库、出库、结存的详细情况。要严格

按照货物的出入库凭证及时登记,填写清楚、准确。记错时要画红线进行更正,并妥善保管,按货物的重量和编号顺序排列,注明货物的货位号和档案号,便于查对。仓库管理人员要经常进行核对,保证账、卡、货相符。

③建立仓库工作档案。仓库建档工作是将货物入库作业全过程的有关资料证件进行整理、核对,建立资料档案,便于查阅和管理。建立档案时要做到"一物一档、统一编号、妥善保管",并由专人负责保管。档案资料主要包括货物到达仓库前的各种凭证、运输资料,入库验收时的各种业务凭证、资料,保管期间的各种业务技术资料,出库和托运时的各种业务凭证、资料。

(6) 货位分配

合理地分配和使用货位可以减少货物搬运的成本,降低货物在存储过程及搬运过程中的损耗,从而降低物流业务本身的成本,提高收益。这也是仓储企业工作的重点。货位分配包含有两层意义:一是为入库的货物分配最佳货位,因为在仓库内可能同时存在多个空闲的货位,即入库货位分配;二是要选择待出库货物的货位,因为同种货物可能同时存放在多个货位里。

货位分配考虑的原则有很多,具体如下:

①货架受力均匀,上轻下重。重的物品存在下面的货位,较轻的物品存放在高处的货位,使货架受力稳定。若以人工进行搬运作业,从人类工效学的角度考虑,人之腰部以下的高度用于保管重物或大型物品,而腰部以上的高度则用来保管重量轻的物品或小型物品。在搬动过程中,此原则有利于保证货架之安全性及人工搬运之作业安全性,避免对货架的损坏和对操作人员的伤害。将物料分散存放在仓库的不同位置,避免因集中存放造成货架受力不均匀。

②加快周转,先入先出。同种物料出库时,先入库者,先提取出库,以加快物料周转,避免因物料长期积压产生锈蚀、变形、变质及其他损坏造成的损失。

③提高可靠性,分巷道存放。仓库有多个巷道时,同种物品分散在不同的巷道进行存放,以防止因某巷道堵塞影响某种物料的出库,造成生产中断。

④提高效率,就近进出库。为保证快速响应出库请求,一般将物料就近放置在出库台附近。

(7) 入库单证

入库作业的很多环节都需要填写相应的单据和凭证,下面给出各环节中的一些基本的单证格式作为参考。

①货物接运单证,见表4-3。

表4-3 到货交接单

编号:　　　　　　　　　　　　　　　　　　　日期:　年　月　日

收货人	发站	发货人	货物名称	标志标记	单位	件数	重量	货物存放处	车号	运单号	提料单号
备注											

提货人:　　　　　　　　　　经办人:　　　　　　　　　接收人:

②货物验收单证,见表4-4、表4-5和表4-6。

表4-4 货物验收单

订单编号:　　　　　　　验收单编号:　　　　　　　填写日期:

货物编号	品名	订单数量	规格符合		单位	实收数量	单价	总金额
			是	否				
是否分批交货	□是 □否	检查	抽样__%不良		验收结果	1. 2.	验收主管	验收员
			全数__个不良					
总经理	财务部				仓储部			
	主管		核算员		主管		收货员	

表4-5 入库检验表

编号:

货物名称		型号/规格		
供　　方		进货日期		
进货数量		验证数量		
验证方式				
验证项目	标准要求		验证结果	是否合格
检验结论	□合格		□不合格	
复检记录	1. 2.			
检验主管		检验员		日期
不合格品处置方法	□拒收　　□让步接收　　□全检			
	批准			日期
备注	对于顾客的货品,其不合格品处置由顾客批准			

表 4-6 入库验收报告单

编号：　　　　　　　　　　　　　　填写日期：　年　月　日

入库名称		数量	
验收部门		验收人员	
验收记录		验收结果	☐ 合　格 ☐ 不合格
入库记录	入库单位		入库部门	
	主管经办		验收主管		验收专员	

③入库手续单证，见表 4-7 和表 4-8。

表 4-7 物品入库日报表

编号：　　　　　　　　　　　　　　入库日期：　年　月　日

物品检验人			物品入库记录人			
物品名称	生产厂家	规格	入库数量	单价	总金额	仓库位置

表 4-8 入库通知表

通知日期：　年　月　日

日期	到货日期		供货单位		收货人	
	入库日期		合同单号		储位	
	验收日期		运单号		入库单号	
物料入库详细信息											
物料编号	物料名称	计量单位	数量				质量	价格		说明
			交货	多交	短交	退货	实收		购入	基本	

2. 在库作业

（1）货位编码

①货位编码的作用。货位编码不仅能够指示入库货出库时货物的存放位置，还具备很多其他的作用。

A. 确定货位资料的正确性。

B. 提供与仓储管理信息系统中对应的位置，便于查询识别。

C. 提供进出货、拣货、补货等作业时存取货物的位置依据，便于仓储作业及查询，节省重复寻找货物的时间，提高工作效率。

D. 提高调库、移库的工作效率。

E. 可以利用信息系统进行处理分析。

F. 方便盘点。

G. 可让仓储及采购管理人员了解掌握储存空间,以控制货物存量。

H. 可避免货物乱放堆置导致过期而报废,并能有效掌握库存而降低库存量。

②储位编码的方法。一般储位编码的方法有下列四种。

A. 区段编码方式:把保管区域分割为几个区段,再对每个区段编码,如图 4-1 所示。这种编码方式以区段为单位,每个号码所标注代表的储位区域将会很大,因此适用于容易单位化的货品,以及大量或保管周期短的货品。在 ABC 分类中的 A、B 类货品也很适合此种编码方式。货品以物流量大小来决定其所占的区段大小,以进出货频率次数来决定其配置顺序。

B. 品种编码方式:把一些相关性货品经过集合以后,区分成好几个品种,再对每个品种进行编码,如图 4-2 所示。这种编码方式适用于比较容易按商品类别保管及品牌差距大的货物,如服饰、五金方面的货物。

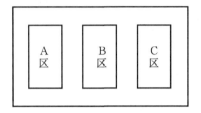

图 4-1 区段编码方式

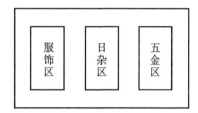

图 4-2 品种编码方式

C. 地址编码方式:利用保管区域中的现成参考单位,例如建筑物第几栋、区段、排、行、层、格等,依照其相关顺序来进行编码。这种编码方式由于其所标注代表的区域通常以一个货位为限,且其有相对顺序性可依循,使用起来容易明白且方便,所以是目前物流中心使用最多的编码方式。但由于其货位体积所限,适合一些体积少或品种多的货物储存使用,例如 ABC 分类中 C 类的货物。图 4-3 中阴影部分为第 2 区、第 2 排、第 4 号的货物。

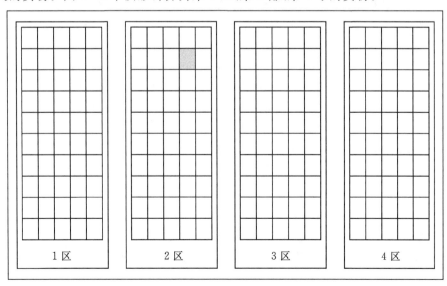

图 4-3 地址编码方式

D. 坐标编码方式:是利用空间概念来编排货位的方式。这种编排方式由于对每个货位定位分割细小,在管理上比较复杂,对于流通率很小、需要长时间存放的货物,也就是一些生命周期较长的货物比较适用。

一般而言,由于储存货品特性不同,对于所适合采用的货位编码方式也不同,而如何选择编码方式就得依据保管货物的储存量、流动率、保管空间布置及所使用的保管设备而做选择。不同的编码方法,对于管理的容易与否也有影响,这些都必须先行考虑。

(2) 物料编号

所谓物料编号,就是将物料按其分类内容,加以有次序的编排,用简明的文字、符号或数字,以代替货品的"名称""类别"及其他有关资料的一种方式。仓库在进货后,商品本身大部分都已有商品号码及条码,但有时为了方便管理及存货控制,配合企业的仓储作业信息系统,而将商品编号,以方便货位管理系统的应用,并能掌握货物的动向。

① 物料编号的作用。

A. 增加货物资料的准确性。货物的领用、发放、请购、跟催、盘点、储存、保管、账目等一切物料管理事务性的工作均由编号可以查核,货物管理较容易,准确率高,货物名称混乱的情况就不至于发生了。

B. 提高物料控制的效率。由物料编号代替文字的记录,各种物料控制事务简单省事,效率增高。

C. 有利于进行计算机管理。有了良好的物料编号,再配合计算机的使用,对物料进行记录、统计、核算等,能大大提高工作效率。这样才能有更多的时间在物料数量和现场整理方面下功夫,进行更好的管理。

D. 有利于防止各种物料舞弊事件的发生。物料编号后,进行物料收支两条线管理,对物料进出容易跟踪,物料记录正确,物料储存保管有序,可以减少或防止物料舞弊事件的发生。物料统一编号,并采用计算机管理后,对物料管理流程,就必须做出严格的控制,规定原始单据的填制、审核、计算机资料的记录、审核和修改,应分别由不同人员按规定的程序进行管理。这样经过严格的程序控制后,可以减少舞弊事件的发生。

E. 减少物料库存、降低成本。物料编号有利于物料存量的控制,防止呆滞废料的产生,并提高物料活动的工作效率,节省人力,减少资金的积压,降低成本。

F. 有利于压缩物料的品种、规格。在对物料进行编号时,可以对某些性能相近或相同的物料进行必要的统一、合并和简化,合理压缩物料的品种、规格,用尽可能少的品种、规格在保证产品质量的前提下满足生产各种不同产品的需要,以达到节约物料、避免浪费、提高经济效益的目的。

② 物料编号的原则。合理的货品编号,必须具备下列基本原则:

A. 简单性原则。物料编号的目的在于将物料种类化繁为简,便于管理。在分类和扩展的原则下越简单越好。因此物料编号使用各种文字、符号、字母、数字时尽量简明,利于记忆、查询、阅读、抄写等各种工作,并能减少错误。

B. 分类性原则。对于种类繁多的物料必须按一定的标准分成不同的类别,使同一类物料在某一方面具有相同或相近的性质,这样便于管理和查询。同时,对于复杂的物料,进行大分类后还要进行细分类。

C. 充足性原则。对现有物料编号时,还必须对未来可能出现的物料进行考虑,有必要在现分类的基础上留有足够的空位,便于未来增加新物料,否则将来遇上特殊物料时会无号可编。

D. 完整性原则。在物料编号时,所有的物料都应有对应的物料编号,新物料的产生也应赋予新的料号,不能遗漏。

E. 对应性原则。一个物料编号只能代表一项物料,不能一个物料编号代表数项物料,或数个物料编号代表一项物料,即物料编号应具备唯一性。

F. 一致性原则。物料编号要统一,分类要具有规律性。所采用的尺寸、性质要一直使用下去,中途不要更改,避免造成混乱。

G. 有序性原则。物料编号应有顺序,以便可以从物料编号查询某项物料的资料。物料编号有组织性和顺序性,可为物料管理带来便利性。

H. 伸缩性原则。物料编号要考虑到未来新产品新材料发展扩充的情况,要预留一定的余地,新材料的产生也应有对应的唯一的料号,否则新物料就无料号可用了。

I. 适应机器件原则。现代公司大部分使用了电脑网络化的物料管理系统,如MRPⅡ(制造资源计划)、ERP等。因此物料编号应适应电脑的需要,在电脑系统上查询方便、输入方便、检索方便等。

J. 易记性原则。在字符选用上,物料编号最好采用一些常用的、方便记忆的、富有某一特定意义的数字或数字组合或符号,这样便于记录。选择有规律的方法,有暗示和联想的作用,使人不必强制性记忆。

③物料编号的方法。货品编号的方法主要有:按数字顺序编号法、数字分段法、分组编号法、按实际意义编号法、暗示编号法、混合编号法。

为识别货品而使用的编号标志可置于容器、产品或储位上,且用明显的颜色、字体、大小,让作业员很容易获得资讯。

(3) 商品的堆码

堆码是指将物品整齐、规则地摆放成货垛的作业。根据物品的包装、形状、性质、重量等特点,结合地面负荷、仓库层高、储存时间、货物承重等因素,可将物品堆码成不同形状的货垛。合理的堆码,不仅便于库存物品的管理,还能确保其安全性,不发生变质、变形等异常情况。

①商品堆码的要求。商品堆码的要求主要有以下方面。

A. 对商品的要求。在堆码操作之前,必须彻底查清商品的数量、质量,确保包装完好,标志清楚,若外包装上有玷污、尘土的,要清除干净,不影响商品质量。对于受潮、锈蚀以及已经发生某些质量变化或质量不合格的部分,应加工恢复或者剔出另行处理,与合格品不相混杂。同时,为便于机械化操作,金属材料等应打捆,机电产品和仪器仪表等可集中装箱的应装入包装箱中。

B. 对场地的要求。货垛可以根据需要,放置在库内,也可以放置于货棚或露天场地。但不同堆垛场地应达到的储存要求各有区别。

库内堆垛的,货垛应该在墙基线和柱基线以外,垛底需要垫高。

货棚内堆垛的,货棚需要防止雨雪渗透,货棚内的两侧或者四周必须有排水沟或管道,货棚内的地坪应该高于货棚外的地面,最好铺垫沙石并夯实。堆垛时要垫垛,一般应该垫高30~40 cm。

露天堆垛的,堆垛场地应该坚实、平坦、干燥、无积水以及杂草,场地必须高于四周地面,垛底还应该垫高40 cm,四周必须排水畅通。

C. 堆码作业的要求。堆码作业有以下要求：

a. 合理。垛形必须适合商品的性能特点，不同品种、型号、规格、牌号、等级、批次、产地、单价的商品，均应该分开堆垛，以便合理保管。货垛形式要适应货物的性质，有利于货物的保管，能充分利用仓容和空间；货垛间距应符合作业要求以及防火安全要求，并要合理地确定堆垛之间的距离和走道宽度，便于装卸、搬运和检查，垛距一般为 0.5～0.8 m，主要通道为 2.5～4 m；大不压小，重不压轻，缓不压急，确保货物质量和货物的"先进先出"。

b. 牢固。货物堆放稳定结实，货垛牢固，不偏不斜，必要时采用衬垫物将其固定。做到不压坏底层货物或外包装；不超过库场地坪承载能力；货垛较高时，上部适当向内收小，与屋顶、梁柱、墙壁保持一定距离；易滚动的货物，使用木楔或三角木固定，必要时使用绳索、绳网对货垛进行绑扎固定，确保堆垛牢固安全。

c. 定量。每行每层的数量力求成整数，便于货物的清点。一般采用固定的长度和宽度，且为整数，如 50 袋成行，每层货量相同或成固定比例递减，能做到过目知数。每垛的数字标记清楚，货垛牌或料卡填写完整，摆放在明显位置。过秤商品不成整数时，每层应该明显分隔，标明重量，便于清点发货。

d. 整齐。货垛堆放整齐，垛形、垛高、垛距标准化和统一化，货垛上每件货物都排放整齐，垛边横竖成列，垛不压线；货物外包装的标记和标志一律朝垛外。

e. 节约。尽可能堆高，避免少量货物占用一个货位，以节约仓容，提高仓库利用率；妥善组织安排，做到一次作业到位，避免重复搬动，节约劳动消耗；合理使用苫垫材料，避免浪费。

f. 方便。选用的垛形、尺度、堆垛方法，应便于堆垛作业、搬运装卸作业，提高作业效率；垛形方便理数、查验货物，便于通风、苫盖等保管作业。

② 商品堆码方式。

A. 普通物品堆码方式。

a. 散堆方式。散堆是指将无包装的散货在仓库或露天货场上堆成货堆的存放方式。这种堆码方式简单，便于采用机械设备装卸、堆码，节省包装费用和运费。这种方式特别适用于大宗散货。

b. 货架方式。这是使用通用和专用的货架进行物品堆码的方式。这种堆码方式能够提高仓容利用率，减少差错，加快存取，适合于存放小件货物、怕压或不宜堆高的物品。

c. 成组堆码方式。这是采用成组工具（托盘、集装袋、吸塑等）先将货物组成一组，使其堆存单元扩大，从而可以用装卸机械成组搬运、装卸、堆码。这种堆码方式适用于小件且不宜单独采用机械装卸的货物。

d. 垛堆方式。这种堆码方式是指直接利用物品或其包装外形进行堆码。这种堆码方式能够增加货垛高度，提高仓库利用率，能够根据物品的形状和特性的需要和货位的实际情况，把货垛堆码成各种样式，以利于保护物品。垛堆方式是应用最为广泛的，样式也最为繁多。其常用的方式主要有重叠式堆码、纵横交错式堆码、仰伏相间式堆码、压缝式堆码、衬垫式堆码、栽桩式堆码、直立式堆码、"五五化"堆码等几种。

B. 有特殊要求的物品堆码方式。

a. 要求通风的物品堆码。可在每件货物的前后左右均留出一定的间隔或空隙，码成通风垛，便于散发货物中所含水分和降低货垛的温度。

b. 怕压物品的堆码。为了使物品不致受损，堆码时应根据物品承受力的大小，适当地控制堆码的方式和堆码的高度。对于形体不大或不太特殊的物品，为保证不被压坏，并充分利用库容量,可利用货架摆放。

c.容易渗漏物品的堆码。此类物品为方便检查,应堆码成小垛,并且成行排列,同时行与行之间亦应留有一定的间隔。

d.危险品的堆码。在满足物品堆码基本要求的基础上,根据危险品的属性,进行物品堆码。要注意保持堆放场所干燥、通风、阴凉,做好防毒、防爆、防腐工作。

（4）**商品的苫垫**

①商品苫盖。苫盖是通过在货垛上利用科学的苫盖方法,选择合适的苫盖材料铺盖在货物上,以达到给货物遮阳、避雨、挡风、防尘的目的。

A.苫盖的要求。

a.选择合适的苫盖材料。苫盖材料不应与货物产生相互影响,在达到苫盖目的的前提下,选择成本低、可回收、不易坏的材料。通常使用的苫盖材料有塑料布、席子、油毡纸、铁皮、苫布等,也可以利用一些商品的旧包装材料改制成苫盖材料。

b.苫盖要牢固。每张苫盖材料要固定牢固,避免滑落或被风吹走。

c.苫盖接口要紧密。接口要有一定的深度,不能迎风或留有空隙。

d.苫盖的底部应与垫垛平齐。衬垫材料不得露出货垛外,避免雨水沿其进入货垛。

e.要注意苫盖材质和季节。尤其是夏季和冬季,要考虑温度、湿度及其他气候因素,选择合适的苫盖材料。

B.苫盖的方法。

a.就垛苫盖法,即直接将大面积的苫盖材料覆盖在货垛上,适用于起脊垛或大件包装物品。一般选用帆布、油布、塑料布等材料。该方法操作简便,但不通风,要注意地面干燥。

b.鱼鳞苫盖法,即将苫盖材料从货垛的底部开始,自下而上成鱼鳞式逐层交叠围盖,适用于面积较小的席、瓦等材料苫盖。该方法具有较好的通风性,但操作比较烦琐复杂。

c.隔离苫盖法,即将苫盖物与货垛之间加上隔离物,使它们之间留有一定空隙。隔离物可选用竹竿、木条、钢筋、隔离板等。该方法利于排水、通风。

d.活动棚架苫盖法,即将苫盖物制成一定形状的棚架,在堆码完毕后,将棚架移动到货垛上进行遮盖,或采用即时安装棚架的方式。该方法通风性良好,作业便捷,但棚架占用空间,且成本较高。

②商品垫垛。垫垛是指在货物码垛前,在预定的货位地面位置,使用衬垫材料进行铺垫。常见的衬垫物有枕木、废钢轨、货板架、木板、帆布、芦席、钢板等。

A.垫垛的目的：使地面平整；使堆垛货物与地面隔离,防止地面潮气和积水浸湿货物,并形成垛底通风层,有利于货垛通风排湿；使地面杂物、尘土与货物隔离；使货物的泄漏物留存在衬垫之内,不会流动扩散,便于收集和处理；强度较大的衬垫物使重物的压力分散,避免地坪的损伤。

B.垫垛的要求：确保使用的衬垫物与拟存货物不会发生不良影响,且衬垫物应有足够的抗压强度；地面要平整坚实,衬垫物要摆平放正,并保持同一方向；层垫物间距适当,直接接触货物的衬垫面积与货垛底面积相同,衬垫物不伸出货垛外；要有足够的高度,露天堆场要达到 0.3~0.5 m,库房内高度达到 0.2 m 即可。

（5）**盘点操作与技术应用**

①盘点作业的概念。货品因不断进出库,长期累积下的库存信息容易与实际数量产生不

符的现象;或者有些产品因存放过久或存放不恰当,致使品质受影响,难以满足客户的需求。为了有效地控制货品数量,而对各储存场所进行数量清点的作业,称为盘点作业。盘点结果的盈亏往往差异很大,若公司未能及时有效地进行盘点作业,对公司的损益将有重大影响。

②盘点作业的目的。进行盘点作业可达到以下目的:

A. 确定现存量,并修正账物不符产生的误差。通常物料在一段时间不断接收与发放后,容易产生误差,这些误差的形成主因有:库存资料记录不确实,如多记、误记、漏记等;库存数量有误,如损坏、遗失、验收与出货清点有误;盘点方法选择不恰当,如误盘、重盘、漏盘等。这些差异只有在盘点后才会察觉错误的起因,并予以更正。

B. 计算企业的损益。企业的损益与总库存金额有相当密切的关系,而库存金额又与库存量及其单价成正比。因此为了能准确地计算出企业实际的损益,就必须针对现有数量加以盘点。一旦发觉库存太多,即表示企业的经营受到压力。

C. 审核货品管理的绩效,使出入库的管理方法和保管状态变得清晰。如呆废品的处理状况、存货周转率、物料的保养维修,均可通过盘点发现问题,寻求改善的策略。

③盘点作业的步骤。一般盘点必须依循下列步骤逐步实施(见图4-4):

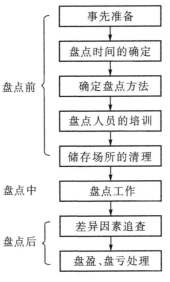

图 4-4 盘点流程图

A. 事先准备。盘点作业的事先准备工作是否充分,关系盘点作业进行的顺利程度。为了使盘点在短暂的时间内利用有限的人力达到迅速、准确的目标,事先的准备工作内容如下:明确建立盘点的程序方法,配合会计决算进行盘点,盘点、复盘、监盘人员必须经过训练,经过训练的人员必须熟悉盘点用的表单,盘点用的表格必须事先印制完成,库存资料必须确实结清。

B. 盘点时间的确定。一般性货品就账物相符的目标而言,盘点次数愈多愈好,但因每次实施盘点必须投入大量的人力、物力、财力,故也很难经常为之。事实上,导致盘点误差的关键主因在于出入库的过程,因此一旦出入库作业次数多时,误差也会随之增加。所以,以一般生产厂而言,因其货品流动速度不快,半年至一年实施一次盘点即可。但在物流中心货品流动速度较快的情况下,既要防止过久盘点对公司造成的损失,又要考虑可用资源的限制,因而最好能根据物流中心各货品的性质制订不同的盘点时间。例如,在对商品进行 ABC 分类的物流中心，A类主要货品可每天或每周盘点一次，B类货品可每二三周盘点一次，C类较不重要货品可每月盘点一次。而未实施商品ABC分类管理的物流中心，至少也应对较容易损耗、毁坏及高单价的货品增加其盘点次数。另外需要注意的是，当实施盘点作业时，应尽可能缩短作业时间，以2~3日内完成较好。至于日期一般选择在：财务决算前夕进行，以便于决算损益以及表达财务状况；淡季进行，因淡季储货量少盘点容易，人力比较宽余，且调动人力较为便利。

C. 确定盘点方法。因盘点场合、需求的不同，盘点的方法也有差异，为符合不同状况的产生，盘点方法必须明确以利于盘点时不致混淆。

D. 盘点人员的培训。为使盘点工作得以顺利进行，盘点时必须增派人员协助进行，各部门增援的人员必须有效组织并进行短期训练，使每位参与盘点的人员能够切实发挥作用。而人员的培训必须分为两部分：

a. 针对所有人员进行盘点方法训练。其中对盘点的程序、表格的填写必须充分了解，工作才能得心应手。

b. 针对复盘与监盘人员进行认识货品的训练。因为复盘与监盘人员对货品大多数并不熟悉，故而应加强货品的认识，以利于盘点工作的进行。

E. 储存场所的清理。

a. 在盘点前，对厂商交来的物料必须明确其所有权，如已验收完成属本物流中心的，应即时整理归库，若尚未完成验收程序属厂商的，应划分清楚避免混淆。

b. 储存场所在关闭前，应通知各需求部门将需出库配送的商品提前做好准备。

c. 储存场所整理整顿完成，以便计数盘点。

d. 预先确定呆料、废品、不良品，以便盘点时鉴定。

e. 账卡、单据、资料均应整理后加以结清。

f. 储存场所的管理人员在盘点前应自行预盘，以便提早发现问题并加以预防。

F. 盘点工作。盘点时，因工作单调琐碎，人员较难以持之以恒，为确保盘点的正确性，除人员培训时加强引导外，工作进行期间应加强指导与监督。

G. 差异因素追查。当盘点结束后，发现所得数据与账簿资料不符时，应立即追查产生差异的主要主因。盘点差异产生的主要原因来自以下几个方面：是否因记账员素质不足，致使货品数目无法表达；是否因账物处理制度的缺点，导致货品数目无法表达；是否因盘点制度的缺点导致账物不符；盘点所得的数据与账簿的资料，差异是否在容许误差内；盘点人员是否尽责，产生盈亏时应由谁负责；是否产生漏盘、重盘、错盘等状况；盘点的差异是否可事先预防，是否可以降低账物差异的程度。

H. 盘盈、盘亏处理。差异原因追查后，应针对原因进行调整与处理，至于呆废品、不良品减价的部分需与盘亏一并处理。

物品除了盘点时产生数量的盈亏外，有些货品在价格上会产生增减，这些变化在经主管审核后必须利用货品盘点盈亏及价目增减更正表修改。

④盘点的种类。就像账面库存与现货库存一样，盘点也分为账面盘点及现货盘点。所谓"账面盘点"又称为"永续盘点"，就是把每天入库及出库货品的数量及单价，记录在计算机或账簿上，而后不断地累加算出账面上的库存量及库存金额。"现货盘点"亦称为"实地盘点"或"实盘"，也就是实际去点数仓库内的库存数，再依货品单价计算出实际库存金额的方法。

因而如要得到最正确的库存情况并确保盘点无误，最直接的方法就是确定账面盘点与现货盘点的结果要完全一致。如一旦存在差异,即产生"账物不符"的现象,究竟是账面盘点记错或是现货盘点点错,则须再次盘点来找寻错误原因,以得出正确结果及赋予责任归属。

⑤盘点的方法。

A.账面盘点法。账面盘点的方法是将每一种货品分别设账,然后将每一种货品的入库与出库情况详加记载,不必实地盘点即能随时从计算机或账册上查悉货品的存量。账面盘点法的记载形式如表4-9所示。通常量少而单价高的货品较适合采用此方法。

表4-9 货品总账

品名编号:											
请购点:				经济订购量:							
日期		订购		入库			出库		现存		附注
月	日	数量	请购单	数量	单价	价值	数量	货单	数量	总价	

B.现货盘点法。现货盘点依其盘点时间频度的不同又分为期末盘点及循环盘点。期末盘点是指在期末一起清点所有货品数量的方法;而循环盘点则是在每天、每周即做少种少量的盘点,到了月末或期末则每项货品至少完成一次盘点的方法。

⑥盘点结果评估与检讨。进行盘点的目的主要就是希望能够通过盘点来检查货品的出入库及保管状况,借助盘点来了解问题的所在,如:

a.在这次盘点中,实际存量与账面存量的差异是多少?

b.这些差异发生在哪些货品上?

c.平均每一差异量对公司损益造成多大影响?

d.每次循环盘点中,有几次确实存在误差?

e.平均每品项货品发生误差的次数是多少?

对于这些问题,我们可由以下五项指标来进行评价。

A.指标1:盘点数量误差率。

$$盘点数量误差率 = \frac{盘点误差量}{盘点总量}$$

该指标用来衡量库存管理优劣,作为是否加强盘点或改变管理方式的依据,以降低公司的损失机会。若公司很少实施盘点,则损失率将无法确实掌握,而不知道损失率则便无法知道实际毛利,无法知道实际毛利则实际损益也将无法知晓;企业一旦连损益都不清楚,则其经营也就变得无意义了。

若盘点误差数量过高(在电脑记录中有库存,但仓库中却无现品,或在电脑记录中无库存,但仓库中却有现品),表明公司对库存品的管理仍有很大缺失。

改善对策:必须加强关注可能造成盘点误差的原因,如:记账员的疏忽(看错字等);运送过程发生损耗;盘点计数错误;单据遗失;进出货未过账;捆扎包装错误等。

若确实是上述原因,则必须切实予以改进。此外,盘点误差经常是由于货品在出入库作业时的传票输入、检查点数错误中产生,因此一旦出入库作业次数较多时,误差也会随之增大许多。因而对于每次进出货的处理,更应特别小心。

B. 指标 2:盘点品项误差率。

$$盘点品项误差率 = \frac{盘点误差品项数}{盘点实施品项数}$$

该指标通常与盘点数量误差率进行比较分析。

情况 1:盘点数量误差率高,但盘点品项误差率低,表示虽然发生误差的货品品项减少,但每一发生误差品项之数量却有提升趋势。

改善对策:应检讨负责这些品项货品的人员有无尽责,以及这些货品的置放区域是否得当,有无必要加强管理。

情况 2:盘点数量误差率低,但盘点品项误差率高,表示虽然整个盘点误差量有下降趋势,但发生误差的货品种类却增多。

改善对策:误差品项太多将使后续的更新修正工作更为麻烦,且亦可能影响出货速度,因此需对此现象加强管制。

C. 指标 3:平均盘差品金额。

该指标用来判断是否采用 ABC 分类,或现今已采用的 ABC 存货重点分类是否发生作用。

$$平均盘差品金额 = \frac{盘点误差金额}{盘点误差量}$$

一旦此指标高,表示高价位产品的误差发生率较大,可能是公司未实施物品重点管理的结果,对公司营运将造成很不利的影响。

改善对策:未实施物品重点管理的企业很容易造成高价位货品的流失,因此最好的管理方式是确实施行 ABC 分类管理。以物流中心而言,则应特别重视高单价或仓租较昂贵的货品管理。一般在每次盘点时,重要管制物品应全数点清,其余抽 40%,若一旦清点有短缺,则应再全数清点。

D. 指标 4:盘差次数比率。

当此比率逐渐降低,表示货品出入库的精确度或平时存货管理的方式都有很大的进步。

$$盘差次数比率 = \frac{盘点误差次数}{盘点执行次数}$$

E. 指标 5:平均每品项盘差次数率。

$$平均每品项盘差次数率 = \frac{盘差次数}{盘差品项数}$$

若此比率高,表示盘点发生误差的情况大多集中在相同的品项,此时对这些品项必须提高警觉,且确实深入寻找导致原因。

3. 出库作业

(1)备货

①出库前的准备。

A. 与承运单位联系,使包装适合运输;长途运输要加垫板,防止运输途中堆垛倾覆;冬季注意防寒,必要时用保温车或专用运输车。

B. 包装破损的要加固或更换。

C.对于拆零发货的物品,要经常准备好零货,及时补充,避免临时拆包,延缓付货,如每箱1000个螺丝,一般每次提货200个,可以平均分装在5个周转箱内,循环补货。实际工作中,如果是供应生产工位,就不必200个螺丝一个不差地数出来,单个螺丝价值低,没有必要浪费人力去检斤和数数。

D.对于分拣备货的情况,要事先分装拼箱,发货时整箱出库,易碎易串味易变形的物品,要加衬垫物,用木箱、周转箱等保护,并将装箱单贴在外面或附在里面,便于收货人清点验货,同时准备记号笔、封签、胶带、剪刀、胶带座、木箱、钉箱工具等。

②审核出库单据的合法性。

A.调拨。用户是公司内部的不同仓库、专卖店或销售网点。

B.发货。用户是产生销售的客户,原则上要优先安排出库。对自提的客户要特别注意,他们在公司等待的时间不宜太长,要第一时间安排出库。发货时,严禁发不合格物资。

C.合法单据应是财务部门电脑打印的或印刷连号的多联正规单据,盖有现金收讫章、现金未付章、调拨章,并有财务操作人员的名章。因此,合法单据应内容全面(收货单位名称、规格、批号、数量、单价、总价、单据编号、备注),盖章清晰不模糊,无涂改,手续合法。

③备货。

A.准备附件。其包括技术标准证件、使用说明书、质量检验书等。

B.备货地点。原则上在备货发货区域内备货、清点、复核;批量大、品种少地发货时,在备货区准备单品种的零头;整托盘、整箱的物料则应在原货位上等待出库,减少搬运次数,供应生产线时,可以在开工前在线上备货交接。

C.备货时间。快递消费品如饮料、食品,需要前一天晚上备好货,第二天早上5点至7点间送到超市、经销点;白天准备长途运输的,备货出库24小时循环不停。其他行业一般是当天备货当天发货,或前一天备货第二天发货。

D.备货人员。根据行业不同、业务能力不同,有库管员、分拣员、叉车司机等人员辅助工人负责备货。

备完货后可以二次清点总数,检查是否漏配,是否多配,减少出现差错的机会。

④备货数与账务统计结存数不符的原因,主要有:验收入库数不实;逢多必少,错发,串货;业务能力不足;在库损耗;账务统计未及时将票据入账或操作失误。

(2)分拣作业

①拣选式配货作业。

A.拣选式配货作业过程。分拣作业过程包括四个环节:行走、拣取、搬运和分类。从分拣作业的四个基本过程可以看出,分拣作业所消耗的时间主要包括以下四个方面:形成拣货指令的订单信息处理过程所需时间;行走或货物运动的时间;准确找到储位并确认所拣货物及其数量所需时间;拣取完毕,将货物分类集中的时间。

B.拣选式配货作业管理。分拣作业系统的能力和成本取决于配送中心或仓库的组织管理。分拣作业管理包括储位管理、出货管理、拣选路径管理、补货管理、空箱和无货托盘的管理等。

②分货式配货作业。

A."人到货"分拣方法。这种方法是分拣货架不动,即货物不运动,通过人力拣取货物。在这种情况下,分拣货架是静止的,而分拣人员带着流动的集货货架或容器到分拣货架,即拣货区拣货,然后将货物送到静止的集货点。

B. 分布式的"人到货"分拣方法。这种分拣作业系统的分拣货架也是静止不动的,但分货作业区被输送机分开。这种分拣方法也简称为"货到皮带"法。

③分拣式配货作业。

A. "货到人"的分拣方法。这种作业方法是人不动,托盘(或分拣货架)带着货物来到分拣人员面前,再由不同的分拣人员拣选,拣出的货物集中在集货点的托盘上,然后由搬运车辆送走。

B. 闭环"货到人"的分拣方法。闭环"货到人"分拣方法中载货托盘(即集货点)总是有序地放在地上或搁架上,处在固定位置。输送机将分拣货架(或托盘)送到集货区,拣货人员根据拣货单拣选货架中的货物,放到载货托盘上,然后移动分拣货架,再由其他的分拣人员拣选,最后通过另一条输送机,将拣空后的分拣货架(拣选货架)送回。

④自动分拣式配货作业。自动化分拣系统的分拣作业与上面介绍的传统分拣系统有很大差别,可分为三大类:自动分拣机分拣、机器人分拣和自动分类输送机分拣。

（3）复核

复核是对出库物资在出库过程中的反复核对,以保证出库物资的数量准确、质量完好、避免差错。其方式有以下几种:

①个人复核,即由发货保管员自己发货、自己复核,并对所发物资的数量、质量负全部责任。

②相互复核,又称交叉复核,即两名发货保管员对对方所发物资进行照单复核,复核后应在对方出库单上签名以与对方共同承担责任。

③专职复核,由仓库设置的专职复核员进行复核。

④环环复核,即发货过程的各环节,如查账、付货、检斤、开出门证、出库验放、销账等各环节,对所发货物的反复核对。

（4）出库

①出库要求。

A. 三不:未接单据不翻账,未经审单不备货,未经复核不出库。

B. 三核:在发货时,要核实凭证,核对账卡,核对实物。

C. 五检查:对单据和实物要进行品名检查、规格检查、包装检查、件数检查、重量检查。

D. 严格执行各项规章制度,提高服务质量,杜绝差错事故,使顾客满意。

②物品出库的形式。

A. 自提:提货单位持出库凭证(提货单)自行到仓库提货,保管员根据提货单上所列的名称、规格、数量当面点交给提货人员。

B. 送货:仓库受提货单位委托,将其所需物资,按提货单所列内容运送到使用单位,并在使用单位当场点交。

C. 代运:仓库受外埠用户委托,按单将货配齐后通过铁路、水运、航空、邮寄等方式,将货发至用户所在地的车站、码头、邮局。此种出库形式的交接,是与铁路、水运等运输部门进行的,仓库按规定程序办理完托运手续并取得运输部门的承运凭证,将应发货物全部点交承运部门后,责任才开始转移。

③物品出库作业过程。作业过程为:审核出库凭证→查账找货位→付货→复核→点交→出库。

A. 审核出库凭证,即保管员对用户所持出库凭证(提货单)的审核,主要内容有:付货仓库的名称是否相符,提单式样是否相符,印鉴(货主的调拨章、财务章)是否齐全,物资编号、品名、规格、质量、等级或型号、应发数量、单位有无差错、涂改,是否逾期。以上内容有一项不符,仓库有权拒绝发货,待原开证单位(货主)更正并盖章后,才可继续发货。

B.物品出库的点交,即保管员将应发物资向用料单位逐项点清交接的过程,应注意:凡重量标准的、包装完整的、点件的物资,当场按件数点清交给提货人或承运部门,并随即开具出门凭证,应请提货人在出门凭证上签名;凡应当场过磅计量或检尺换算计量的,按程序和规定检斤、检尺,并将磅码单抄件、检尺单抄件及出门证一并交提货人,亦应请提货人在原始磅码单及出门证上签名。

④出库交接。出库交接时应当面点清。与提货人的交接清点是仓库和提货人划分责任的必要手段。品种多时,分单品核对。不能仅与接货人核对种数,应将所有货物卸下来重新清点。最后签收完成出库作业。

物品入库的基本要求是保证入库物品数量准确,质量符合要求,包装完好无损,手续完备清楚,入库迅速。

物品的验收主要包括数量验收、质量验收和包装验收。

验收的方法主要有视觉检验,听觉检验,触觉检验,嗅觉、味觉检验,测试仪器检验,运行检验。

货物的盘点流程包括事先准备,盘点时间的确定,确定盘点方法,盘点人员的培训,储存场所的清理,盘点工作,差异因素追查,盘盈、盘亏处理。

1. 物品入库的基本要求有哪些?
2. 盘点作业的目的是什么?
3. 简述物品出库作业过程。

实训4-2

4.3 库存管理

知识目标

1. 理解库存的概念以及作用,掌握库存管理的方法。
2. 掌握ABC库存分类管理法。

技能目标

1.能够运用 ABC 库存分类管理法,将企业库存物品分为 A、B、C 三类,并进行分级管理。

2.能够从固定量系统、固定间隔系统、最大最小系统中选择合适的系统,对企业的库存进行管理。

沃尔玛零库存管理

1.现代化管理手段为零库存管理奠定基础

沃尔玛是世界上第一个具备私人通信卫星的企业,并且在这个卫星的六个频道支持下建立了全球最大的民用数据库。这样规模的数据库和发达的通信系统使得信息在沃尔玛各个分公司之间分享传输,使沃尔玛的物流业务更加畅通、方便,进一步减少了沟通传递环节。各个分店和配送中心的联系也更加便捷,同时也密切保持着和供应商的联系,各种变化的销售信息能够通过卫星系统迅速传达给供应企业。

2.强大的数据分析管理能力为零库存管理提供支撑

在配送体系方面,沃尔玛掌握着强大的数据流,足不出户便可以掌握所有百货的流动,沃尔玛全球 4000 多个分店的销售订货库存信息都可以在公司总部的数据库中查到。沃尔玛通过在全球积累大量的数据流,运营大数据的分析匹配,利用好现有的资源整合管理,从而实现高效的配送共赢、最佳的库存利用率。

3.无缝连接的运输方式为零库存管理提供保证

在配送中心的机构系统及运作上使用传送带无缝连接运输方式,使沃尔玛可以保证,所需商品从配送中心到任意一家商店的时间不超过 48 小时,分店货架补给平均一周可以补货两次,中间省去不必要的复杂流程,节省时间降低成本,让存货停留的时长减少到最低。

4.高效的供应链供给是零库存管理实现的关键

沃尔玛在配送作业方式上,60%的货运车送货完毕后会在第一时间获取返途中的缺货信息并提供供应商所需要的产品,集中配送可以有效地为各个分店提供货物配送服务。

以实现生产和销售同步为目的的自动订货系统、依靠精准的数据决策进行的自动补货系统,以及最佳物流支撑的零库存目标管理,是沃尔玛实现零库存管理模式不可或缺的关键要素。

资料来源:彭勇,孙喜云.沃尔玛"零库存"管理的应用启示[J].统计与管理,2016(2):126-127.

案例分析

通过这个案例,我们了解到,沃尔玛的零库存,解决了传统零售商库存积压的问题,值得我国大型零售企业学习。同时我们也意识到,任何一个单独的企业要向市场供货都不可能实现零库存。通常所谓的"零库存"只是节点企业的零库存,而从整个供应链的角度来说,产品从供货商到制造商最终到达销售商,库存并没有消失,只是由一方转移到另一方,成本和风险也没有消失,而是随库存在企业间的转移而转移。

思考·讨论·训练

1.请说明沃尔玛为实现零库存做了哪些方面的准备。

2.沃尔玛的库存管理策略是什么?

知识链接

1. 库存的概念及作用

（1）库存的概念

库存是指一切暂时闲置的、用于未来需要的、有经济价值的资源。资源的闲置就是库存，与这种资源是否存放在仓库中没有关系，与资源是否处于运动状态也没有关系。按库存物资的存在状态分类，可以将库存分为原材料库存、在制品库存、成品库存。

（2）库存的作用

①缩短订货提前期；

②通过库存吸收需求波动，使生产过程均衡、平稳；

③分摊订货费用；

④防止短缺；

⑤通过工序间在制品库存维持生产过程的连续性，防止生产的中断；

⑥库存还有"居奇"的作用，低价时购进，高价时售出。

2. 库存管理

传统库存理论认为，库存管理的目的就是解决两个基本问题：何时订货和订多少货。现代库存理论增加了新的内容，在哪儿存货、存什么货以及货物种类与仓库的搭配都成为库存管理者考虑的问题。

传统库存控制的任务是用最小的储备量保证供应，不缺货，谋求"保证供应而又最小的储备量"。而现代库存控制的任务是通过适量的库存达到合理的供应，实现总成本最低的目标。其关键性的突破在于放弃了"保证供应"，允许缺货，利用总成本最低来进行决策。

库存管理要遵循"经济性原则"，管理成本不能超过由此带来的库存成本节约。库存管理者需要在库存成本和客户服务水平之间寻找平衡点，100%的客户服务水平往往不是最佳选择，企业总是寻找维持系统完整运行所需的最小库存或达到"满意"的客户服务水平基础上的最低库存。

库存管理要解决三个问题：一是确定库存检查周期；二是确定订货量；三是确定订货点（何时订货）。

3. 库存管理系统

通常，库存管理系统，又称为库存策略，有输出、输入、约束条件和运行机制四个方面，如图4-5所示。库存管理系统的输入和输出都是各种资源。与生产系统不同，在库存管理系统中没有物质形态的转化。输入是为了保证系统的输出（对用户的供给）。约束条件包括库存资金的约束、空间约束等。运行机制包括控制哪些参数以及如何控制。在一般情况下，在输出端，

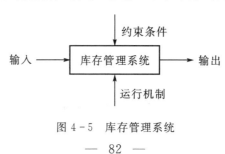

图4-5　库存管理系统

独立需求不可控制；在输入端，库存系统向外发出订货的提前期也不可控，它们都是随机变量。可以控制的一般是何时发出订货（订货点）和一次订购多少（订货量）两个参数。库存管理系统正是通过控制订货点和订货量来满足外界的需求并使总库存费用最低。

任何库存管理系统必须回答以下三个问题：隔多长时间检查一次库存量？何时提出补货订货？每次订货多少？

按照对以上三个问题的回答方式不同，可以将库存管理系统分为以下三种。

（1）连续检查库存管理系统

连续检查库存管理系统又称固定量系统，就是订货点和订货量都为固定量的库存控制系统，即(Q,R)系统，如图4-6所示。其中Q表示订货量，R表示订货点。

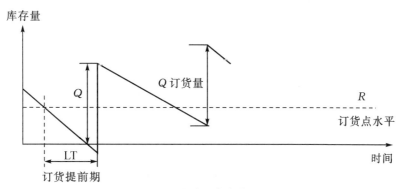

图4-6 连续检查库存管理系统

该策略适用于需求量大、缺货费用较高、需求波动性很大的情形。要发现现有库存量是否达到订货点R，必须随时检查库存量，这就增加了管理工作量，但它使库存量得到严密控制，因此，适用于价值较高的重要物资的库存管理。

（2）定期检查库存管理系统

定期检查库存管理系统又称固定间隔系统。其基本思想是：每隔一定时期检查一次库存，并发出一次订货，把现有库存补充到最大库存水平S，如果检查时库存量为I，则订货量为$(S-I)$，如图4-7所示。

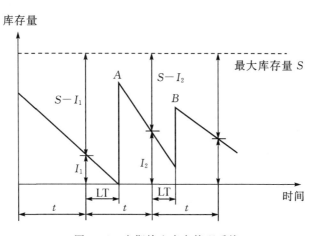

图4-7 定期检查库存管理系统

该策略不设订货点,只设固定检查周期和最大库存量,适用于一些不很重要的或使用量不大的物资;该策略不需要随时检查库存量,到了固定的间隔期,各种不同的物资可以同时订货,简化了管理,节省了订货费用。缺点是不论库存水平 I 降得多还是少,都要按期发出订货。

(3) 最大最小库存管理系统

最大最小库存管理系统仍是一种固定间隔期系统,只不过它需要确定一个最低库存水平点 s,当经过时间间隔 t 时,如果库存降到 s 及以下,则发出订货;否则,再经过时间 t 时再考虑是否发出货物,如图 4-8 所示。

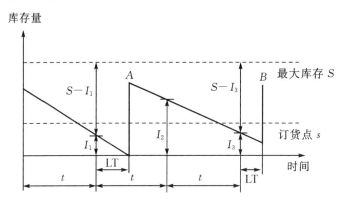

图 4-8 最大最小库存管理系统

以上三种库存管理系统为最基本的库存管理系统,由以上三种最基本的系统还可以演变出不同的库存管理系统。

4. ABC 库存分类管理法

ABC 库存分类管理法,就是以某类库存物资品种数占物资品种数的百分数和该类物资金额占库存物资总金额的百分数大小为标准,将库存物资分为 A、B、C 三类,进行分级管理。

一般地,人们将价值比率为 60%～80%、数量比率为 5%～15% 的物品划分为 A 类;将价值比率为 15%～20%、数量比率为 15%～25% 的物品划分为 B 类;将价值比率为 5%～15%、数量比率为 60%～80% 的物品划分为 C 类。

对 A、B、C 类商品采用不同的管理方法进行管理。

①A 类商品的管理方法。

A. 采取定期订货方式,定期调整库存;

B. 增加盘点次数,以提高对库存量的精确掌握;

C. 尽量减小货物出库量的波动,使仓库的安全储备量降低;

D. A 类商品必须保证不拖延交货期;

E. A 类商品是价值分析的对象;

F. 货物放置于便于进出的地方;

G. 货物包装尽可能标准化,以提高库场利用率。

②B 类商品的管理方法。

A. 正常的控制,采用比 A 类商品相对简单的管理方法;

B. B 类商品中销售额比较高的品种要采用定期订货方式或定期定量混合方式。

③C类商品的管理方法。

A.将一些货物不列入日常管理的范围;

B.为防止库存缺货,安全库存要多些,或减少订货次数以降低费用;

C.减少这类货物的盘点次数;

D.通过现代化的工具可以很快订货的商品,不设置库存;

E.给予最低的优先作业次序。

小结

库存是指一切暂时闲置的、用于未来需要的、有经济价值的资源。

最基本的库存管理系统包括固定量系统、固定间隔系统、最大最小系统。

ABC库存分类管理法是指以某类库存物资品种数占物资品种数的百分数和该类物资金额占库存物资总金额的百分数大小为标准,将库存物资分为A、B、C三类,进行分级管理。

复习思考题

1.库存管理的目的是什么?

2.简述ABC库存分类管理法的含义及意义。

实训

实训4-3

即测即评

项目 5　物流配送管理

5.1　配送概述

 教学目标

知识目标

1. 理解配送的含义。
2. 了解配送在物流系统中占据的重要地位和作用。
3. 熟悉配送活动的基本形式和典型业务。

技能目标

1. 会区别运输和配送。
2. 会选择合理的配送方式。

 案例导入

7-11 便利店的配送系统

一家成功的便利店背后一定有一个高效的物流配送系统,7-11从一开始采用的就是在特定区域高密度集中开店的策略,在物流管理上也采用集中的物流配送方案,这一方案每年大概能为 7-11 节约相当于商品原价 10% 的费用。

一间普通的 7-11 连锁店一般只有 100~200 m² 大小,却要提供 2000~3000 种食品,不同的食品有可能来自不同的供应商,运送和保存的要求也各有不同,每一种食品又不能短缺或过剩,而且还要根据顾客的不同需要随时能调整货物的品种,种种要求给连锁店的物流配送提出了很高的要求。一家便利店的成功,很大程度上取决于配送系统的成功。

7-11 的物流管理模式先后经历了三个阶段三种方式的变革。起初,7-11 并没有自己的配送中心,它的货物依靠批发商来完成。早期日本 7-11 的供应商都有自己特定的批发商,而且每个批发商一般只代理一家生产商,这个批发商就是联系 7-11 和其供应商间的纽带,也是 7-11 和供应商间传递货物、信息和资金的通道。供应商把自己的产品交给批发商以后,对产品的销售就不再过问,所有的配送和销售都会由批发商来完成。

渐渐地,这种分散化的由各个批发商分别送货的方式无法再满足规模日渐扩大的 7-11 便利店的需要,7-11 开始和批发商及合作生产商构建统一的集约化的配送和进货系统。在这种系统之下,7-11 改变了以往由多家批发商分别向各个便利店送货的方式,改由一家在一定区域内的特定批发商统一管理该区域内的同类供应商,然后向 7-11 统一配货,这种方式称为集约化配送。集约化配送有效地降低了批发商的数量,减少了配送环节,为 7-11 节省了物流费用。

配送中心的好处提醒了7-11,何不自己建一个配送中心? 7-11的物流共同配送系统就这样浮出水面,共同配送中心代替了特定批发商,分别在不同的区域统一集货、统一配送。配送中心有一个电脑网络配送系统,分别与供应商及7-11店铺相连。为了保证不断货,配送中心一般会根据以往的经验保留4天左右的库存,同时,中心的电脑系统每天都会定期收到各个店铺发来的库存报告和要货报告,配送中心把这些报告集中分析,最后形成一张张向不同供应商发出的订单,由电脑网络传给供应商,而供应商则会在预定时间之内向中心派送货物。7-11配送中心在收到所有货物后,对各个店铺所需要的货物分别打包,等待发送。第二天一早,派送车就会从配送中心鱼贯而出,择路向自己区域内的店铺送货。整个配送过程就这样每天循环往复,为7-11连锁店的顺利运行修石铺路。

配送中心的优点还在于7-11从批发商手上夺回了配送的主动权,7-11能随时掌握在途商品、库存货物等数据,对财务信息和供应商的其他信息也能握于股掌之中,对于一个零售企业来说,这些数据都是至关重要的。

案例分析

这个案例提示我们,每一个成功的零售企业背后都有一个完善的配送系统支撑,在企业的经营过程中,完善的配送系统直接决定企业的竞争力。

思考·讨论·训练

通过分析7-11的配送系统,能得到什么启示?

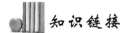

知识链接

1. 配送的含义

配送是指在经济合理区域范围内,根据客户要求,对物品进行集货、分类、储存、拣选、加工、包装、组配等作业,并按时送达指定地点的物流活动。

2. 配送的内涵

(1) 配送提供的是物流服务,因此满足顾客对物流服务的需求是配送的前提

由于在买方市场条件下,顾客的需求是灵活多变的,消费特点是多品种、小批量的,因此单一的送货功能,无法较好地满足广大顾客对物流服务的需求,因此配送活动是多项物流活动的统一体。

(2) 配送是"配"与"送"的有机结合

所谓"合理地配"是指在送货活动之前必须依据顾客需求对其进行合理的组织与计划。只有"有组织有计划"地"配"才能实现现代物流管理中所谓的"低成本、快速度"地"送",进而有效满足顾客的需求。

(3) 配送是在积极合理区域范围内的送货

配送不宜在大范围内实施,通常仅局限在一个城市或地区范围内进行。

3. 配送的作用

①推行配送有利于物流运动实现合理化。配送不仅能促进物流的专业化、社会化发展,还能以其特有的运动形态和优势调整流通结构,促使物流活动向规模经济发展。从组织形态上看,它是以集中的、完善的送货取代分散性、单一性的取货。在资源配置上看,则是以专业组织的集中库存代替社会上的零散库存,衔接了产需关系,打破了流通分割和封锁的格局,很好地满足社会化大生产的发展需要,有利于实现物流社会化和合理化。

②完善了运输和整个物流系统。配送环节处于支线运输,灵活性、适应性、服务性都比较强,能将支线运输与小搬运统一起来,使运输过程得以优化和完善。

③提高了末端物流的效益。采取配送方式,通过增大经济批量来达到经济地进货。它采取将各种商品配齐集中起来向用户发货和将多个用户小批量商品集中在一起进行发货等方式,以提高末端物流的经济效益。

④通过集中库存,企业实现低库存或零库存。实现了高水平配送之后,尤其是采取准时制配送方式之后,生产企业可以完全依靠配送中心的准时制配送而不需要保持自己的库存。或者,生产企业只需保持少量保险储备而不必留有经常储备,这就可以实现生产企业多年追求的"零库存",将企业从库存的包袱解脱出来,同时解放出大量储备资金,从而改善企业的财务状况。实行集中库存,集中库存总量远低于不实行集中库存时各企业分散库存之总量。同时,增加了调节能力,也提高了社会经济效益。此外,采用集中库存可利用规模经济的优势,使单位存货成本下降。

⑤简化事务,方便用户。采用配送方式,用户只需要从配送中心一处订购就能达到向多处采购的目的,只需组织对一个配送单位的接货便可替代现有的高频率接货,因而大大减轻了用户工作量和负担,也节省了订货、接货等一系列费用开支。

⑥提高供应保证程度。生产企业自己保持库存、维持生产,供应保证程度很难提高(受库存费用的制约)。采取配送方式,配送中心可以比任何企业的储备量更大,因而对每个企业而言,中断供应、影响生产的风险便相对缩小,使用户免去短缺之忧。

⑦配送为电子商务的发展提供了基础和支持。

4. 配送的种类

配送按组织方式、对象特性不同有多种形式。

(1)按配送组织者不同分类

①商店配送。组织者是商业或物资的门市网点,这些网点主要承担零售,规模一般不大,但经营品种较齐全。除日常零售业务外,还可根据用户的需求将商店经营的品种配齐,或代用户外订外购一部分商店平时不经营的商品,和商店经营的品种一起配齐送给用户。这种配送组织者实力很有限,往往只是小量、零星商品的配送。对于商品种类繁多且需用量不大、有些商品只是偶尔需要而很难与大配送中心建立计划配送关系的用户,可以利用小零售网点从事此项工作。商业及物资零售网点数量较多,配送半径较短,所以更为灵活机动,可承担生产企业重要货物的配送和对消费者个人的配送,它们对配送系统的完善起着较重要的作用。这种配送是配送中心配送的辅助及补充的形式。

②配送中心配送。组织者是专职从事配送的配送中心,其规模较大,可按配送需要储存各种商品,储存量也较大。配送中心专业性强,和用户建立固定的配送关系,一般实行计划配送,所以需配送的商品往往都有自己的库存,很少超越自己的经营范围。配送中心的建设及工艺流程是根据配送需要专门设计的,所以配送能力大,配送距离较远,配送品种多,配送数量大。配送中心可以承担工业企业生产用主要物资的配送,零售商店需补充商品的配送,向配送商店实行补充性配送等。配送中心配送是配送的重要形式。

(2)按配送商品种类及数量不同分类

①单(少)品种大批量配送。工业企业需要量较大的商品,单独一个品种或仅少数品种就可达到较大输送量,可实行整车运输,这种商品往往不需要再与其他商品搭配,可由专业性很

强的配送中心实行这种配送。配送量大,可使车辆满载并使用大吨位车辆,在配送中心中,内部设置也不需太复杂,组织、计划等工作也较简单,因而配送成本较低。但是如果可以从生产企业将这种商品直抵用户,同时又不致使用户库存效益变坏时,采用直送方式往往有更好的效果。

②多品种少批量配送。各工业生产企业所需的重要原材料、零部件一般需要量大,要求也较均衡,可根据用户需求,将所需的各种物品配备齐全,凑整装车后送达用户。

③配套成套配送。这种配送方式是按企业生产需要,尤其是装配型企业生产需要,将生产所需全部零部件配齐,按生产节奏定时送达生产企业,生产企业随即可将此成套零部件送入生产线装配产品。采取这种配送方式,配送企业实际承担了生产企业大部分供应工作,使生产企业专注于生产,有如同多品种少批量配送一样的效果。

(3) 按配送时间及数量不同分类

①定时配送(准时配送)。即按规定的时间间隔进行配送,如几天一次、几小时一次等,每次配送的品种及数量可以事前拟订长期计划,规定某次多大的量,也可以在配送时日之前以商定的联络方式(如电话、计算机终端输入等)通知配送品种及数量。这种方式由于时间固定,易于安排工作计划、易于计划使用车辆,对用户来讲,也易于安排接货力量(如人员、设备等)。但由于备货的要求下达较晚,集货、配货、配装难度较大,在要求配送数量变化较大时,也会使配送安排出现困难。

②定量配送。即按规定的批量进行配送,但不严格确定时间,只是规定在一个指定的时间范围中配送。这种方式由于数量固定,备货工作较为简单,不用经常改变配货备货的数量,可以按托盘、集装箱及车辆的装载能力规定配送的定量,这就能有效利用托盘、集装箱等集装方式,也可做到整车配送,所以配送效率较高。由于时间不严格限定,可以将不同用户所需物品整车配送,运力利用也较好。对用户来讲,每次接货都处理同等数量的货物,有利于配备人力、设备。

③定时定量配送。即规定准确的配送时间和固定的配送数量进行配送。这种方式在用户较为固定,又都有长期的稳定计划时,采用起来有较大优势,有定时、定量两种方式的优点。这种方式特殊性强,计划难度大,适合采用的对象不多,虽较理想,但不是一种普遍方式。

④定时、定路线配送。在确定的运行路线上制订到达时间表,按运行时间表进行配送,用户可在规定路线站点及规定时间接货,可按规定路线及时间表提出配送要求,进行合理选择。采用这种方式有利于计划安排车辆及驾驶人员。在配送用户较多的地区,也可免去过分复杂的配送要求造成的配送计划、组织工作、配货工作及车辆安排的困难。对用户来讲,既可在一定路线、一定时间进行选择,又可有计划安排接货力量,也有其便利性。但这种方式应用领域也是有限的,不是一种可普遍采用的方式。

⑤即时配送。即不预先确定不变的配送数量,也不预先确定不变的配送时间及配送路线,而是完全按用户要求时间、数量进行配送的方式。这种方式是以某天的任务为目标,在充分掌握了这一天需要地、需要量及种类的前提下,即时安排最优的配送路线并安排相应的配送车辆,并实施配送。这种配送可以做到每天配送都能实现最优的安排,因而是水平较高的方式。

(4) 其他配送方式

①共同配送。几个配送中心联合起来,共同制订计划,共同对某地区用户进行配送,具体执行时共同使用配送车辆,这种方式称共同配送。在某一地区用户不多,各企业单独配送时,

因车辆不满载等原因经济效果不好,难于开展配送业务。如果将许多配送企业的用户集中到一起,就有可能有效益地实施配送,这种情况采取共同配送是有利的。共同配送的收益可按一定比例由各配送企业分成。

②加工配送。在配送中心进行必要的加工,这种加工就可使配送工作更主动、更完善。这种将流通加工和配送一体化,使加工更有针对性,配送服务更趋完善的形式称为加工配送。

5. 配送的典型业务

(1) **集货**

集货,即将分散的或小批量的物品集中起来,以便进行运输、配送的作业。集货是配送的重要环节,为了满足特定客户的配送要求,有时需要把从几家甚至数十家供应商处预订的物品集中,并将要求的物品分配到指定容器和场所。集货是配送的准备工作或基础工作,配送的优势之一就是可以集中客户进行一定规模的集货。

(2) **分拣**

分拣是将物品按品种、出入库先后顺序进行分门别类堆放的作业。分拣是配送不同于其他物流形式的功能要素,也是配送成败的一项重要支持性工作。它是完善送货、支持送货的准备性工作,是不同配送企业在送货时进行竞争和提高自身经济效益的必然延伸。所以,也可以说分拣是送货向高级形式发展的必然要求。有了分拣,就会大大提高送货服务水平。

(3) **配货**

配货是使用各种拣选设备和传输装置,将存放的物品,按客户要求分拣出来,配备齐全,送入指定发货地点。

(4) **配装**

在单个客户配送数量不能达到车辆的有效运载负荷时,就存在如何集中不同客户的配送货物,进行搭配装载以充分利用运能、运力的问题,这就需要配装。跟一般送货不同之处在于,通过配装送货可以大大提高送货水平及降低送货成本,所以配装是配送系统中有现代特点的功能要素,也是现代配送不同于以往送货的重要区别之一。

(5) **配送运输**

运输中的末端运输、支线运输和一般运输形态的主要区别在于:配送运输是较短距离、较小规模、额度较高的运输形式,一般使用汽车做运输工具。与干线运输的另一个区别是,配送运输的路线选择问题是一般干线运输所没有的,干线运输的干线是唯一的运输线,而配送运输由于配送客户多,一般城市交通路线又较复杂,如何组合成最佳路线,如何使配装和路线有效搭配等,是配送运输的特点,也是难度较大的工作。

(6) **送达服务**

将配好的货送达客户还不算配送工作的结束,这是因为送达货和客户接货往往还会出现不协调,使配送前功尽弃。因此,要圆满地实现运到之货的移交,并有效地、方便地处理相关手续并完成结算,还应讲究卸货地点、卸货方式等。送达服务也是配送独具的特殊性。

(7) **配送加工**

配送加工是按照配送客户的要求所进行的流通加工。在配送中,配送加工这一功能要素不具有普遍性,但往往是有重要作用的功能要素。这是因为通过配送加工,可以大大提高客户的满意程度。配送加工是流通加工的一种,但配送加工有它不同于流通加工的特点,即配送加工一般只取决于客户要求,其加工的目的较为单一。

小结

配送是在经济合理区域范围内,根据客户要求,对物品进行集货、分类、储存、拣选、加工、包装、组配等作业,并按时送达指定地点的物流活动。

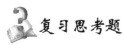 **复习思考题**

1. 简述配送的定义与内涵。
2. 配送和运输的区别有哪些?

 实训

实训 5-1

5.2 配送中心

 **教学目标**

知识目标

1. 理解配送中心的含义。
2. 了解配送中心的基本类型和功能。

技能目标

1. 会区别仓库和配送中心。
2. 会制订不同类型配送中心的工作流程。

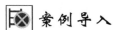 **案例导入**

沃尔玛物流成功的三大要素:配送中心+信息技术+配送体系

灵活高效的物流配送中心

沃尔玛前总裁大卫·格拉斯这样总结:"配送设施是沃尔玛成功的关键之一,如果说我们有什么比别人干得好的话,那就是我们的配送中心。"灵活高效的物流配送系统是沃尔玛达到最大销售量和低成本存货周转的核心。沃尔玛配送中心是设立在100多家零售卖场中央位置的物流基地。同时可以满足100多个销售网点的需求,以此缩短配送时间,降低送货成本。

沃尔玛首创交叉配送的独特作业方式,进货与出货几乎同步,没有入库、储存、分拣环节,由此加速货物流通。在竞争对手每5天配送一次商品的情况下,沃尔玛每天送货一次,大大减少中间过程,降低管理成本。数据表明,沃尔玛的配送成本仅占销售额的2%,而一般企业这个比例高达10%。这种灵活高效的物流配送方式使沃尔玛在竞争激烈的零售业中技高一等、独领风骚。

强大的物流信息技术

配送中心"灵活高效"说起来容易做来难,是什么使卓越的理念转化为强大的竞争力?就是现代化的物流信息技术。它利用信息技术提高物流配送效率,增强其经营决策能力。沃尔玛正是在这些信息技术的支撑下,做到了商店的销售与配送中心,配送中心与供应商的同步。

物流配送体系的运作

注重与第三方物流公司形成合作伙伴关系。在美国本土,沃尔玛做自己的物流和配送,拥有自己的卡车运输车队,使用自己的后勤和物流方面的团队。但是在国际上的其他地方沃尔玛就只能求助于专门的物流服务提供商了,飞驰公司就是其中之一。飞驰公司是一家专门提供物流服务的公司,它在世界上的其他地方为沃尔玛提供物流方面的支持。

挑战"无缝点对点"物流系统,为顾客提供快速服务。在物流方面,沃尔玛尽可能降低成本。为了做到这一点,沃尔玛为自己提出了一些挑战。其中的一个挑战就是要建立一个"无缝点对点"的物流系统,能够为商店和顾客提供最迅速的服务。这种"无缝"的意思指的是,使整个供应链达到一种非常顺畅的链接。

沃尔玛之所以能够取得成功,还有一个很重要的原因是因为沃尔玛有一个自动补发货系统。每一个商店都有这样的系统,包括在中国的商店。它使得沃尔玛在任何一个时间点都可以知道,目前某个商店中有多少货物,有多少货物正在运输过程中,有多少是在配送中心等。同时补发货系统也使沃尔玛可以了解某种货物上周卖了多少,去年卖了多少,而且可以预测将来的销售情况。

沃尔玛还有一个非常有效的系统,叫作零售链接系统,可以使供货商们直接进入到沃尔玛的系统。

任何一个供货商都可以进入这个零售链接系统中来了解其产品卖得怎么样,昨天、今天、上一周、上个月和去年卖得怎么样,可以知道这种商品卖了多少,而且可以在 24 小时内就进行更新。供货商们可以在沃尔玛公司每一个店当中,及时了解到有关情况。

资料来源:沃尔玛物流成功的三大要素:配送中心+信息技术+配送体系[EB/OL].(2017-06-23)[2021-04-20].https://www.sohu.com/a/151445029_465938.

案例分析

这个案例提示我们,在沃尔玛的整个物流体系中,配送中心起到了神经中枢的作用。

思考·讨论·训练

配送中心在沃尔玛的整个物流体系中起到了什么作用?

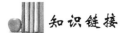
知识链接

1. 配送中心的含义

配送中心是指具有完善的配送基础设施和信息网络,可便捷地连接对外交通运输网络,并向末端客户提供短距离、小批量、多批次配送服务的专业化配送场所或组织。

2. 仓库、配送中心、物流中心的区别

仓库是保管和保养物品的场所的总称。过去,物品在仓库内储存的时间往往较长或很长,物品的品种也很少,所以仓库主要是保管好物品和保养好物品。但现代的仓库,物品在仓库内的储存时间往往较短或很短,以降低资金积压;物品的品种也大大增多,即拣选物品的量、速度和配送点的数量都有几何级数的增长。由量变到质变,部分仓库名称转变为配送中心和物流中心。

配送中心的特点是:其位置处于物流的下游;一般储存物品的品种较多、存储周期短;使零售店或最终客户不设库或少设库以及不设车队,具有强大的多客户、多品种、多频次少量的拣选和配送功能。因为多客户、多品种才能实现保管、运输作业的规模化、共同化,节约费用。配送中心一般采用"门到门"的汽车运输,其作业范围较小(20~300 km),为本地区的最终客户服务。

物流中心处于物流的中游,是制造厂仓库与配送中心的中间环节,一般离制造厂仓库与配送中心较远,为使运输经济性,采用大容量汽车或铁路运输和少批次大量的出入库方式。

保管型仓库和配送中心的区别如表5-1所示。

表5-1 保管型仓库和配送中心的区别

项目	保管型仓库	配送中心
功能	以物资保管为主要功能	入库、验收、保管、备货、分拣、流通加工、检验、出库等均为配送中心的功能
空间	保管空间	保管空间占一半,其他功能占一半空间
设计	以保管为主体,平面摆放,通路少,未进行严格的场所管理	按照配送中心功能的流转顺序设计,利用货架实行立体存放,有严格的场所管理
信息特征	货物的状况和信息不一致	货物的状况与信息一致
事务处理、信息传送的系统化	基本上使用人工完成事务处理和信息的传送	利用信息系统工具和物流信息系统完成事务处理和信息传送
作业的自动化和省力化	基本上是人工作业	在信息系统的支持下实现作业的自动化和省力化
对多样化物流需求的适用能力	基本上不能适应	可以适应

3. 配送中心的特点

(1) 配送反应速度快

新型物流配送中心对上、下游物流配送需求的反应速度越来越快,前置时间越来越短。在物流信息化时代,速度就是金钱,速度就是效益,速度就是竞争力。

(2) 配送功能集成化

主要是将物流与供应链的其他环节进行集成,如物流渠道与商流渠道集成、物流功能集成、物流环节与制造环节集成、物流渠道之间的集成。

(3) 配送作业规范化

强调物流配送作业流程和运作的标准化、程式化和规范化,使复杂的作业简单化,从而大规模地提高物流作业的效率和效益。

（4）配送服务系列化

强调物流配送服务的正确定位与完善化、系列化，除传统的配送服务外，在外延上扩展物流的市场调查与预测、物流订单处理、物流配送咨询、物流配送方案、物流库存控制策略建议、物流货款回收、物流教育培训等系列的服务。

（5）配送目标系统化

从系统的角度统筹规划一个整体物流配送活动，不求单个物流最佳化，而求整体物流活动最优化，使整个物流配送达到最优化。

（6）配送手段现代化

使用先进的物流技术、物流设备与管理为物流配送提供支撑，生产、流通和配送规模越大，物流配送技术、物流设备与管理就越需要现代化。

（7）配送组织网络化

有完善、健全的物流配送网络体系，物流配送中心、物流节点等网络设施星罗棋布，并运转正常。

（8）配送经营市场化

物流配送经营采用市场机制，无论是企业自己组织物流配送，还是社会物流配送，都实行市场化。只有利用市场化这只看不见的手指挥调节物流配送，才能取得好的经济效益和社会效益。

（9）物流配送流程自动化

物流配送流程自动化是指运送规格标准、仓储货架货箱排列、装卸、搬运等按照自动化标准作业，商品按照最佳配送路线配送等。

（10）物流配送管理法治化

宏观上，要有健全的法规、制度和规则；微观上，新型物流配送企业要依法办事，按章行事。

4. 配送中心的功能

（1）采购功能

配送中心必须首先采购所要供应配送的商品，才能及时准确无误地为其用户即生产企业供应物资。配送中心应根据市场的供求变化情况，制订并及时调整统一的、周全的采购计划，并由专门的人员与部门组织实施。

（2）存储功能

配送中心的服务对象是为数众多的生产企业和商业网点，配送中心需要按照用户的要求及时将各种配装好的货物送交到用户手中，满足生产和消费需要。

（3）组合功能

由于每个用户企业对商品的品质、规格、型号、数量、质量、送达时间和地点等的要求不同，配送中心就必须按用户要求对商品进行分拣和配送。这一功能是其与传统仓储企业的明显区别之一，这也是配送中心的最重要的特征之一。

（4）分装功能

从配送中心角度来看，它往往希望采用大批量的进货来降低进货价格和进货费用。但是用户企业为了降低库存、加快资金周转、减少资金占用，往往采用小批量进货方法。为了满足用户的要求，用户的小批量、多批次进货，配送中心就必须进行分装。

(5)集散功能

配送中心凭借其特殊的地位以及其拥有的各种先进设施和设备,能够将分散在各个生产企业的产品集中到一起,然后经过分拣、装配向多家用户发运。与此同时,配送中心也可以做到把各个用户所需要的多种货物有效地组合在一起,形成经济、合理的货载批量。配送中心在流通实践中所表现出来的这种功能即集散功能。

(6)订单处理功能

配送中心收到客户订单后,进行订单处理的主要工作流程如下:①检查订单是否全部有效,即信息是否完全准确。②信用部门审查顾客的信誉。③市场销售部门把销售额记入有关销售人员的账下。④会计部门记录有关账务。⑤库存管理部门选择和通知距离顾客最近的仓库分拣顾客订货、包装托运并及时登记公司的库存控制总账,扣减库存,同时将货物及托运单交运输商。⑥运输部门安排货物运输,将货物从仓库发运至收货地点,同时完成收货确认。

5. 配送中心的类型

(1)按配送中心的设立者分类

①制造商型配送中心(distribution center built by maker)。制造商型配送中心是以制造商为主体的配送中心。这种配送中心里的物品100%是由自己生产制造,用以降低流通费用、提高售后服务质量和及时地将预先配齐的成组元器件运送到规定的加工和装配工位。从物品制造到生产出来后条码和包装的配合等多方面都较易控制,所以按照现代化、自动化的配送中心设计比较容易,但不具备社会化的要求。

②批发商型配送中心(distribution center built by wholesaler)。批发商型配送中心是由批发商或代理商所成立的配送中心。批发是物品从制造者到消费者之间的传统流通环节之一,一般是按部门或物品类别的不同,把每个制造厂的物品集中起来,然后以单一品种或搭配向消费地的零售商进行配送。这种配送中心的物品来自各个制造商,它所进行的一项重要的活动是对物品进行汇总和再销售,而它的全部进货和出货都是社会配送的,社会化程度高。

③零售商型配送中心(distribution center built by retailer)。零售商型配送中心是由零售商向上整合所成立的配送中心,是以零售业为主体的配送中心。零售商发展到一定规模后,就可以考虑建立自己的配送中心,为专业物品零售店、超级市场、百货商店、建材商场、粮油食品商店、宾馆饭店等服务,其社会化程度介于前两者之间。

④专业物流配送中心(distribution center built by TPL)。专业物流配送中心是以第三方物流企业(包括传统的仓储企业和运输企业)为主体的配送中心。这种配送中心有很强的运输配送能力,地理位置优越,可迅速将到达的货物配送给用户。它为制造商或供应商提供物流服务,而配送中心的货物仍属于制造商或供应商所有,配送中心只是提供仓储管理和运输配送服务。这种配送中心的现代化程度往往较高。

(2)按服务范围分类

①城市配送中心。城市配送中心是以城市范围为配送范围的配送中心,由于城市范围一般处于汽车运输的经济里程,这种配送中心可直接配送到最终用户,且采用汽车进行配送。所以,这种配送中心往往和零售经营相结合,由于运距短,反应能力强,因而从事多品种、少批量、多用户的配送较有优势。

②区域配送中心(regional distribution center,RDC)。区域配送中心是以较强的辐射能力和库存准备,向省(州)际、全国乃至国际范围的用户配送的配送中心。这种配送中心配送规

模较大,一般而言,用户也较大,配送批量也较大,而且往往是配送给下一级的城市配送中心,也配送给商店、批发商和企业用户,虽然也从事零星的配送,但不是主体形式。

（3）按配送中心的功能分类

①储存型配送中心：有很强的储存功能。例如,美国赫马克配送中心的储存区可储存16.3万个托盘。我国目前建设的配送中心,多为储存型配送中心,库存量较大。

②流通型配送中心：包括通过型或转运型配送中心,基本上没有长期储存的功能,仅以暂存或随进随出的方式进行配货和送货的配送中心。典型方式为：大量货物整批进入,按一定批量零出。一般采用大型分货机,其进货直接进入分货机传送带,分送到各用户货位或直接分送到配送汽车上。

③加工型配送中心：以流通加工为主要业务的配送中心。

（4）按配送货物的属性分类

根据配送货物的属性,配送中心可以分为食品配送中心、日用品配送中心、医药品配送中心、化妆品配送中心、家电品配送中心、电子（3C）产品配送中心、书籍产品配送中心、服饰产品配送中心、汽车零件配送中心以及生鲜处理中心等。

6. 配送中心的工作流程

配送中心的主要活动是订货、进货、发货、仓储、订单拣货和配送作业。在确定配送中心主要活动及其程序之后,才能规划设计。有的配送中心还要进行流通加工、贴标签和包装等作业。当有退货作业时,还要进行退货品的分类、保管和退回等作业。配送中心作业流程如图5-1所示。

（1）进货

进货就是配送中心根据客户的需要,为配送业务的顺利实施,而从事的组织商品货源和进行商品存储的一系列活动。进货是配送的准备工作或基础工作,它是配送的基础环节,又是决定配送成败与否、规模大小的最基础环节。同时,它也是决定配送效益高低的关键环节。

（2）订单处理

从接到客户订单开始到着手准备拣货之间的作业阶段,称为订单处理。订单处理是与客户直接沟通的作业阶段,对后续的拣选作业、调度和配送产生直接的影响,是其他各项作业的基础。订单是配送中心开展配送业务的依据,配送中心接到客户订单以后需要对订单加以处理,据以安排分拣、补货、配货、送货等作业环节。订单处理方式有人工处理和计算机处理,目前主要采用计算机处理方式。

（3）拣货

拣货作业是依据顾客的订货要求或配送中心的送货计划,迅速、准确地将商品向从其储位或其他区域拣取出来,并按一定的方式进行分类、集中,等待配装送货的作业过程。拣货过程是配送不同于一般形式的送货以及其他物流形式的重要的功能要素,是整个配送中心作业系统的核心工序。按分拣的手段不同,拣货作业可分为人工分拣、机械分拣和自动分拣三大类。

（4）补货

补货是库存管理中一项重要的内容,根据以往的经验,或者相关的统计技术方法,或者计算机系统帮助确定的最优库存水平和最优订购量,并根据所确定的最优库存水平和最优订购量,在库存低于最优库存水平时发出存货再订购指令,以确保存货中的每一种产品都在目标服务水平下达到最优库存水平。补货作业的目的是保证拣货区有货可拣,是保证充足货源的基础。

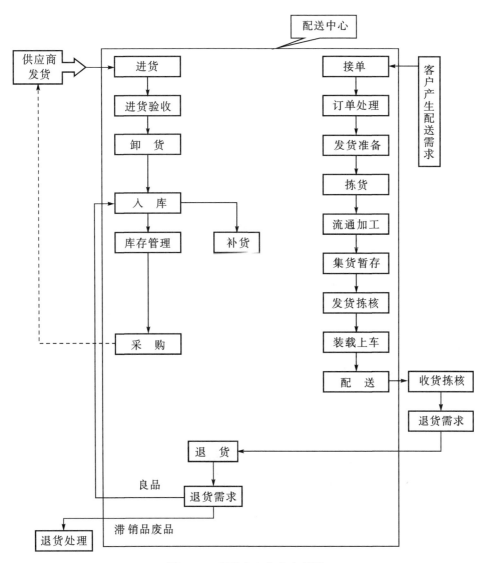

图 5-1 配送中心作业流程图

（5）**配货**

配货是配送中心为了顺利、有序、方便地向客户发送商品，对组织来的各种货物进行整理，并依据订单要求进行组合的过程。配货也就是指使用各种拣选设备和传输装置，将存放的货物，按客户的要求分拣出来，配备齐全，送入指定发货区。

配货作业与拣货作业不可分割，二者一起构成了一项完整的作业。通过分拣配货可达到按客户要求进行高水平送货的目的。

（6）**送货**

配送业务中的送货作业包含将货物装车并实际配送，而达到这些作业则需要事先规划配送区域的划分或配送线路的安排，由配送路线选用的先后次序来决定商品装车顺序，并在商品配送途中进行商品跟踪、控制，制订配送途中意外状况及送货后文件的处理办法。

送货通常是一种短距离、小批量、高频率的运输形式。它以服务为目标，以尽可能满足客户需求为宗旨。

（7）流通加工

流通加工是配送的前沿，它是衔接储存与末端运输的关键环节。流通加工是指物品在从生产领域向消费领域流动的过程中，流通主体（即流通当事人）为了完善流通服务功能，为了促进销售、维护产品质量和提高物流效率而开展的一项活动。流通加工的目的主要有：适应多样化客户的需求；提高商品的附加值；规避风险，推进物流系统化。不同的货物，流通加工的内容是不一样的。

（8）退货

退货或换货在经营物流业中不可避免，但尽量减少，因为退货或换货的处理，只会大幅增加物流成本，减少利润。发生退货或换货的主要原因包括：瑕疵品回收、搬运中的损坏、商品送错退回、商品过期退回等。

配送中心是指具有完善的配送基础设施和信息网络，可便捷地连接对外交通运输网络，并向末端客户提供短距离、小批量、多批次配送服务的专业化配送场所或组织。

1. 简述配送中心的定义与内涵。
2. 简述配送中心对整个物流系统的作用。

实训 5－2

5.3 国内外配送的发展

教学目标

知识目标

1. 了解国内外配送的发展历程。
2. 了解国内外配送的发展趋势。

技能目标

对比国内外配送及配送中心的特点。

案例导入

盒马的冷链物流

1. 盒马搭建冷链物流的逻辑

盒马的冷链物流,虽然一直默默无闻,实则是在稳步推进。从一开始,盒马的物流体系就是伴随着盒马这种新零售业态做了相应的创新和突破。它不是传统零售模式下的冷链物流,而是基于盒马业务模型上的冷链物流。

不同于B2C电商的物流网络,盒马的物流是B2B2C。这种B2B2C的物流模式是指生鲜商品从基地配送大仓,再从大仓配送门店,以上环节都是用批量配送的方式。如果说B2C的物流模式是通过依维柯在城市里穿梭,那么盒马的B2B链路都是通过五六米长的厢式货车来运输。最后配送到用户手中的环节,就是从门店到用户的最后三公里履约半径。

盒马的这种去中心化的履约网络,相比传统的生鲜电商平台,物流成本可以有效降低,更重要的是,盒马可以依托门店做生鲜全品类,并且线上线下同品同价,让消费者真正享受线上线下一体化服务。

在2019年的阿里投资者大会上,盒马总裁侯毅透露了盒马在冷链物流网方面的布局。截至2019年8月底,盒马在全国15个城市建立了48个多温层多功能仓库,其中包括33个常温和低温仓,11个生鲜加工中心,以及1个活鲜物流中心。在这些物流节点的基础上,盒马还搭建起干线+城配的运输网络,以此来保证全流程的冷链运输。

2. 生鲜供应链网络重塑

物流模型搭建起来以后,生鲜供应链的改造和重构成为另外一个重要的议题。

盒马的供应链路与传统零售的供应链路正在做出区隔。首先对于传统零售模式来说,生鲜商品的流通链路一般是:农户到产地集贸市场,然后到产地批发商,再转运到一级、二级批发商,之后才能上架商超或者农贸市场,最后才能到达消费者手中。由此可以看出,传统模式中间环节多,各个环节加价严重。

盒马的目标是去除中间环节,从而降低成本,并且要为消费者提供品质商品。于是,盒马开始大力发展直采业务,即从农产品基地采购生鲜商品,然后直接配送到店,中间就省去各级批发商环节。采用这种新的物流模式,中间环节的加价率就可以降低到69%。

盒马的基地直采业务,已经在全国范围展开布局,目前合作有超过500家农产品基地,覆盖5大产区、3大海域、17个重点城市。

3. 盒马如何做鲜度管理

不管是自有商品日日鲜系列,还是各种活鲜,盒马的物流体系又是如何支撑这种新鲜度?在商品的鲜度管理上做了哪些工作?

在基地直采商品中,从这一商品进入盒马的物流网络开始,它的加工时间、运输时间、运输过程温度,还有上架门店的时间,系统内都有明确记录。通过这样的全流程管控,确保生鲜商品在关键节点的有效交付。

此外,大数据准确预估销量,也是盒马确保商品鲜度的重要抓手。凭借越来越准确的销量预估,盒马能做到更加精准的订货,保证生鲜商品最大程度在当天销售完毕。

但具体到不同的单品,盒马又具备从单品维度打造端到端的供应链路。梭子蟹和藕带就是典型案例。这是完全不同的两类生鲜商品,盒马的冷链物流体系就适配了不同的冷链物流方案。梭子蟹是通过技术改良后的水车运送到内陆门店,而藕带更多是空运到各区域销售。

盒马基于单品维度打造的供应链条,并非是不断新建履约体系,而是在原有冷链物流网的基础上,根据单品特征去制订最高效的冷链物流链路。

因此,盒马的冷链物流体系,看起来提供的是丰富的生鲜品类,但本质上共用的是一套物流体系,只不过这似乎是一套可以排列组合的系统,针对不同单品,它可以制订出最优的解决方案。

资料来源:王彦丽.盒马冷链物流竞速[EB/OL].(2019-10-30)[2021-04-20]. https://www.sohu.com/a/350506127_650513.

案例分析

这个案例提示我们,冷链物流体系的发展,将会给物流服务带来新的挑战,完善的物流体系对于提升顾客体验非常关键,也已成为企业的核心竞争力之一。

思考·讨论·训练

冷链物流体系如何提升盒马的服务能力?

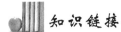
知识链接

1. 国外现代物流配送的发展

(1)美国现代物流配送的发展

从20世纪60年代起,货物配送的合理化在美国普遍得到重视。为了在流通领域产生效益,美国企业采取了以下措施:一是将老式的仓库改为配送中心;二是引进电脑管理网络,对装卸、搬运、保管实行标准化操作,提高作业效率;三是连锁店共同组建配送中心,促进连锁店效益的增长。美国连锁店的配送中心有多种,主要有批发型、零售型和仓储型三种类型。首先是批发型,该类型配送中心主要靠计算机管理,业务部通过计算机获取会员店的订货信息,及时向生产厂家和储运部发出订货指示单。其次是零售型,以美国沃尔玛公司的配送中心为典型。该类型配送中心一般为某零售商独资兴建,专为本公司的连锁店按时提供商品,确保各店稳定经营。第三是仓储型,美国福来明公司的食品配送中心是典型的仓储式配送中心,它的主要任务是接受独立杂货商联盟的委托业务,为该联盟在该地区的若干家加盟店负责货物配送。

(2)日本现代物流配送的发展

在日本,零售业是首先建立先进物流系统的行业之一。便利店作为一种新的零售业迅速成长,现已遍及日本,正影响着日本其他零售商业形式。这种新的零售业需要利用新的物流技术,以保证店内各种货物的供应顺畅。因此,日本的物流配送具有以下特点:第一,分销渠道发达。许多日本批发商过去常常把自己定位为某特定制造商的专门代理商,只允许经营一家制造商的产品。为了保证有效地供应商品,日本许多物流公司不得不对旧有的分销渠道进行合理化改造,更好地做到与上游或下游公司的分销一体化。第二,频繁、小批量进货。日本的物流配送企业的很大一部分服务需求来自便利店,便利店依靠的是小批量的频繁进货,只有利用先进的物流系统才有可能发展连锁便利店,因为它使小批量的频繁进货得以实现。第三,物流配送体现出共同化、混载化的趋势。共同化、混载化的货物配送使原来按照不同生产厂、不同商品种类划分开来的分散的商品物流转变为将不同厂家的产品和不同种类的商品混合起来配送的聚合商品物流,从而得以发挥商品物流的批量效益,大大提高了配送车辆的装载率。第四,合作型物流配送。在日本,生产企业、零售企业与综合商社、综合物流公司之间基本上都存在一种长期的物流合作关系,并且这种合作关系还随着日本工业生产的国际化延伸到国外。第五,政府规划在现代物流配送发展过程中具有重要作用。

(3) 欧洲现代物流配送的发展

在欧洲诸国,尤其是德国,物流配送是指按照用户的订货要求,在物流据点进行分货、配货以后,将配好的货物送交收货人的活动。德国的物流配送产业是第二次世界大战以后,随着现代科技的兴起和经济的高速发展而逐步发展起来的。特别是近10年来,德国的物流配送已经摒弃了商品从产地到销地的传统配送模式,基本形成了商品从产地到集散中心,从集散中心(有时通过不止一个集散中心)到达最终客户的现代模式。走遍德国,可以说德国的物流配送已经形成了以最终需求为导向,以现代化交通和高科技信息网络为桥梁,以合理分布的配送中心为枢纽的完备的运行系统。在总结德国零售业发展的经验时可以看出,德国是十分重视按照连锁经营的规模和特点来规划配送中心的,往往是在建店的同时就考虑到了配送中心的建设布局。

2. 发达国家物流配送业发展较快的主要原因

(1) 以高科技为依托

发达国家的配送在运输技术、储存保管技术、装卸搬运技术、货物检验技术、包装技术、流通加工技术以及与物流各环节都密切相关的信息处理技术等方面,都建立在先进的物流技术基础上,配送中心完全采用计算机管理。仓库内从货物入库时的分拣、刷码到进入指定的库房里待装配送车辆,全部是自动化操作。有些配送中心的所有环节包括存货、处理订单和配送商品都由以卫星通信为载体的电脑网络跟踪控制。

(2) 以规模效益为核心

配送是一种规模经济运动,配送的生命在于规模。发达国家的实践告诉我们,规模经营产生规模效益,以统一进货、统一配货、统一管理的规模经营取得规模效益,可以享受批量折扣,降低流通费用和社会交易成本,以低于社会平均价格出售商品,获得合理的商业利润而赢得竞争。发达国家配送制之所以能够在全社会范围内顺利推行,配送中心的实力雄厚是一个重要的原因。

(3) 以灵活多样的形式为基础

目前,配送为发达国家大多数行业所采纳,形式日趋完善。如瑞典轴承商的"用户无忧运转方式",日本钢铁商的"看板"无库存供货方式等。美国主要有如下几种不同类型的货物配送模式:第一,以零售业为主的物流配送模式;第二,以仓储运输业为主的物流配送模式;第三,以批发商为主的共同配送模式。

3. 我国现代物流配送的发展

20世纪70年代以前,我国经济研究中几乎没有使用过"物流"一词,但物流各环节的运作很早就存在于国民经济的各个领域。自从20世纪80年代初,《物资经济研究通讯》刊登了北京物资学院王之泰教授的《物流浅谈》一文,物流在我国逐渐得到了关注和重视。20世纪90年代以来的流通实践证明了配送是一种较好的物流方式,我国很多城市都设立了配送中心,配送得到了很大的发展。这样彻底改变了传统的流通模式和方式。实行上门送货为生产企业配送急需的产品,通过构筑代理、配送、连锁相结合的新的流通方式,提高了流通的效率,为用户提供了更为快捷的方便的服务。

经过改革开放以来40多年的持续快速发展,中国已经成为有全球影响力的物流大国和全球最大的物流市场。中国物流业规模虽大,但绩效并不理想。大而不强、全球连接能力弱、现代化程度不高,物流成本偏高、质量效益不佳,中高端、体系化、集约式物流服务与供应链服务等严重不足,传统运作模式难以为继等问题突出。

2019年2月,国家发改委等部门联合发布的《关于推动物流高质量发展促进形成强大国内市场的意见》,提出:"实施城乡高效配送专项行动,完善城乡配送网络,鼓励企业在城乡和具备条件的村建立物流配送网点,加强公用型城市配送节点和社区配送设施建设,将末端配送设施纳入社区统一管理,推进设施共享共用,支持试点城市和企业加快构建城乡双向畅通的物流配送网络。""提升城市物流管理水平。科学制定城市物流政策,指导城市提高配送车辆通行管理的精细化水平,合理规划城市货运通道,避免'一刀切'限行。实行分车型、分时段、分路段通行管控,有效释放货运通行路权,保障城市生产生活的必要需求。鼓励地方政府在城市中心区建设一批公共物流配送中心,通过租赁等方式为服务居民生活的物流企业提供必要经营场所。完善城市物流配送装卸、停靠作业设施。"

4. 国内物流配送业发展存在的问题

(1) 配送的服务核心作用难以发挥

配送的核心作用是服务,现阶段的配送方式基本上是以单兵作战的分散型配送为主,配送调度中心还没有发挥出应有的组织、协调、平衡、管理等综合作用。由于物流配送主要是由各专业公司独自进行,而现行物流企业经营外围较窄(如深圳盐田港物流中心只提供国内货物出口的中转、存储功能,而几乎不涉及市内配送业务),可提供物流配送服务的内容较少,满足不了用户的多种服务需求。

(2) 配送操作过程现代化程度低

目前我国配送操作中计算机的应用程度较低,仅限于日常事务管理,而对于物流中的许多重要决策问题,如配送中心的选址、货物组配方案、运输的最佳路径、最优库存控制等方面,仍处于半人工化决策状态,适应具体操作的物流信息系统的开发滞后。

物流配送中心作为发展物流业的重要内容受到社会各界的重视,在这样的背景下,物流配送中心在我国已经不是"发展与否"的问题,而是"如何发展、怎样发展"的问题。但是我国在物流配送中心的发展中还存在很多认识误区,随着物流配送中心在我国各地的不断涌现,其发展逐渐暴露出一些问题,主要表现在以下几个方面:

①长期以来我国把加强物流基础设施建设作为物流业发展的重点,一些地区较多强调物流基础设施方面量的投入,缺乏质的要求,缺乏系统规划,盲目投资建设,物流设施利用率不高、重复投资建设等问题的存在都反映了我国很多地区实行"赶超型"战略所造成的种种弊端;

②部门垄断和地区垄断妨碍了生产要素的空间流动,造成了不同地区各自为战的分散格局和大量重复建设,不同部门和地方的各级投资主体分别在各自的管辖地域内建立物流园区,吸引企业个体,然而冲破地区和部门界限,站在城市、区域、全国物流发展战略高度的意识还很缺乏;

③对物流业发展问题存在着"性急"的心态,缺乏长远的眼光和必要的耐心,因此存在着短期行为和政府政策多变的情况;

④没有从本质上把握物流园区的内涵,仅把物流园区作为物流设施在空间上的简单叠加,作为物流企业(如运输公司、仓库、集散中心、货运站等)的简单集中地,未能有效地发挥物流园区在物流发展和经济发展中的作用。

我国物流配送业的发展还处于起步阶段,与国外先进水平还有较大差距,需要我们结合国情,努力迎头赶上,融入国际经济、贸易、物流大发展的潮流中去,只有这样,我国物流业的国际竞争力才有望真正提高。

5. 促进我国物流配送业发展的对策

（1）加快物流基础设施建设，提高物流配送中心的配送能力

要加快开发和引进先进的物流设备，如集装箱散装专用船、各种装卸器具、移动运输器具等。从内部运营硬件方面为我国物流配送中心的发展创造条件，同时要提高城市内部交通的通畅性，减少交通堵塞现象等。

（2）提高物流配送中心的现代化、信息化技术水平

我国配送中心应将较多的信息化技术包括产品识别条码、企业资源计划系统、管理信息系统、电子数据交换系统、地理信息系统、自动分拣系统、柔性物流系统等应用于物流管理中，应向机械化、自动化的作业模式发展，从而提高物流管理水平，节约人员成本，改变目前这种半人工化模式。

（3）大力推动"共同配送中心"的发展

对于连锁门店数量较少的企业，假如自己建设配送中心，投资成本非常大，资金流量也会出现问题；假如利用第三方物流，对于企业长远发展也并非是一种有效的战略，而且利润也会分流。在此情况下使用共同配送，不仅可以解决资金不足的问题，也可通过不同零售企业之间的联合，加强企业联盟的集团竞争力，这对于中小型投资主体而言，都是一种非常有利的物流配送模式。

（4）完善配送中心的功能

配送中心是专业从事货物配送活动的物流场所或经济组织，它是集加工、理货、送货等多种职能为一体的物流节点。它应是集货中心、分货中心、加工中心功能的综合，而不是实际过程中只充当仓库，只发挥储存功能的物流节点。应不断将配送中心建设成为进货功能、整理功能、加工功能、储存功能、配送功能、信息处理功能为一体的节点。

（5）合理选择配送中心的地址

配送中心的选址直接影响配送中心各项配送活动的成本，同时也关系到配送中心的正常运作和发展，因此，配送中心的选址和布局必须在充分调查的基础上综合考虑自身经营的特点及交通状况等因素，在具体分析现状的基础上对配送中心进行选址。配送中心选址应遵循的外部条件为：①交通运输条件。配送中心地址应靠近交通运输枢纽，以保证配送服务的及时性和准确性。②附属设施条件。配送中心四周的服务设施也是考虑因素之一，如外部信息网络技术条件、水电及通信辅助设施等。

（6）更新传统观念，为我国物流配送中心发展提供人才保障

各地区政府部门应投入一定的人力、物力和财力，不断增强全民物流配送中心信息化意识，提高物流从业者素质，充分利用各种手段和各种教育途径，建立高素质、专业配套、层次合理的物流配送中心信息化人才队伍。通过高素质物流人才的培养，加快对我国物流配送中心深入研究和实践检验的探索，从而为我国物流配送中心的发展奠定基础。

小结

配送作为物流的基本功能之一，在其中占有相当重要的地位。实践证明，社会经济的发展离不开物流配送，能否建立高度专业化、社会化的物流配送系统对加快我国经济发展与国际接轨具有十分重要的意义。

复习思考题

如何促进我国配送业的发展？

实 训

实训 5-3

5.4 配送合理化

教学目标

知识目标

1. 掌握配送合理化的标志。
2. 了解不合理配送的表现形式。
3. 掌握配送合理化的措施。

技能目标

能够结合现代企业的实际情况制订配送合理化的措施。

案例导入

中百仓储生鲜食品物流配送现状

1. **生鲜物流设施建设现状**

中百仓储有专业的冷藏汽车，主要就是用来运输生鲜食品的，如禽类、水果、农产品等。从中百控股集团股份有限公司官网数据可以看出，部分发达国家大型零售企业的生鲜产品冷藏能力达到了70%～80%，冷藏运输率达到了80%～90%，冷库容量达到了2200 t；而中百仓储的生鲜产品冷藏能力只达到了30%～40%，冷藏运输率达到了15%，冷库容量达到了1200 t。

2. **生鲜食品配送模式现状**

中百仓储是我国国内比较大型的零售企业之一，为了提高物流运输效率，中百仓储主要采用以下两种配送模式：第一种配送模式是中百仓储旗下的门店会给生鲜食品的供应商递交他们所需要的产品订单，之后供应商就会根据订单要求给门店配送产品，这种物流运输方式就是直送配送。第二种配送模式就是在供应商和门店之间建立一个配送中心，也就是中百仓储先把门店所需要的产品订单递交给配送中心，由配送中心将产品详情发送给供应商，最后由供应商把门店需要的产品提交给配送中心，再转交给门店，这种配送方式就是配送运输。

3. **中百仓储生鲜物流配送中存在的问题**

目前，阻碍生鲜食品经营销售最重要的一个问题就是物流基础设施设备落后。物流基础设施设备涉及储藏设备、运输设备和厂房等多个方面,中百仓储的冷藏能力不能满足全部生鲜产品的运输,只能满足部分生鲜食品的配送。中百仓储冷链物流基础设施整体规模小,而且超市的冷藏车较少,生鲜食品没有按照超市食品标准在冷库进行储存,造成配送过程中生鲜食品活性降低的后果。而且还有一些供应商入库前采取冷链配送的方式,但是出库后就变成了常温配送的方式,或者出库后直接加入冰块或者干冰保温运输。

中百仓储生鲜食品配送模式不合理,同时配送效率较低,而且从目前超市的配送中心对分店经营的生鲜食品配送情况来看,并没有达到100%的配送效率,配送延误率达到30%～40%,这样的配送效率也只是在中心城市或者某一个地区才能达到的。一旦扩大市场范围,配送效率依然会降低很多,所以说,中百仓储超市生鲜食品物流配送模式选择不当,而且在流通过程中有很多农产品加工企业、小型批发商、大型中间商、批发市场等,这些物流模式比较杂乱,直接影响了中百仓储生鲜食品的流通。这样的物流模式导致产品损耗提高,质量下降,价格提升,从而使消费者得不到更好的优惠。

随着社会经济的发展,生鲜食品生产方式也在不断发展,而且对制作过程的要求越来越高,越来越严格,生鲜食品出现的质量问题也越来越多样化。以前简单的生鲜食品质量安全监管信息系统已经不能满足现代生鲜食品的质量要求。中百仓储在生鲜产品物流配送过程中,质量安全监管系统不完善,导致中百仓储生鲜食品在生产流通过程中没有一套完善物流保障体系,就算在市场中发现有质量问题的生鲜食品,也不能及时调出这个批次的生鲜食品。

中百仓储生鲜物流配送中心的管理模式和运营模式目前仍然还处在探索阶段,还没有较为成熟的管理技术。首先,管理水平较低的主要原因在于没有适合的管理团队。中百仓储在经济管理和人力资源方面的管理人才稀缺,管理模式也相对落后。加之其他的操作人员也不全是专业人员,公司内部整体的培训系统不完善,使得基层工作人员得不到相关的技术培训,导致整体工作上的效率低下。这样就阻碍了中百仓储整体管理水平的提高。其次,商品的规格、品质以及加工流程缺乏标准和规范等问题尤为突出,这也严重阻碍了生鲜食品的大规模配送。

资料来源:韩俊卿.中百仓储生鲜食品物流配送对策研究[J].农家参谋,2019(3):271-272.

案例分析

中百仓储生鲜食品的物流配送直接影响着超市农产品的经营,物流配送对生鲜食品的质量有着直接影响。中百仓储已能够熟练运用物流技术,在节省配送成本的基础上,不断地改革创新物流配送过程中的加工、储存和信息管理环节。但是,中百仓储在生鲜物流配送中基础设施落后、生鲜物流不成规模、物流保障体系不健全、物流配送中心的管理模式等问题对生鲜食品的正常配送有严重的影响。

思考·讨论·训练

1. 思考中百仓储生鲜物流配送中存在的问题有哪些?
2. 案例中针对这些现状可提出的配送合理化的措施有哪些?

知识链接

1. 配送合理化的标志

对于配送合理与否的判断,是配送决策的重要内容。目前国内外尚无统一的技术经济指标体系和判断方法,按一般认识可考虑以下标志。

(1) **库存标志**

库存标志是判断配送合理与否的重要标志,具体指标有以下两方面:

①库存总量。在配送系统中,库存从分散于各个客户转移给配送中心,配送中心库存数量加上各客户在实行配送后库存量之和应低于实行配送前各客户库存量之和。从各个客户角度判断,各客户在实行配送前后的库存量比较,也是判断配送合理与否的标准。库存总量是一个动态的量,上述比较应当在一定经营量的前提下。在客户生产发展之后,库存总量的上升反映了经营的发展,必须扣除这一因素,才能对总量是否下降做出正确判断。

②库存周转。由于配送企业的调剂作用,以低库存保持高的供应能力,库存周转一般总是快于原来各企业库存周转。此外,从各个客户角度进行判断,各客户在实行配送前后的库存周转比较,也是判断配送合理与否的标志。为取得共同比较基准,以上库存标志都以库存储备资金计算,而不以实际物资数量计算。

(2) **资金标志**

实行配送应有利于资金占用降低及资金运用的科学化,具体判断标志如下:

①资金总量。用于资源筹措所占用流动资金总量,随储备总量的下降及供应方式的改变必然有一个较大的降低。

②资金周转。从资金运用来讲,由于整个节奏加快,资金充分发挥作用,同样数量资金过去需要较长时期才能满足一定供应要求,配送之后,在较短时期内就能达到此目的。所以资金周转是否加快,是衡量配送合理与否的标志。

③资金投向的改变。资金分散投入还是集中投入,是资金调控能力的重要反映,实行配送后,资金必然从分散投入改为集中投入,以增加调控作用。

(3) **成本和效益**

总效益、宏观效益、微观效益、资源筹措成本都是判断配送合理化的重要标志,对于不同的配送方式,可以有不同的判断侧重点。配送企业、客户都是各自独立的以利润为中心的企业,不仅要看配送的总效益,而且还要看对社会的宏观效益及两个企业的微观效益,不顾及任何一方,都必然出现不合理。又如,如果配送是由客户集团自己组织的,配送主要强调保证能力和服务性,那么,效益主要从总效益、宏观效益和客户集团企业的微观效益来判断,而不必过多顾及配送企业的微观效益。

对于配送企业而言(投入确定的情况下),企业利润反映配送合理化程度。对于客户企业而言,在保证供应水平或提高供应水平(产出一定)的前提下,供应成本的降低反映配送的合理化程度。成本及效益对合理化的衡量,还可以具体到集资、配货、配装、送货等配送环节,使判断更为精细。

(4) **供应保障标志**

实行配送,客户最大的担心是害怕供应保障程度降低,这是个心态问题,也是承担风险的实际问题。配送的重要一点是必须提高而不是降低对客户的供应保障能力。供应保障能力可以从表5-2来判断。

表 5-2 供应保障标志

供应保障标志	内容
缺货次数	实行配送后,对客户来讲,该到货而未到货以致影响客户生产及经营的次数,必须有显著下降才算合理
配送企业集中库存量	对每一个客户来说,其数量所形成的供应保障能力高于配送前单个企业保障程度,从供应保障来看才算合理
即时配送的能力及速度	在客户出现特殊情况时,对客户的配送能力及反应速度能力必须高于未实行配送前客户紧急进货能力及速度才算合理

特别需要强调的是,配送企业的供应保障能力,是一个科学合理的概念,而不是无限的概念,具体来讲,如果供应保障能力过高,超过了实际需要,也是不合理的,所以,追求供应保障能力的合理化也是有限度的。

(5)社会运力节约标志

运力使用的合理化是依靠送货运力的规划和整个配送系统的合理流程及与社会运输系统合理衔接实现的。

(6)人力、物力节约标志

配送的重要作用是以配送代劳用户。因此,实行配送后,各用户库存量、仓库面积、管理人员趋于合理,用于订货、接货、供应的人趋于合理。

(7)物流合理化标志

配送必须有利于物流合理化,可从以下方面来判断:是否降低了物流费用,是否减少了物流损失,是否加快了物流速度,是否发挥了各种物流方式的最优效果,是否有效衔接了干线运输和末端运输。

2. 不合理配送的表现形式

(1)经营观念不合理

在配送中,许多企业经营观念不合理,损害了配送的形象,使配送优势无从发挥。如配送企业利用配送手段向客户转嫁资金、库存困难,即当库存大时,强迫客户接受货物以缓解自己的库存压力;当资金紧张时,长期占用用户资金;在资源短缺时,将客户委托资源作他用或用于谋利等。

(2)资源筹措不合理

配送可以通过规模效益来降低资源筹措成本,从而取得用户支持。但如果配送量计划不合理,资源筹措量过多或过少,不考虑与资源供应者建立长期、稳定的供需关系,仅仅为少数用户服务等,就会使筹措成本不但不能降低,反而使用户多支付配送企业的代筹代办费用。

(3)库存决策不合理

配送应该利用集中库存总量低于各客户分散库存总量的关系,节约社会财富,同时减轻客户的库存负担。如果只是把配送当作库存的转移,不能科学决策,造成库存量过多或不足,就起不到配送应有的作用。

(4)价格制订不合理

配送的价格应该低于客户自己单独购买、运输等所形成的费用,这样才会使双方有利可图。价格过高或过低,都会损害客户利益或使配送企业处于亏损状态。

（5）**配送与直达的决策不合理**

配送与直达相比,虽然增加了中间环节,但可以降低库存成本,产生的效益要大于增加的费用。但当客户使用批量很大,可以直接批量进货时,则可以更加节约费用。这时,采用配送又是不科学、不合理的。

（6）**送货不合理**

配送与客户自己提货相比,可以集中配货,一车送多家客户,可以节省运力和运费。如果还是一家一户地去送货,车辆达不到满载,路线不进行优化,就不能利用这种优势,会造成更多的浪费。

3. 配送合理化的措施

配送合理化的措施如表5-3所示。

表5-3　配送合理化的措施

配送合理化的措施	内容
推行一定综合程度的专业化配送	专业化配送是根据产品的性质将其分类,利用专门的配送设备、设施及操作程序对其进行配送,这有利于充分发挥各专业组织的优势,使其根据自身的能力来进行选择。同时,专业化配送有利于降低配送的复杂程度和难度,从而实现配送合理化
推行加工配送	配送活动开展之前,配送组织可以充分利用自身的技术设备对商品进行简单加工,如包装、分割等,从而增加商品的附加值,提高经济效益
推行共同配送	共同配送是指由多个企业联合组织实施的配送活动。配送组织往往可以选择最近的路程、合理的配载方式和运输方式完成配送,实现配送合理化
推行送取结合	配送企业与客户之间建立良好的、稳定的关系。配送时,配送企业利用自身车辆将客户所需商品运达产区。同时,将客户所生产的商品运送出去。这一方面可以降低客户库存,另一方面可以减少配送车辆返回时的空载率,提高经济效益,稳定与客户的关系,实现"双赢"
推行准时配送系统	配送做到了准时,客户才可以放心地实施低库存或零库存,可以有效地安排接货的人力、物力,以追求最高效率的工作。保证供应能力,也取决于准时供应。准时供应配送系统是现在许多配送企业追求配送合理化的重要手段
推行即时配送	推行即时配送,使配送企业能随时根据客户的需要进行科学、合理的配送。即时配送有很大的优越性:一方面,客户不仅可以充分降低库存水平,从而降低库存人力、财力、物力的投入,而且可以降低库存风险,企业也可以集中力量来经营自身的优势领域;另一方面,由于高标准地满足客户的要求,配送利润率较高,提高了配送组织的经济效益

小结

　　配送合理化就是使配送活动和设施趋于合理,以尽可能低的成本提供尽可能好的配送服务。对于一家配送企业而言,配送合理化,是降低物流成本的关键因素,它直接关系到企业的效益,也是物流管理追求的总目标。配送的合理化要根据实际的流程来设计、规划,不能单纯地强调某环节的合理、有效、节省成本,而要系统考虑。

 复习思考题

　　1. 简单阐述配送合理化的标志。
　　2. 不合理配送的表现形式有哪些?
　　3. 配送合理化的措施有哪些?

 实训

实训 5-4

即测即评

项目 6　包装

6.1　包装概述

知识目标

了解包装的功能和常用材料。

技能目标

了解各种材料适合包装的货品。

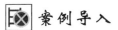

韩国三星公司包装材料优化策略

韩国三星公司是一家以电器、电子产品为主的国际著名企业,其产品遍布世界各地。三星公司注重在企业活动中对环境的管理,在实施绿色包装优化方面的主要手段如下:

1. 聚苯乙烯泡沫塑料的循环再用

聚苯乙烯泡沫塑料作为防震包装的填充材料,需求量很大,为了对这种材料重复利用,三星公司与学术机构共同研究"基于物理方法的聚苯乙烯泡沫塑料的回收重用"课题。该课题的研究目的是解决聚苯乙烯泡沫塑料作为减震材料的重复利用问题,而不是在其他产品中再循环。他们应用一种未加热的压缩机械使聚苯乙烯泡沫塑料的物理特性得到恢复,从而能重新用作减震材料。

2. 包装材料使用量的减少

通过计算机仿真法,识别产品中最脆弱的部分,从而对防震包装进行结构的最优化,降低包装中对聚苯乙烯泡沫塑料的使用量。例如,通过计算机仿真技术,AS-410 空调包装对聚苯乙烯材料的用量从每台 180 g 降低到每台 148 g,用量缩减了 18%。

3. 使用环境友好的包装材料

三星公司致力于研制新型的环保包装材料,例如,三星 ML6060 打印机的包装采用的是一种蜂窝状的纸缓冲吸震,它比常规纸品的重量降低 10%;M5317 电脑及 NL15MO LCD 显示器用纸制的波纹状衬板作为吸震包装。

从三星公司的做法可以看出,对包装材料的优化可以体现在以下几个方面:尽量使用可以重复使用的包装材料;在满足产品包装要求的前提下,使用尽量少的包装材料;尽量使用环保型包装材料。

案例分析

物流成本是伴随着物流活动而发生的各种费用,物流成本的高低直接关系到企业利润水平的高低。三星公司对其包装盒进行重新设计和改良并且每年为公司节约18%的包装材料,这就是降低包装成本的体现。

思考·讨论·训练

怎样通过包装降低成本?

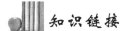知识链接

1. 包装的概念

包装是指为在流通过程中保护产品、方便储运、促进销售,按一定技术方法而采用的容器、材料及辅助物等的总称,也指为了达到上述目的而采用容器、材料和辅助物的过程中施加一定技术方法等的操作活动。

2. 包装的种类

包装按目的、功能、形态分有不同类型,通常分为两类:一类是为市场销售而包装,称为商业包装;另一类是为了物流运输而包装,称为工业包装。

(1) **商业包装**

为了吸引消费者的注意力,成功的商业包装能够方便顾客、引起消费者的购买欲,并能提高商品的价格。但是,理想的商业包装从物流的角度看又往往是不合适的。例如,重量只有250 g 的月饼,为了吸引消费者,设计的包装盒体积有6000 cm^3。对于物流来说这样做会过大地占据运输工具和仓库的空间,是不合理的。

(2) **工业包装**

为了达到方便装卸、存储、保管、运输的目的,货物都需要包装,这类包装就是工业包装。工业包装又有内包装和外包装之分。如卷烟的条包装为内包装,大箱包装为外包装。运用包装手段,将单个的商品或零部件用盒、包、袋、箱等方式集中成组,可以提高物流管理的效率。

3. 包装的作用

包装的作用归纳起来有以下三个方面:

(1) **保护产品**

产品在整个流动过程中,要经过多次的装卸、存取、运输,甚至拆卸和再包装,会受到各种各样的外力冲击、碰撞、摩擦。另外,产品有可能在恶劣环境中受到有害物质的侵蚀。为了保护产品,避免不必要的货物损失,产品必须包装。

(2) **方便储运**

产品生产完成后,从生产地到消费地要经历多次的运输、仓储、装卸、搬运、配送等物流环节,包装得当能够使这些环节更加便捷。一般来说,产品经过适当的包装后不仅便于运输、仓储、装卸、搬运、配送等物流操作,而且标准化包装可以大大提高装载效率,为多式联运打下坚实的基础。同时,产品的有效包装为仓储保管提供了便利,有助于仓库工作人员对产品的识别、易于保管,对特殊要求的产品可加强管理。

(3) **促进销售**

包装能够促进商品销售、加快周转速度,是产品"无声的推销员"。包装能够诱导消费者产生购买动机,起到连接商品与消费者的媒介作用。包装的特异形状和构造能够起到吸引消费者的作用;包装上的文字、图案、色彩等能够激发消费者的购买欲望,起到宣传商品、推销商品的作用。另外,包装还具有有效传递商品信息和方便顾客消费的功能。

4. 物流环境对包装的影响

物流环境是指货物在整个流动过程中所处的条件,有物质的和非物质的(如政策法规),而物质的又有人造系统环境和自然系统环境之分。货物的包装设计固然与其自身的特点密不可分,但也与物流环境密切相关。

(1) 作业环境

作业环境是指物料处理与运输作业有关的人造系统环境。货物受损常起因于运输、保管、配送以及所选择的服务方式。如果采用自己服务的方式,使用自己的工作人员和作业工具,则货物能处于自己的控制之下,受损率可以小一些;如果采用外包服务方式,货物可能会经历许多环节、多次装卸搬运,公司对物流控制的作用极其有限,防止货损的包装措施就多一些。

在物流系统中,最容易引起货物损坏的原因是震动、碰撞、刺破和挤压。震动常见于运输过程;碰撞在运输和搬运过程中都可能发生;刺破一般是指在搬运时被作业场地周围的尖锐硬器所损;挤压主要发生在堆垛时,过高的堆垛会使底层货物受压变形、压碎。

(2) 自然环境

自然环境主要有温度、湿度等因素。外部自然环境主要与包装货物的稳定性和易变质性有关。有些货物在高温下会软化融解、分解变质、变色;而有些货物在低温下会爆裂、变脆或变质。值得提醒的是,对温度有要求的货物,仅仅靠包装是不够的,还需要在运输和储存条件方面采取必要的措施。水和蒸汽对货物的损害很大,危害性要超过温度,几乎绝大多数的货物在潮湿的环境中都会受到不同程度的损害,如生锈、霉变、收缩变形,严重的会发生腐蚀、潮解。除了避免将货物放置在潮湿环境中以外,良好的包装是对付意外受潮情况的最有效手段。

除了温度、湿度外,还有其他因素如空气中的有害化学物质。有些货物很容易受到化学物质的污染而变质;也有些货物怕光,见光后会变色、变质,需要采取一些特殊的包装手段。

5. 包装的材料

在流通过程中,外包装材料主要有箱子、瓶子、罐子、各种纸品、塑料、木料、玻璃、陶瓷、金属等;内包装材料起到隔离物品和防震的效果,主要有纸制品、泡沫制品、防震毛料等;包装辅助材料主要有各类黏合剂、捆绑用细绳等。

(1) 纸及纸材料制品

①牛皮纸。该材料质地坚硬结实类似牛皮。牛皮纸主要用于制作小型纸袋、工业品、纺织品、日用百货的内包装,也可制成档案袋、卷宗、信封等。从外观上可分为单面光、双面光,还可分为有条纹和无条纹两种。

②玻璃纸。该材料由高度打浆的亚硫酸盐木浆制成,是一种透明或半透明的防油纸,具有玻璃状平滑表面、高密度和透明度。

③纸袋纸。该材料采用未漂白、半漂白或漂白硫酸盐化学纸浆加入废纤维制成,用来生产多层纸袋,如普通纸袋、防潮纸袋、增强纸袋等。其一般用来制作水泥、农药、化肥及其他工业品的包装袋。为适合灌装时的要求,纸袋纸要求有一定的透气性和较大的伸长率。

④瓦楞纸板。这是在包装工业中最常用、应用最为广泛的一种纸板。随着国际市场对货物木质包装检疫的限制,在商品包装方面可以用来代替木板箱或金属箱。

⑤白板纸。白板纸经彩色套印后制成纸盒,主要用于玩具、洗涤产品、食品、药品等行业对物品的保护、装潢、美化和宣传等。

⑥牛皮箱纸板。该制品具有物理强度高、防潮性能好、外观质量好等特点,主要用于制造

外贸包装纸箱及国内高级商品的包装纸箱的面纸。

（2）塑料

塑料具有质轻、耐水、机械性能好、阻隔性好、化学稳定性好、加工简单、透明性好等特点。根据单体的种类、聚合体链的长度和其他附加成分的不同，塑料有许多不同类型。

（3）金属材料

金属材料的形态主要为薄板和金属箔，具有很强的塑性和韧性，延伸率均匀，机械强度和抗冲击力良好，不易破损，但是这种材料具有导电、导热、价格高的特点。其中，薄钢板主要用于制作桶状容器或用于食品包装。

（4）玻璃

玻璃作为运输包装时，主要是盛装化工用品和矿物材料，如强酸等；作为销售包装时，主要用于玻璃瓶或玻璃罐，盛装酒、饮料、食品、药品、化学试剂、化妆品等。

（5）复合材料

这种材料主要是将几种材料复合在一起，使其兼具各种材料的特性。常见的主要有塑料和塑料复合，塑料和玻璃复合，金属箔和塑料复合，纸和塑料复合，金属、塑料和玻璃复合等。

（6）辅助材料

①黏合剂。黏合剂用于材料的制造、制袋、制箱等，主要有固体型、溶液剂、压敏剂等，普遍用于高速制箱及封口的自动包装机。

②黏合带。黏合带主要有橡胶带、热敏带、黏结带三种。橡胶带遇到水可直接溶解，结合力强，封口结实；热敏带一经加热活化便产生黏结力，不易老化；黏结带是在带的一面涂上压敏性结合剂，如纸带、布带等，这种带子用手便可使之结合，使用方便。

③捆扎材料。将聚乙烯绳、聚丙烯绳、纸带、钢带和尼龙带等材料用于物品打捆、压缩、保持形状、封口和防损。

（7）绿色包装材料

①重复再用和再生的包装材料。如啤酒、饮料、酱油、醋等包装采用的玻璃瓶的反复使用。包装材料的重复利用和再生，仅延长了塑料等高分子材料作为包装材料的使用寿命，当达到其使用寿命后，仍要面临废弃物的处理和环境污染的问题。

②可食性包装材料。如大家熟悉的糖果包装上使用的糯米纸、包装冰激凌的纸张、玉米烘烤包装杯都是典型的可食性包装。人工合成的可食性包装膜具有透明、无色、无毒、有韧性、高抗油性，能食用，可做食品包装，其光泽、强度、耐折性能都比较好。

③可降解材料。它是指在特定时间内造成性能损失的特定环境下，其化学结构发生变化的一种塑料。可降解塑料包装材料既具有传统塑料的功能和特性，又可以在完成使用寿命之后，通过阳光中紫外线的作用或土壤、水中微生物的作用，在自然环境中分裂降解和还原，最终以无毒形式重新回到生态环境中。

④纸。纸的原料主要是天然植物纤维，在自然界会很快腐烂，不会造成环境污染，也可回收重新造纸。纸材料还有纸浆注型制件、复合材料、建筑材料等多种用途。纸浆模塑制品除具有质轻、价廉、防震等优点外，还具有透气性好的特点，有利于生鲜物品的保鲜。目前其被广泛用于蛋品、水果、玻璃制品等易碎、易破、怕挤压物品的包装。

小结

包装为货物运输、分配、储藏、销售和使用做准备。包装的基本目的在于保护产品、方便储运和促进销售。

 复习思考题

1. 包装材料分为哪几大类？
2. 包装有哪些作用？

 实训

实训 6-1

6.2　集装化和集合包装

教学目标

知识目标

掌握集装化的基本概念。

技能目标

理解集装化的内涵并能分析与解决实际问题。

案例导入

图 6-1 至图 6-5 为常见的集装化形式。

图 6-1　集装箱

图6-2 托盘

图6-3 集装袋

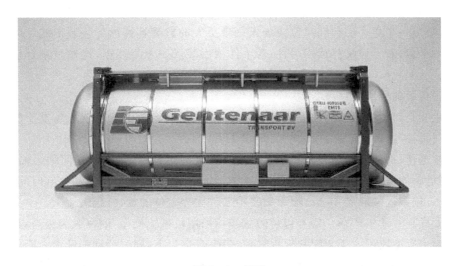

图6-4 框架

图 6-5 货捆

案例分析

浏览图片,直观地了解几种常见的集装化包装。

思考·讨论·训练

生活里,你注意到有哪些集装化思想的体现?

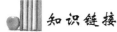 知识链接

1. 集装化和集合包装的含义

集装化也称为组合化和单元化,它是指将一定数量的散装或零星成件物资组合在一起,这样在装卸、保管、运输等物流环节中可作为一个整件进行技术上和业务上处理的包装方式。

集装化物资的载体是集合包装。集合包装就是将若干个相同或不同的包装单位汇集起来,最后包装成一个更大的包装单位或装入一个更大的包装容器内的包装形式。如把许多货物包装成一个包,若干包又打成一个件,若干件最后装入一个集装箱,这便是集合包装的简单组合过程。

2. 集合包装的优点

集合包装是对传统包装运输方式的重大改革,在运输包装中占有越来越重要的地位。它之所以受到重视,是因为它有许多优点。

①运输迅速,加速车船周转。集合包装商品在流通过程中,无论经过何种运输工具,装卸多少次,都是整体运输,无须搬动内装物。这种运输方式,大大缩短了商品装卸时间,如一艘万吨货轮货物,按常规装卸需 16 天,而用集装箱装卸同样吨位的货物,仅需 1 天。

②大大提高劳动生产率。集合包装的装卸均采用机械化操作,效率大为提高,如用集装箱装卸的劳动生产率比用人工装卸常规货物要提高 15 倍以上,同时劳动强度大大降低。

③能可靠地保护商品。集合包装将零散产品或包装件组合在一起,固定牢靠,包装紧密,每个集合包装均有起吊装卸装置,无须搬动内装物,商品得以有效保护,这对易碎、贵重商品尤为重要。

④节省包装费用。按常规包装,为保护商品,势必要消耗大量包装材料,而采用集合包装,可降低原外包装用料标准,有的甚至可不用外包装,节省包装费用。

⑤提高利用率。集合包装缩小了包装件体积,提高了仓库、运输工具容积利用率。由于商品单个包装简化,减小了单个包装体积,单位容积容纳商品数增多,如用集装箱装载可比原来提高容积利用率 30%～50%。

⑥促进包装标准化。集合包装有制定好的国际标准,为了有效利用它们的容积,要求每种商品的外包装尺寸必须符合一定标准,否则会留有空位,从而促进了包装标准化。

⑦降低贮存费用。集合包装容纳商品多,密封性能好,不受环境气候影响,即使露天存放也对商品无碍,因此,可节省仓容,降低贮存费用。

⑧降低运输成本。采用集合包装,单位容积容纳的商品增多,提高了运输工具的运载率,简化运输手续,且集装箱、托盘等可多次周转使用,使运输成本自然降低。

3. 常见的集装化形式

(1) 集装箱

集装箱(container)是集合包装容器中最主要的形式,亦称"货箱"或"货柜"。我国《系列 1 集装箱 分类、尺寸和额定质量》(GB/T 1413—2008)国家标准中,对集装箱的定义如下。集装箱是一种运输设备,应具备下列条件:具有足够的强度,在有效使用期内可以反复使用;适于一种或多种运输方式运送货物,途中无须倒装;设有供快速装卸的装置,便于从一种运输方式转到另一种运输方式;便于箱内货物装满和卸空;内容积等于或大于 $1 \text{ m}^3 (35.3 \text{ ft}^3)$。

集装箱的分类主要有以下不同方法:

①按集装箱的用途分类,可分为通用集装箱、保温集装箱、罐式集装箱、干散货集装箱、平台式集装箱、其他方面用途集装箱等。

②按集装箱制作材质分类,可分为钢制集装箱、铝合金集装箱、玻璃钢集装箱、不锈钢集装箱等。

③按集装箱的规格尺寸分类,通常可分为 20 尺货柜、40 尺货柜、40 尺高柜等。

(2) 托盘

托盘是用于集装、堆放、搬运和运输的放置作为单元负荷货物和制物的水平平台装置。

①托盘的分类。按实际操作和运用分类,托盘可分为两个方向通路的托盘、四个方向通路的托盘。按材质分类,托盘可分为木托盘、钢托盘、铝托盘、胶合板托盘、塑料托盘、复合材料托盘等。托盘在设计和使用中要考虑到它的负载,故可根据负载重量分为 0.5 t 托盘、1 t 托盘、2 t 托盘等。按结构分类,托盘可分为平板式托盘(平托盘)、箱式托盘、立柱式托盘、轮式托盘等。

②托盘的规格。根据实际计算,825 mm×1100 mm、1100 mm×1100 mm 和 1000 mm×1200 mm 三种规格的托盘对集装箱底面积的利用率最高。国际上主要国家托盘使用率最高的三种规格是:800 mm×1100 mm、900 mm×1100 mm、1100 mm×1100 mm。我国托盘的国家标准规格是 1200 mm×1000 mm 和 1100 mm×1100 mm,并优先推荐使用第一种。

③托盘码放的形式。托盘码放的形式有:重叠式码放,见图 6-6(a);纵横交错式码放,见图 6-6(b);旋转交错式码放,见图 6-6(c);正反交错式码放,见图 6-6(d)。

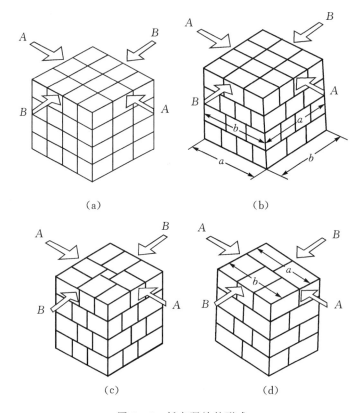

图 6-6 托盘码放的形式

④托盘的流通。托盘的流通方式有以下几种：

A. 对口交流方式。对口交流方式是指交换单位间签订托盘交换合同，阐明在托盘流通中共同遵守的回送、使用、保养、归属、滞留期、收费标准以及清算方法等项事宜的流通形式。

B. 及时交换方式。及时交换方式是指产、供、销单位都以运输为中心，在发运托盘载货物的同时，从运输单位取回同等数量的空托盘或托盘货物，或者在接受盘载货物的同时，交给运输单位同等数量的空托盘或载货托盘。

C. 租赁方式。租赁方式是指托盘归托盘公司所有，使用者在其遍布全国各地的营业点进行租赁和使用后的归还。

D. 租赁-交换方式。这是交换方式与租赁方式的结合方式。

E. 结算交换方式。这种流通方式是指发货人在收到收货人寄来到站已收妥收货人交回了空托盘的收据后，向发站索回同等数量的空托盘，并支付一定的联营费。

（3）其他形式的集装化

①集装袋。集装袋（flexible container）是一种柔性的、可折叠的包装容器，因而也被称为软容器。

A. 集装袋的用途。按商品分类，集装袋有以下用途：盛装食品，盛装矿砂，盛装化工原料和产品。

B. 集装袋的类型。集装袋可分为以下类型。

a. 按袋形分主要有圆筒形和方形两种。

b. 按吊袋位置和装卸方式分,可分为:顶部吊袋,仅袋口灌料口1根吊袋;底部吊袋,4根吊袋一直到袋子的底部;侧面吊袋,指吊袋分布于集装两侧,一般有4根。其他形式还有叉车式(无吊袋)和托盘式集装袋等。

c. 按制造材料分,可分为胶布集装袋、树脂加工布袋和交织布袋等。此外,还有用各种皮革或用复合材料制成的集装袋。

d. 按有无卸料口分,可分为有卸料口集装袋和无卸料口集装袋两种。

② 货捆。货捆是集装化的一种形式。它是采用各种材料的绳索,将货物进行多种形式的捆扎,使若干单件货物汇集成一个单元。

③ 框架。框架是集装化的一种重要手段。这是一种根据物资的外形特征选择或特制各种形式的框架,以适用于物资的集装方法。

4. 集装化的意义

① 为装卸作业机械化、自动化创造了条件,加速了运输工具的周转,缩短了货物运输时间,从总体上提高了运输工具装载量和容积利用率。

② 促使包装合理化。采用集装后,物品的单体包装及小包装要求可降低甚至可去掉小包装,不仅节约了包装材料,且由于集装化器具包装强度高,对货物损伤的防护能力强,能有效减少物流过程的货差、货损,保证货物安全。

③ 方便仓储保管作业。标准集装货物便于堆码,能有效提高仓库、货场单位面积的储存能力。

④ 减轻或完全避免污秽货物对运输工具和作业场所的污染,改善环境状况。

⑤ 集装化的最大效果是以其为核心所形成的集装系统,将原来分离的物流各环节有效地联合为一个整体,使整个物流系统实现合理化。集装货物便于清点,简化了物流过程各环节间、不同运输方式的交接手段,促进不同运输方式之间的联合运输,实现"门到门"的一条龙服务。

小结

集装化是指将一定数量的散装或零星成件物资组合在一起,这样在装卸、保管、运输等物流环节中可作为一个整件进行技术上和业务上处理的包装方式。集装化的形式有集装箱、托盘、集装袋、货捆、框架等。

复习思考题

在现代物流中,集装化的广泛应用有何意义?

实训

实训6-2

6.3 包装合理化

教学目标

知识目标

了解包装合理化的含义。

技能目标

学会分析包装是否合理。

案例导入

苏州市相城区市场监管局针对定量包装商品(商品包装)开展计量专项监督抽查时,查处多款商品存在过度包装的情况。目前,相关商品已下架。

在对某公司商品进行监督抽查时,经过苏州市计量测试院检验,发现该公司所售的两款龙井茶和一款碧螺春茶叶,包装空隙率分别为52%、53%和63%,超过包装空隙率小于等于45%的规定要求。另外一款有机杂粮礼盒的包装空隙率为34%,超过包装空隙率小于等于10%的要求。

以上四种商品均属于过度包装。根据《中华人民共和国固体废物污染环境防治法》的相关规定,相城区市场监管局对销售企业开具责令改正通知书,同时按照相关要求移送至生产企业所在地市场监管局。

相城区市场监管局质量与标准监管科科长介绍:"过度包装使商品生产成本和物流成本有所增加,最终还是由消费者买单;更为重要的是,商品包装多属一次性消费品,既污染生态环境,又加剧了资源消耗。当然,除了包装空隙率,包装层数、包装与销售价格比均要符合要求,才属于商品包装合格。"

资料来源:赵晨民.下架!多款商品过度包装 一盒茶叶包装空隙率竟达63%[EB/OL].(2021-03-01)[2021-04-10].http://www.subaonet.com/2021/szsh/0301/185174.shtml.

案例分析

近年来电商物流迅猛发展,使商品包装过度问题更显突出。商品的包装过度会产生许多危害,因此,企业要积极探索包装合理化的途径,采取多种措施做到包装合理化。

思考·讨论·训练

包装合理化的意义是什么?

知识链接

1. 包装合理化的概念

包装合理化一方面包括包装总体的合理化,这种合理化往往用整体物流效益与微观包装效益的统一来衡量;另一方面也包括包装材料、包装技术、包装方式的合理组合及运用。

2. 包装不合理的表现

(1)包装不足

包装不足指的是以下几方面:包装强度不足,从而使包装防护性不足,造成被包装物的损失;包装材料水平不足,材料不能很好承担运输防护及促进销售作用;包装容器的层次及容积不足,缺少必要层次与不足所需体积造成损失;包装成本过低,不能保证有效的包装。包装不足造成的主要问题是增大物流过程中的损失和降低促销能力。

(2)包装过剩

包装过剩指的是以下几方面:包装物强度设计过高,如包装材料截面过大,包装方式大大超过强度要求等,从而使包装防护性过高;包装材料选择不当,选择过高,如可以用纸板却不用而采用镀锌、镀锡材料等;包装技术过高;包装层次过多,包装体积过大;包装成本过高。一方面,包装过剩可能使包装成本支出大大超过减少损失可能获得的效益;另一方面,包装成本在商品成本中比重过高,损害了消费者利益。

3. 包装合理化的途径

①包装的轻薄化。由于物流包装只是起保护作用,对产品使用价值没有任何意义,因此在强度、寿命、成本相同的条件下,采用更轻、更薄、更短、更小的包装,可以提高装卸搬运的效率。而且轻薄短小的包装一般价格比较便宜,如果用作一次性包装还可以减少废弃包装材料的数量。

②包装的单纯化。为了提高包装作业的效率,包装材料及规格应力求单纯化,包装规格还应标准化,包装形状和种类也应单纯化。

③包装的标准化。包装的规格和托盘、集装箱关系密切,应考虑到和运输车辆、搬运机械的匹配,从系统的观点制定包装的尺寸标准。

④包装的机械化。为了提高作业效率和包装现代化水平,各种包装机械的开发和应用很重要。

⑤包装的绿色化。绿色包装是指无害少污染的符合环保要求的各类包装物品,主要包括纸包装、可降解塑料包装、生物包装和可食用包装等。这是包装合理化的发展主流。

⑥包装设计合理化。包装设计需要运用专门的设计技术,将物流需求、加工制造、市场营销及产品设计等因素结合起来综合考虑,尽可能满足多方面的需要。当然,对物流包装来说,设计中考虑的首要因素是货物的保护功能。包装设计基本上决定了货物的保护程度,但不能忽视费用问题。包装设计应正好符合保护货物的要求,过度的包装会增加包装费用,而且包装的尺寸大小会影响运输工具和仓库容积使用率。

 小结

包装合理化一方面包括包装总体的合理化,这种合理化往往用整体物流效益与微观包装效益的统一来衡量;另一方面也包括包装材料、包装技术、包装方式的合理组合及运用。包装不合理一般体现在包装不足和包装过度两方面。包装合理化有利于促进绿色包装和绿色物流的发展。

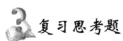 复习思考题

为什么要推行包装合理化?

 实训

实训 6-3

即测即评

项目 7　装卸搬运

7.1　装卸搬运概述

教学目标

知识目标

1. 掌握装卸搬运的概念,能够正确表述装卸搬运的内涵。
2. 熟悉并理解装卸搬运的机械种类。

技能目标

1. 充分理解装卸搬运在物流活动中的重要性。
2. 能够对装卸搬运活动进行初步判断及选择。

案例导入

振华货运公司成立于 2009 年,注册资本 50 万元,拥有员工 50 人。主营业务是零担配送、仓储、整车运输、西安物流专线、西安货运专线。

货物运到公司堆场后,公司的装卸搬运工按照地点不同将发货人随意摆放的货物通过手工作业或者利用叉车和手动叉车配合托盘的方式,将货物放置在正确的位置。据统计,在振华货运公司整个物流作业过程中,装卸搬运的时间为 8 个小时,运输的时间为 5 个小时,装卸搬运占物流作业总时间的 57%,装卸搬运比运输时间要长 3 个小时。装卸搬运过程中所支付的人工费用占整个物流总成本的 30%。在短期内,人工的费用较低,但从公司长期发展来看,人工费用必将越来越高。在物流作业过程中,装卸搬运是必不可少的重要环节,装卸搬运优化是提高物流作业效率和降低成本最有效的措施。

资料来源:李宁,刘铮.基于物流视角下的装卸搬运研究:以振华货运公司为例[J].商场现代化,2017(5):97-99.

案例分析

在整个物流作业过程中,装卸搬运往往会出现多次,多于物流的其他元素,而且装卸搬运的作业时间比较长,所以装卸搬运的效率是物流总效率的关键。同时,装卸搬运也需要消耗大量的人力、物力、财力,其成本在物流总成本中占有相当大的比例,因此使装卸搬运合理化也是降低物流成本的关键手段。

思考·讨论·训练

怎样优化装卸搬运环节?

知识链接

1. 装卸搬运的概念及重要性

（1）装卸搬运的概念

在同一地域范围内（如车站范围、工厂范围、仓库内部等）以改变"物"的存放、支承状态的活动称为装卸，以改变"物"的空间位置的活动称为搬运，两者合称为装卸搬运。

在某些特定时期及特定场合，单独的"装卸"或单独的"搬运"也可被直接表述为"装卸搬运"的完整含义。譬如，物流领域（如陆路运输）习惯性将装卸搬运这一整体活动称作"货物装卸"；而同样的整体活动在生产领域中却常被称为"物料搬运"。从活动及业务内涵上来检验，二者几乎是一致的，只是由于领域不同、习惯不同，叫法有所改变而已。

（2）装卸搬运的重要性

物流活动离不开装卸搬运，它贯穿于不同物流阶段之间，因此装卸搬运是物流系统中重要的子系统之一。其重要性主要表现在以下四个方面：

①装卸搬运支持和连接着其他物流活动。对任何货物进行包装、运输、储存、加工和配送时都需要进行装卸搬运作业，因此，装卸搬运是附属于其他物流活动的。装卸搬运虽然具有附属性，但它又具有不可缺少的特点。在物流过程中，货物的每一次位置移动都是通过装卸搬运来实现的，货物在各个环节之间的转移也是由装卸搬运来连接的。离开了装卸搬运的支持和连接，物流系统就会中断。

②装卸搬运的速度影响着物流的速度。在物流的各个环节，装卸搬运作业是不断出现和反复进行的，它出现的频度远远高于其他物流活动。每一次装卸搬运都要花费一定的时间，各个环节的时间加起来是一个不小的数，因此，装卸搬运的速度和占用时间，是决定物流速度的重要因素。

③装卸搬运质量直接关系物流质量。货物在物流过程中要经过多次的装卸搬运，其作业量在整个物流作业量中占有相当大的比例。同时，装卸搬运作业又往往需要直接接触货物，因此，这一环节是物流过程中造成货物破损、失散、损耗、混合等的主要环节之一。不仅如此，装卸搬运还关系到运输和储存的安全、运输工具载重与容积的有效利用、仓容的有效利用程度等。

④装卸搬运关系整个物流费用。由于装卸搬运作业量较大，通常达到货物运量和库存量的若干倍，所以需要的装卸搬运人员和设备的数量也相应高出其他物流环节若干倍，即对应的活动和物化劳动投入也会较多。这些劳动消耗最终会同其相关运营成本一同计入物流成本，而装卸搬运成本，一直是物流成本重要的组成部分。2013年，我国铁路运输装卸搬运作业费，大致占运输费用20%左右，而船则高达40%左右。可见装卸搬运费在整个物流费用当中的比重相当高。因此，减少相应劳动消耗，提高装卸搬运效率，降低装卸搬运成本，是降低物流成本费用的重要环节。

2. 装卸搬运的功能

装卸搬运是实现物流合理化、机械化、自动化的重要环节，其在物流活动中具备不可替代的功能。首先，装卸搬运具有支持保障功能，能够为物流活动的各个环节提供相应的技术、质量、流通等方面的支撑和保障，确保物流活动能够高速高效完成。其次，装卸搬运在物流活动中具备衔接功能。其作用于衔接物流活动的各个环节，以及每个环节中的各个活动。整个物流活动无法脱离装卸搬运而存在,正是因为装卸搬运所发挥的衔接性功能。

3. 装卸搬运的分类

①按场所作业的不同分类,其可分为车间装卸搬运、站台装卸搬运、仓库装卸搬运。

②按装卸搬运物品的属性进行分类,其主要包括成件物品、散装物品、流通物品以及危险品四种物品的装卸搬运。

③按装卸搬运的特点进行分类,其主要分为四种:堆垛、拆垛的装卸搬运,分拣、配货的装卸搬运,搬运移动,以及水平、垂直、斜行作业的装卸搬运。

④按作用手段分类,其可分为人工装卸搬运和机械装卸搬运。以现代物流的发展趋势,机械装卸搬运的比重越来越大,将成为装卸搬运的主要作业手段。

4. 装卸搬运设备设施

在现代化物流中,装卸搬运已从手工物料搬运发展到机械化物料搬运及自动化物料搬运的阶段,在未来的发展中,装卸搬运还将向集成化、智能化的方向进一步发展。这意味着设施设备在装卸搬运活动中起到的作用也将愈发重要。下面介绍目前较为主要的装卸搬运设备。

(1)装卸搬运器具

装卸搬运器具是连接人工与机械化的桥梁,为通用类设备。常见的有托盘、垫板、标准料箱、料架、料斗、装运箱、集装箱等。

(2)叉车

叉车又叫作装卸车或铲车,是装卸搬运及物流活动中极为常见的一种设备设施。它是能够将水平运输和垂直升降有机结合的装卸机械,运用范围广泛,工作效率高,运行灵活,操作也较为简便,加上其完善的标准化,无论在仓库、车间、货栈、工地还是各个物流节点,都能完成成件成箱的装卸、堆垛、搬运和吊装等工作。

(3)起重机

起重机为起重类机械的总称,可大致分为以下三种。

①简单起重机械:运行升降或直线方向的运动,通常为手动,如葫芦、绞车等。

②通用起重机械:不仅具备升降式的起重机构,还包含了物品水平方向的直线或旋转式运动,常见的有门式起重机、固定旋转式起重机和移动旋转式起重机等。

③特种起重机械:拥有两个以上运动机构,可完成多动作的起重,适用于较为专业性的工作,技术结构较为复杂,如冶金专用起重机和港口专用起重机等。

(4)连续输送机

连续输送机多见于流水作业生产,其能在工作时连续不断地顺向输送散料或中低重量的单件物品。而由于其在装卸操作中无须停顿,因此效率很高。然而对于温度很高的物料或形状不规则的物料,则不适合应用连续输送机进行装卸搬运。

(5)小型搬运车

业务中常用的小型搬运车包括手推车、手动托盘搬运车及手动叉车等。一般的小型搬运车多以人力为主,手推车适用于输送一般物料,手动托盘搬运车用于运载托盘上的集装单元货物,而手动叉车则是应用于装卸、堆垛、搬运的多用车。

(6)起重电梯

起重电梯是利用轿厢沿垂直方向运送货物或人员的间歇性运动的起升机械。其主要运用于运送体积重量较大或形状不规则的物品,当装卸搬运过程中需要人员随行监管时,也需要运用起重电梯进行作业。

（7）无人搬运车

无人搬运车是一种无人驾驶全自动的搬运设备。其具备自动认址、自动导向和自动运送的功能,自动化程度很高。当作业地点污染严重,或有放射性元素等危害人体健康的因素时,则需使用无人搬运车。它同样适用于通道狭窄、光线昏暗或易出现坠物等不适合驾驶车辆的场所。

（8）工业机器人

工业机器人是一种完成自动定位、自动控制,并能完成重复编程的多功能、高自由度的操作机械。它可以自动运用各种零件、材料及操作工具,能够完成多种作业,运用方便自如,效率极高,已广泛运用于汽车及电子工业,也被其他产业部门相继引进。

小结

在同一地域范围内(如车站范围、工厂范围、仓库内部等)以改变"物"的存放、支承状态的活动称为装卸,以改变"物"的空间位置的活动称为搬运。

装卸搬运活动在物流活动中有着不可替代的重要作用。装卸搬运其业务量非常大,主要起到支持保障和衔接性的功能,涉及的设备设施种类较多,正向着自动化、集成化和智能化发展。

复习思考题

1. 什么是装卸搬运？装卸搬运有什么功能？
2. 装卸搬运在物流活动中体现出哪些重要性？
3. 装卸搬运活动中有哪些常见的设备设施？

实训

实训 7-1

7.2 装卸搬运方式及作业组织

教学目标

知识目标

1. 理解装卸搬运的基本方式。
2. 掌握装卸搬运的组织形式。

技能目标
1. 充分理解开展装卸搬运的方式方法。
2. 能够运用正确的组织形式安排装卸搬运作业。

A公司物流装卸搬运

A公司非常重视物流业务，而在装卸搬运作业中，其对于装卸搬运的改善在业界小有影响。A公司对于装卸搬运作业的管理和改善主要体现在以下方面。

（1）防止和消除无效作业。尽量减少装卸次数，努力提高被装卸物品的纯度，选择最短的作业路线等都可以防止和消除无效作业。

（2）提高物品的装卸搬运活性指数。企业在堆码物品时事先应考虑装卸搬运作业的方便性，把分类好的物品集中放在托盘上，以托盘为单元进行存放，既方便装卸搬运，又能妥善保管好物品。

（3）积极而慎重地利用重力原则，实现装卸作业的省力化。装卸搬运使物品发生垂直和水平位移，必须通过做功才能完成。由于我国目前装卸机械化水平还不高，许多尚需人工作业，劳动强度大，因此必须在有条件的情况下利用重力进行装卸，将设有动力的小型运输带（板）斜放在货车、卡车上进行装卸，使物品在倾斜的输送带（板）上移动，这样就能减轻劳动强度和能量的消耗。

（4）进行正确的设施布置。采用"L"形和"U"形布局，以保证物品单一的流向，既避免了物品的迂回和倒流，又减少了搬运环节。

案例分析

这个案例提示我们，装卸搬运作为物流环节中的高频业务，其采取的方式和管理组织形式直接跟物流成本及企业总成本挂钩，因此很多企业都开始重视装卸搬运作业的运行方式和组织方法，这一部分也日渐得以发展和完善。

思考·讨论·训练

装卸搬运作业的方式方法对企业有什么影响？

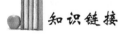

1. 装卸搬运的基本方式

在装卸搬运作业当中，可以应用很多不同的方式来进行作业，以下对一些常见的基本方式加以介绍。装卸搬运的基本方式可按四种不同角度进行划分。

（1）按作业对象（货物形态）划分

①单件作业法：针对单件货物，逐件进行操作的作业方法。

②集装作业法：先将零散货物进行集装化，然后再完成装卸搬运作业的一种方式方法。其又可按集装化方式不同，分为集装箱作业法、托盘作业法、货捆作业法、滑板作业法和挂车作业法（驮背式运输等）。

③散装作业法：针对大宗货物所采取的散装散卸的作业方法。该方法又可分为：A.重力法，即利用货物的位能完成装卸；B.倾翻法，即利用运输工具的载货部分倾翻完成卸货；C.机械法，即利用各种抓、铲、舀等机器完成装卸；D.气力输送法，即利用风机在管道内形成气流，依靠气体的动能或压差输送货物。

散装作业法传统意义上常用于煤炭、矿石、建材等类型的货品。近年来,粮食、水泥、化肥、化工原料等相关行业的作业量骤增,也常见采用散装作业法进行作业,主要是为了降低成本,提高效率。

(2) **按作业手段及组织水平划分**

按这种标准划分,装卸搬运作业可分为人工作业法、机械化作业法和综合机械化作业法。人工作业法的应用越来越少,机械化作业法和综合机械化作业法应用越来越多,主要是为了保证装卸搬运的速度与安全性。

(3) **按装卸设备作业原理划分**

按装卸设备作业原理分类,装卸搬运作业可分为间歇式作业法和连续型作业法,其中,间歇式作业法主要体现在包装货件、笨重货物时,装卸搬运是断续、间歇、重复、循环进行的。

(4) **按作业方式划分**

按作业方式划分,装卸搬运作业可分为吊装吊卸法(也称垂直装卸法)和滚装滚卸法(也称水平装卸法)。

2. 集装箱装卸搬运方式

集装箱装卸搬运属于集装作业法。虽然在所有装卸搬运方式中,集装箱装卸搬运只是一个小的分支,但由于在跨境运输的海运、河运,以及境内运输的铁路运输中,都会大量涉及集装箱的使用,因此有必要对集装箱装卸搬运做更为深层的研究和讨论。

集装箱装卸搬运,涉及港口物流节点时,按照装卸工艺的不同,在港口的装卸搬运方式主要有吊装和滚装两种方式。

(1) **吊装方式**

在专用的集装箱码头前沿,一般都会配备岸边集装箱起重机械,来进行相关的集装箱装卸作业。集装箱吊装方式细化起来也有不同分类,按货场上的机械类型来划分,可分为跨运车方式、轮胎式龙门起重机方式、轨道式龙门起重机方式和底盘车方式。

(2) **滚装方式**

滚装方式是将集装箱放置在底盘车即挂车上,由牵引车拖带挂车通过与船艏门、艉门或舷门铰接的跳板,进入船舱,牵引车与挂车脱钩卸货,从而实现装船。也可将集装箱直接码放在船舱内,船舶到港后,将叉车和牵引列车驶入船舱,用叉车把集装箱放在挂车上,牵引列车拖带到码头货场,或者仅用叉车通过跳板装卸集装箱。

正确地使用集装箱装卸搬运方式方法,能够在涉及集装箱运输的物流过程中,大大地缩短装卸搬运时间,减少装卸搬运运作成本,从而节省货品在流通环节中的各项费用,缩短货品的物流周期。因此在装卸搬运的方式中,应着重熟悉和掌握关于集装箱的装卸搬运方法,并能够熟练地衔接港口中发生的其他前后物流业务。

3. 装卸搬运作业组织原则及形式

(1) **基本原则**

现代装卸搬运作业在一定程度上会借助到相应的装卸搬运机械和工具,并通过装卸搬运机械和工具,作用于相应的货物。因此,实施装卸搬运作业时,必须要熟悉货品的特点以及其对装卸搬运作业的要求,并对人力、设备、货品等因素进行科学有效的组织。

在组织装卸搬运作业过程中,应遵循以下原则:

①坚持质量第一。在装卸搬运过程中,货品的质量永远是第一位的。由于装卸搬运作业

涉及商品的垂直及水平移动,容易出现货品下跌、滑落、碰撞等现象,就会导致货品损坏甚至损毁。因此在装卸搬运的组织过程中,要确保作业对象的完好无损,在这一要求的基础之上,再去保证作业对象的数量始终正确。

②保持装卸搬运的高效率。装卸搬运作业的操作过程中,必须要时时注重保持和提高装卸搬运的效率,以确保整个物流环节的效率不受负面影响。作业时应充分发挥现有装卸搬运机械、设备和人员的功能和作用,并不断提高装卸搬运的机械化和信息化水平,以保证装卸搬运持续的高效率表现。

③确保安全作业。由于装卸搬运涉及大量的机械设备、重型货物,因此安全问题一直是装卸搬运作业中无法回避的重中之重。首先是作业人员的安全,确保作业人员不被机械、货物所伤,尤其是重大货品及危险品、腐蚀性和有毒物品的装卸搬运作业,更需小心谨慎;其次是货品安全,确保货品不会损坏缺失。总而言之,应高度重视安全作业生产,根除任何导致不安全因素出现的隐患。

④注重经济效益。装卸搬运作业从根本上是服务于经济活动的,因此也须讲求经济效益,注意控制成本。在作业过程中,应时刻注意人力、物力、财力的节约使用,减少消耗,避免不必要的浪费,并注意时间的节缩,确保在要求的时间内完成装卸搬运作业,同时保证货品数量和质量均没有损差。

(2)装卸搬运作业的组织形式

装卸搬运的组织形式可分为专业型劳动组织和综合型劳动组织。

①专业型劳动组织。专业型劳动组织是一种工序性劳动组织形式,是按照作业内容或工序,将有关人员和设备分别组成一条作业线,共同完成各种装卸搬运作业的一种劳动组织形式。

这种劳动组织可以按照工序划分班组,作业任务简单明确,并且专业化程度很高,有利于提高作业的熟练程度和作业效率,同时还可以提高作业质量。另外,其作业内容相对来讲比较固定,对于设备的管理和利用都较为简单方便,有利于促进装卸搬运作业的机械化进程。

虽然专业型劳动组织形式优点很多,但也有其不足之处。由于物资的出入库通常需要几个班组配合作业,这样一来,工序环节的衔接就容易出现缝隙甚至脱节,不利于组织连续性的装卸搬运作业。而当搬运作业量不均衡时,各工序与环节间的进度又容易出现不一致性,班组间的合作效能就会下降,装卸搬运的整体作业也易被某一薄弱环节影响,从而导致整体效率的下降。

②综合型劳动组织。综合型劳动组织是将不同分工的人员和不同功能的设备共同组成一个班组,由这一个班组对装卸搬运的全过程实行全部承包、全面负责的一种劳动组织形式。

在综合性劳动组织中,一个班组承担某一项作业的出入库全过程,有利于环节和工序之间的衔接与配合,便于组织一次性作业,同时,当出入库任务较为集中时,也可快速而便捷地集中调配人员及设备,有利于提高装卸搬运的综合作业能力。

然而,在一个作业班组内配备不同工种的人员和不同的设备,在设备的维护、管理和修理方面显得格外不便,对于短期提高工人的技术熟练程度而言,也有一定难度。另外,在综合型劳动组织中,每个作业班组的人员和设备是相对固定的,一旦作业内容发生变化,调整起来需要一定的缓冲期,整体作业效率就会受到影响。

4. 装卸搬运作业组织的任务

装卸搬运作业组织最重要的任务便是完成装卸搬运,并在完成装卸搬运的同时以对作业对象保质保量为基础,提高装卸搬运业务的生产率和产能效率,降低装卸搬运的作业成本。与此同时,装卸搬运组织作业应持续以技术为核心竞争能力,加强市场的竞争优势。其具体任务包含以下四项:

(1)保证装卸任务量

首先应确定装卸搬运业务的任务量,在此基础之上进行作业的规划和设计。在规划和设计过程中,应时时注意对装卸搬运任务量的安排和分配,保证按照已规定的任务,在规定时间内完成作业任务量。

(2)合理规划装卸方式和装卸作业过程

对装卸作业过程的合理规划是对整个装卸作业过程中的装卸、搬运、作业的连续性进行合理的安排,从而达到减少运距和装卸次数的目的。在这一部分中,作业现场的平面布置是影响装卸搬运距离的关键因素,合理有序的平面布置能够使装卸搬运的距离有效减少,是有效理想的措施方法。

(3)确定装卸搬运设备

设备在装卸搬运业务中起到至关重要的作用,在某些情况下,设备的表现,甚至直接决定了装卸搬运业务的效率和成本。因此选择和确定装卸搬运的设备也是装卸搬运作业组织中的重要任务。在每一次的装卸搬运任务中,都应根据任务要求,对应不同装卸搬运设备的生产率,确定装卸搬运设备所需要的台数和技术特征,最终选择和确定每一次任务中的装卸搬运设备。

(4)编制装卸作业进度计划

前期计划的合理编制,可以有效地敦促日后业务的有序实施。可根据装卸任务、装卸设备生产率、装卸设备台数和装卸搬运对象,汇总数据,综合考量,完成对装卸搬运作业计划进度的编制。一般来说,装卸搬运作业计划应包含设备的作业时间表、作业顺序、负荷情况、人员分配等具体内容。

小结

装卸搬运的基本方式可从四种不同角度进行划分。装卸搬运作业组织遵循四项基本原则,即坚持质量第一,保持装卸搬运的高效率,确保安全作业,注重经济效益。装卸搬运组织形式可分为专业型劳动组织和综合型劳动组织。

1. 装卸搬运的基本方式有哪些?
2. 简述装卸搬运的组织原则及形式。

实训

实训 7-2

7.3 装卸搬运合理化

教学目标

知识目标
1. 理解并能解释装卸搬运合理化概念。
2. 掌握装卸搬运合理化的方法。

技能目标
1. 充分理解如何实现装卸搬运的合理化。
2. 能够模拟进行合理化的装卸搬运。

案例导入

日日顺物流作为行业领导品牌,自成立以来始终专注于大件物流领域,并坚持在智能仓储上先行先试。2020年6月14日,日日顺物流建成的大件物流首个智能无人仓正式启用,为行业树立起新的标杆。日日顺物流即墨智慧物流园区总占地238亩(158000 m^2),仓库总面积78000 m^2。该无人仓主要服务于C端消费者,作业分为入库上架、拆零拣选、备货出库几部分。

1. 入库上架:精准高效的全景扫描+机器人码垛

通常来说,商家根据销售预测完成备货计划,提前送货入库。当货车到达月台后,家电商品被人工卸至可以延伸到货车车厢的入库伸缩皮带机上(电视机产品卸至专用入库通道),商品随即经过全景智能扫描站(两条伸缩皮带机共用一套信息采集管理系统),系统快速、准确地获取商品的重量、长宽高等信息,并根据这些信息将货物分配到相应的关节机器人工作站,关节机器人根据该信息进行垛型计算并码垛。

2. 拆零拣选:龙门拣选机器人首次应用

当消费者下单后,前端销售系统会将订单信息发送至无人仓仓库管理系统(WMS),无人仓根据订单信息和用户预约的时间进行拣选出库及配送。当WMS下达出库任务后,堆垛机从指定存储位将托盘下架,托盘经输送线被输送至二楼拣选区的不同分拣区域(如冰箱等大型家电产品将送至夹抱分拣区,空调等中小型产品则送至吸盘分拣区,电视机产品送至专门的分拣区域),由扫描系统进行扫描复核,确认所需拣选商品正确后,龙门拣选机器人自动将带有收货地址等用户信息的条码粘贴在商品上,并将货物移至托盘。

3. 备货出库:自动导引车(AGV)全程助力

当龙门拣选机器人拣选完毕,信息反馈至系统,系统调度AGV前来搬运。二楼拆零拣选区,AGV将托盘货物送至智能提升梯,由其将货物运至一楼备货区。此时二楼AGV任务完成,开始等待新的系统指令。托盘货物自智能提升梯运出后,经扫描确认后信息传回系统,系统调度一楼备货区的AGV将托盘货物送至指定暂存货位。AGV采用激光导引技术,通过空间建模进行场地内空间定位,并在所有路线中快速选择最优路径作业,以及自动避障和路径优化更改。当货车到达后,系统调度AGV按照"先卸后装"的原则,将托盘货物运至出库月台,最后装车发运。

资料来源:任芳.日日顺物流再树大件智能无人仓新标杆[J].物流技术与应用,2020(7):92-97.

案例分析

案例中的日日顺智能无人仓,AGV被运用到装卸搬运环节,极大地提高了作业效率。AGV地面控制系统接收指令后可以对AGV进行自由调度和任务分配,接收到指令的AGV再通过算法控制和监控平台计算任务最优路径,实现路径的实时优化、变更以及避障,保证运输效率与安全。

思考·讨论·训练

思考智能化技术在装卸搬运环节的应用。

知识链接

1. 装卸搬运合理化的概念

装卸搬运合理化,是指以尽可能少的人力和物力消耗,高质量、高效率地完成仓库的装卸搬运任务,保证供应任务的完成。装卸搬运合理化,是针对装卸搬运不合理而言的。合理或不合理都是相对的,由于各方面客观条件的限制,不可能达到绝对的合理,也不会出现绝对的不合理。

由于装卸搬运作业主要起到的是衔接性作用,用以衔接运输、保管、包装、配送、流通加工等各物流环节的活动,而其本身并不创造价值,因此合理化的角度,应着重建立在尽最大可能节约时间和费用之上,从而压低成本,提升净利润和边际效益。

2. 不合理的装卸搬运

(1) 过多的装卸搬运次数

过多不必要的装卸搬运,必然会导致损失的增加,大大减缓整个物流的速度,从而造成效率降低。而装卸搬运次数越多,产生的成本也会越多,因此不仅效率会受到影响,连同相关的费用也会上升。

(2) 过大包装的装卸搬运

包装过大过重,在装卸搬运作业中,实际上就会反复在包装上消耗过多不必要的劳动,形成无效装卸,造成损失。

(3) 无效物质的装卸搬运

进入物流过程的货物,有时混杂着没有使用价值或对用户来讲使用价值不对路的各种掺杂物,形成无效装卸,造成损失。

由于在装卸搬运作业中,存在不合理的装卸搬运,因此要在物流各环节,注重装卸搬运的合理化,从而促进整个物流过程的顺畅衔接。

3. 装卸搬运合理化的标志和原则

(1) 装卸搬运合理化的标志

①装卸搬运次数最少。通过减少装卸搬运的次数,可以有效控制装卸搬运产生的无效成本和多余浪费,提高效率效能。

②装卸搬运距离最短。减少装卸搬运的物理距离也是装卸搬运合理化的重要标志之一。搬运路线的科学设计,以及搬运设备的正确运用,均可以有效地做到减少、缩短货品的装卸搬运的一般性距离。

③各作业环节衔接流畅。作为主要的物流衔接性环节,衔接无疑是装卸搬运最重要的作用体现。因此,若物流的各个作业环节均能流畅地实现衔接,说明装卸搬运作业是合理而有效

的;反之,则说明装卸搬运作业需要加以改善和促进,即需要进行科学的、必要的、有序的装卸搬运作业合理化。

④库存物品的装卸搬运活性指数较高、可移动性强。装卸搬运活性指的是对装卸搬运作业中的物料进行装卸搬运作业的难易程度。因此,在堆放货物及物料时,就应事先考虑到物料装卸搬运作业的方便性,即其活性的高低。

装卸搬运活性指数较高,意味着装卸搬运业务从作业预备阶段,就已经被有效地组织及控制,当物料正式进入装卸搬运作业操作阶段时,操作难度下降,操作风险减低,对应的成本和费用也将得到有效控制。因此,装卸搬运的活性及可移动性,也被看作是一项非常重要的合理化标志。

(2) 装卸搬运合理化的原则

在进行装卸搬运合理化的过程中,应遵循一定的原则,来确保装卸搬运作业活动的流畅性、安全性和高效性。

①省力化原则。这一原则主要针对装卸搬运作业的操作人员,是指人员在操作业务的过程中,能尽可能地节省体力,这样既能在人力管理上更加高效,同时也可以节省人力资源成本。贯彻这一原则,可主要通过下列作业组织来实现:能往下则不往上,能直行则不拐弯,能用机械则不用人力,能水平则不要上坡,能连续则不间断,能集装则不分散。

②消除无效作业。所谓无效作业是指在装卸作业活动中超出必要的装卸、搬运量的作业。显然,防止和消除无效作业对装卸作业的经济效益有重要作用。为了有效地防止和消除无效作业,可从以下几个方面入手:尽量减少装卸次数,提高被装卸物料的纯度,适宜包装,缩短搬运作业的距离。

③合理利用机械。机械是装卸搬运作业中的重要组成部分,在装卸搬运的合理化过程中,合理利用机械十分重要。如果机械的利用方法和利用率都能有效地实行合理化,装卸搬运作业也将得到很大程度的改善。

④提高搬运活性。搬运处于静止状态的物料时,需要考虑搬运作业所必需的人工作业。物料搬运的难易程度,可以用活性指数来衡量。所费的人工越多,活性就越低;反之,所需的人工越少,活性越高,但相应的投资费用也越高。

散放在地上的物料要运走,需要经过集中、搬起、升起和运走四次作业。所需的人工作业最多,即活性水平最低,即活性系数定为0。在对物料的活性有所了解的情况下,可以利用活性理论,改善搬运作业。

⑤连续化原则。尽可能使整个装卸搬运作业流程连续、不间断地进行。这里的连续化并不是指绝对的连续化,而是在客观条件和因素允许的前提下,尽可能保证装卸搬运作业的连续化,为的是作业的一气呵成及顺畅性,同时,装卸搬运作业越为连续,各个环节和业务之间的衔接性也越为流畅。

⑥物流的均衡性。物流的业务操作经常会体现出不均衡性,在装卸搬运作业中,应在合理化范围内,尽可能促进物流的均衡性,确保整个物流活动的平衡和有序。

⑦集装单元化原则。将单元的装卸搬运作业对象集装化进行操作,是完成装卸搬运合理化的重要原则。不论是从业务量、业务操作难度方面,还是从货品监管方面,集装化都将更加简便易行,人员和机械的业务强度都会随着集装单元化的运行而下降,也有利于推进物流业务的标准化进程。

⑧人格化原则。虽然装卸搬运作业的对象是货物，但在作业业务规划、设计、运行、操作的过程中，依旧要秉持以人为本的人格化原则，以此来保证装卸搬运作业的安全性、高效性、技术创新性和可持续性。

⑨提高综合效果。装卸搬运作业经常是多元化、碎片化的，在整个物流流程中，装卸搬运作业更是分散的、零碎的。在这种业务性质之下，装卸搬运的合理化往往也会被分割到不同的装卸搬运部门，成为部分的装卸搬运合理化。部分的装卸搬运合理化不能称为真正意义上的装卸搬运合理化，只有装卸搬运的全部整体作业业务均得以合理改善，才能被视为装卸搬运的合理化。因此，在进行合理化的装卸搬运过程之中，应时时注重综合效果和综合反馈。

4. 装卸搬运合理化的途径

（1）坚持省力化原则

所谓省力，就是节省动力和人力。应巧妙利用物品本身的重量和落差原理，设法利用重力移动物品。依照上述省力化装卸搬运原则，在装卸搬运的业务规划和执行过程中，应做慎重规划，坚持执行省力化装卸搬运作业。

（2）提高装卸搬运的灵活性

物料装卸搬运的灵活性，根据物料所处的状态，即物料装卸搬运的难易程度，可分为不同的级别。如果很容易转变为下一步的装卸搬运而不需过多做装卸搬运前的准备工作，则活性就高；如果难于转变为下一步的装卸搬运，则活性低。为了对活性有所区别，并能有计划地提出活性要求，使每一步装卸搬运都能按一定活性要求进行操作，对于不同放置状态的物品做了不同的活性规定，这就是活性指数，它分为 0~4 共 5 个等级。活性指数越高，物品越容易进入装卸搬运状态。

（3）合理选择装卸搬运机械

装卸搬运的机械种类繁多，每一种机械的用途不同，效能不同。在运行装卸搬运作业的过程中，可以有多种机械的组合运用，从而产生不同的效率和产能。因此，合理选择装卸搬运机械对于装卸搬运合理化有非常重要的意义。

①确定装卸任务量。根据物流计划、经济合同、装卸作业不均衡程度、装卸次数、装卸车时限等，来确定作业现场年度、季度、月、旬、日平均装卸任务量。装卸任务量有事先确定的因素，也有临时变动的可能。因此，要合理地运用装卸设备，就必须把计划任务量与实际装卸作业量两者之间的差距缩小到最低水平。同时，装卸作业组织工作还要对装卸作业的物资对象的品种、数量、规格、质量指标以及搬运距离尽可能地做出详细的规划。

②根据装卸任务和装卸设备的生产率，确定装卸搬运设备需用的台数和技术特征。

③根据装卸任务、装卸设备生产率和需用台数，编制装卸作业进度计划。它通常包括装卸搬运设备的作业时间表、作业顺序、负荷情况等详细内容。

④下达装卸搬运进度计划，安排劳动力和作业班次。

⑤统计和分析装卸作业成果，评价装卸搬运作业的经济效益。

（4）推广组合化装卸搬运

在装卸搬运作业过程中，根据物料的种类、性质、形状、重量的不同来确定不同的装卸作业方式。处理物料装卸搬运的方法有三种形式：普通包装的物料逐个进行装卸，叫作"分块处理"；将颗粒状物资不加小包装而原样装卸，叫作"散装处理"；将物料以托盘、集装箱、集装袋为单位组合后进行装卸，叫作"集装处理"。对于包装的物料，尽可能进行"集装处理"，实现单元化装卸搬运,可以充分利用机械进行操作。组合化装卸具有很多优点:装卸单位大、作业效率高,可大量节约装卸作业时间;能提高物料装卸搬运的灵活性;操作单元大小一致,易于实现标准化;不用手去触及各种物料,可达到保护物料的效果。

(5) 合理地规划装卸搬运方式和装卸搬运作业过程

合理地规划装卸搬运作业过程主要指对整个装卸作业的连续性进行合理的安排,以减少运距和装卸次数。

装卸搬运作业现场的平面布置是直接关系到装卸搬运距离的关键因素,装卸搬运机械要与货场长度、货位面积等互相协调。要有足够的场地集结货场,并满足装卸搬运机械工作面的要求,场内的道路布置要为装卸搬运创造良好的条件,有利于加速货位的周转。

提高装卸搬运作业的连续性应做到:作业现场装卸搬运机械合理衔接;不同的装卸搬运作业在相互联结使用时,力求使它们的装卸搬运速率相等或接近;充分发挥装卸搬运调度人员的作用,一旦发生装卸搬运作业障碍或停滞,立即采取有力的措施补救。

(6) 创建物流复合终端

所谓"复合终端",即对不同运输方式的终端装卸场所,集中建设不同的装卸设施。

复合终端的优点在于:取消了各种运输工具之间的中转搬运,因而有利于物流速度的加快,减少装卸搬运活动所造成的物品损失;由于各种装卸场所集中到复合终端,这样就可以共同利用各种装卸搬运设备,提高设备的利用率;在复合终端内,可以利用大生产的优势进行技术改造,大大提高转运效率;减少了装卸搬运的次数,有利于物流系统功能的提高。

小结

装卸搬运合理化,是指以尽可能少的人力和物力消耗,高质量、高效率地完成仓库的装卸搬运任务,保证供应任务的完成。

由于存在不合理的装卸搬运,因此有必要对整个装卸搬运作业活动进行改善和合理化。在装卸搬运合理化中,有相应的合理化指标,在操作过程中,应遵循一定的原则,并运用科学合理的有效途径去完成装卸搬运的合理化。

复习思考题

1. 什么是装卸搬运合理化?
2. 装卸搬运作业有哪些不合理的表现?
3. 如何完成装卸搬运的合理化?

实训

实训 7-3

即测即评

项目 8　物流信息管理

8.1　物流信息概述

知识目标

1. 理解并能解释说明物流信息的基本概念。
2. 理解物流信息对于物流活动的作用。

技能目标

1. 能够识别物流业务流程中的作业信息流。
2. 学会利用物流信息对物流企业的经营进行决策。

日日顺物流科技赋能　引领场景物流升级

在互联网、大数据、人工智能等现代信息技术突飞猛进的大背景下,如何以科技赋能物流行业,实现物流的智慧化变革,成为物流企业必须面对的时代命题。作为中国领先的供应链管理解决方案及场景物流服务提供商的日日顺物流,以先进技术赋能物流及供应链升级,引领着行业的创新发展。

为推动智慧物流的发展,日日顺物流坚持以科技化及智能化赋能供应链管理,推动行业转型升级。该公司从 2020 年 6 月开始运行首个大件物流智能无人仓(日日顺物流即墨仓),应用全景智能扫描站、关节机器人、龙门拣选机器人等多项定制智能设备,并采用 5G 和视觉识别、智能控制算法等人工智能技术,实现了 24 小时不间断作业、每日自动进出库大件商品超过 2 万件的物流能力。

目前,日日顺物流已初步构建起了辐射全国核心城市的智能物流枢纽。同时还结合客户对于仓储智能化的个性化需求,对外输出先进的智能仓储解决方案,加速向智慧物流仓储管理发展,持续赋能仓储作业效率及能力。

除此之外,日日顺物流已形成了包括订单优化管理、仓储管理、运力调度、智能路由规划以及智能装备在内的超过 20 项核心技术,自主研发超过 40 套信息系统,基本实现数字化和信息化贯穿于供应链服务的核心业务环节。日日顺借助自主研发的预约管理系统、订单管理系统、配送管理系统等 8 大信息系统,服务场景物流数字化需要。在"按约送达、送装同步"的服务基础上,日日顺根据不同用户在健身、出行、居家服务等不同场景中的实际需求,提供全流程个性化解决方案,实现"个性定制、一次就好",不断提升用户体验。不同于传统物流将产品送到即可,日日顺物流深度连接用户、工厂和 20 万服务兵,构建了一个全流程零距离交互的场景生态平台,可以及时获取用户反馈,推动各个环节围绕用户在不同场景下的多样需求,提供场景物流方案并不断迭代。

资料来源:窦衍凤.日日顺物流科技赋能 引领场景物流升级[EB/OL].(2021-02-20)[2021-05-25]. http://www.qdcaijing.com/caijing/p/262976.html.

案例分析

这个案例提示我们,近年来,物流技术的发展推动了物流企业通过数字化和信息化来提升供应链服务。物流企业不仅提供基础的送装服务,还根据不同客户的需求,提供个性化的服务。

思考·讨论·训练

日日顺物流如何以科技赋能物流行业,实现物流的智慧化变革?

知识链接

1. 物流信息的定义

物流信息的定义,有狭义和广义两个方面。狭义的物流信息是指物流活动进行过程中所必需的信息。这些信息是在物流过程中产生或被使用的。物流信息和运输、仓储等环节都有着密切的关系,它在物流活动中起着神经系统的作用。只有加强物流信息的管理才能够更好地使物流成为一个有机的整体,而不是各个环节孤立地活动。广义的物流信息,则是指与整个物流活动相关的各种信息,可以是直接相关的信息,也可以是间接相关的信息,例如,市场预测信息。它们并不直接与物流环节有关,但是通过市场预测,会对某种产品的市场需求有所规划,从而会影响到相关的仓储、运输等物流工作。类似这样的信息,被称为广义的物流信息。

一些物流产业发达的国家都把加强物流信息工作作为改善物流状况的关键而给予充分的注意。在物流活动中不仅要对各项活动进行计划预测、动态分析,还要及时提供物流费用、生产状况、市场动态等有关信息。只有及时收集和传输有关信息,才能使物流通畅化、定量化。

2. 信息的性质

信息可以从不同的角度进行分类,按照战略层次可以分为战略信息、战术信息和作业信息,按照应用领域可以分为管理信息、社会信息、科技信息等,按加工顺序可以分为一次信息、二次信息和三次信息等,按照反映形式可以分为数字信息、图像信息和声音信息等。

不论哪种类型的信息,都具有以下几个性质:

(1) **事实性**

事实性是信息的中心价值,不符合事实的信息不仅没有价值,而且可能价值为负,既害别人,也害自己。

(2) **时效性**

信息的时效性是指从信息源发送信息,经过接收、加工、传递、利用的时间间隔及其效率。时间间隔越短,使用信息越及时,使用程度越高,时效性就越强。

(3) **不完全性**

关于客观事实的信息是不可能全部得到的,这与人们认识事物的能力和程度有关。因此数据收集或信息转换要有主观思路,要运用已有的知识进行分析和判断,只有正确地舍弃无用和次要的信息,才能正确地使用信息。

(4) **等级性**

管理信息是分等级的(如公司级、工厂级、车间级等),处在不同级别上的管理者有不同的

职责,处理的决策类型不同,需要的信息也就不同。通常把管理信息分为以下三级:

①战略级信息。战略级信息是关系到全局和重大问题决策的信息,涉及上层管理部门对本部门要达到的目标,为达到这一目标所必需的资源水平和种类以及确定获得资源、使用资源和处理资源的指导方针等方面,如产品投产、停产,新厂厂址选择,开发新产品,开拓新市场等信息。战略级信息是最高级别的信息。制定战略决策需要获取大量的来自外部和内部的信息,管理部门往往把外部信息和内部信息结合起来进行预测。

②战术级信息。这是指管理控制信息,是使管理人员能掌握资源利用情况,并将实际结果与计划相比较,从而了解是否达到预定目的,并指导其采取必要措施以便能更有效地利用资源的信息。例如,月计划与完成情况的比较、库存控制等。管理控制信息一般来自所属各部门,并跨越各部门。战术级信息也称为管理级信息,它是位于中间层次的信息。

③作业级信息。作业级信息位于信息等级的最底层,是用来解决经常性问题的信息,它与组织日常活动有关,并用以保证能切实地完成具体任务。例如,每天统计的产量、质量数据,打印的工资单等。

(5)变换性

信息是可变换的。它可以不同的方法和不同的载体来载荷。这一特性在多媒体时代尤为重要。

(6)价值性

信息是经过加工并对生产经营活动产生影响的数据,是需要用劳动来创造的。它是一种资源,因而是有价值的。索取一份经济情报,或者利用大型数据库查阅文献所付的费用就是信息价值的部分体现。信息的使用价值必须经过转换才能得到。鉴于信息的寿命短、衰老快,因此转换必须及时。如某车间可能误工的信息知道得早,就可及时备料和安插其他工作,这样信息资源就可转换为物质财富。

3. 物流信息的特点

物流信息具有以下特点:

①物流信息量大、分布广,信息的产生、加工、传播和应用在时间、空间上不一致,方式也不同。物流是联系生产和消费(生产消费和生活消费)的桥梁,任何生产和消费的情况都可以称为物流信息的组成部分。

②物流信息动态性强、时效性高,信息价值衰减速度快,因而对信息管理的及时性和灵活性提出了很高的要求。

③物流信息种类多,不仅本系统内部各个环节有不同种类的信息,而且由于物流系统与其他系统(如生产系统、供应系统等)密切相关,因而还必须收集这些物流系统外的有关信息,使得物流信息的收集、分类、筛选、统计、研究等工作的难度增加。

④物流信息趋于标准化。信息处理手段电子化要求物流信息标准化。

4. 物流信息的作用

一类信息流先于物流产生,它们控制着物流产生的时间、流动的大小和方向,引发、控制、调整物流,例如,各种决策、计划、用户的配送加工和分拣及配货要求等;另一类信息流则与物流同步产生,它们反映物流的状态,例如,运输信息、库存信息、加工信息、货源信息、设备信息等。前者被称为计划信息流或协调信息流,而后者则被看作作业信息流。图8-1中的各种计划(如战略计划、物流计划、制造计划、采购计划)、存货配置以及预测产生的信息都属于计划信息流,而运输信息、库存信息、加工信息、货源信息、设备信息等则都属于作业信息流。

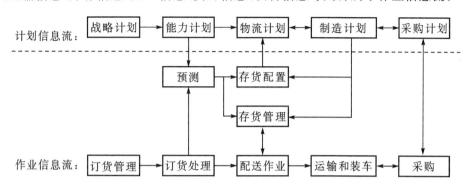

图 8-1 物流业务流程中的信息流

因此,物流信息除了反映物品流动的各种状态外,更重要的是控制物流的时间、方向和发展进程。无论是协调流,还是作业流,物流信息的总体目标都是要把物流涉及企业的各种具体活动综合起来,加强整体的综合能力。

物流管理需要大量准确、及时的信息和用以协调物流系统运作的反馈信息。任何信息的遗漏和错误都将直接影响物流系统运转的效率和效果,进而影响企业的经济效益。物流系统产生的效益来自整体物流服务水平的提高和物流成本的下降,而物流服务水平与畅通的物流信息在物流过程中的协调作用是密不可分的。

物流信息系统是把各种物流活动与某个一体化过程连接在一起的通道。一体化过程建立在作业层、管理控制层、战略管理层三个层次上。图 8-2 说明了在信息功能各层次上的物流活动和决策。

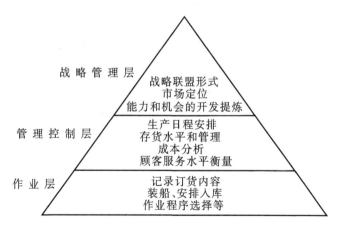

图 8-2 物流信息在各层次上的作用

第一层是作业层,它是用于启动和记录个别物流活动的最基本的层次。作业层的活动包括记录订货内容、安排存货任务、选择作业程序、装船、定价、开发票以及消费者查询等。在这一层中要求信息的特征是:格式规则化、通信交互化、交易批量化以及作业规范化。结构上的各种过程和大批量交易相结合主要强调了信息系统的效率。

第二层次是管理控制层,要求把主要精力集中在功能衡量和分析报告上。功能衡量对于提供有关服务水平和资源利用等的管理反馈来说是必要的。因此,管理控制以可估价的、策略上的、中期的焦点问题为特征,它涉及评价过去的功能和鉴别各种可选方案。普通功能的衡量包括金融、顾客服务、生产率以及质量指标等。

第三层次是战略管理层,要求把主要精力集中在信息支持上,以期开发和提炼物流战略。这类决策往往是决策分析层次的延伸,但通常更加抽象、松散,并且注重于长期。

因此,我们可以得出以下关于物流信息作用的结论:

首先,物流管理活动是一个系统工程,采购、运输、库存以及销售等各项业务活动在企业内部互相作用,形成一个有机的整体系统。物流系统通过物质的流动、所有权的转移和信息的接收、发送,与外界不断作用,实现对物流的控制。整个物流系统的协调性越好,内部损耗越低,物流管理水平越高,企业就越能从中受益。而物流信息在其中则充当着桥梁和纽带的作用。

例如,企业在接收到商品的订货信息后,要检查商品库存中是否存在该种商品。如果有库存,就可以发出配送指示信息,通知配送部门进行配送活动;如果没有库存,则发出采购或生产信息,通知采购部门进行采购活动,或者安排生产部门进行生产,以满足顾客的需要。在配送部门得到配送指示信息之后,就会按照配送指示信息的要求对商品进行个性化包装,并反馈包装完成信息;同时,物流配送部门还要开始设计运输方案,进而产生运输指示信息,对商品实施运输;在商品运输的前后,配送中心还会发出装卸指示信息,指导商品的装卸过程;当商品成功运到顾客手中之后,还要传递配送成功的信息。因此,物流信息的传送连接着物流活动的各个环节,并指导各个环节的工作,起着桥梁和纽带的作用。

其次,物流信息可以帮助企业对物流活动的各个环节进行有效的计划、组织、协调和控制,以达到系统整体优化的目标。物流活动的每一个步骤都会产生大量的物流信息,而物流系统则可以通过合理应用现代信息技术对这些信息进行挖掘和分析,从而可以得到对于每个环节之后下一步活动的指示性信息,进而能够通过这些信息的反馈,对各个环节的活动进行协调与控制。

例如,根据客户订购信息和库存反馈信息安排采购或生产计划,根据出库信息安排配送或货源补充等。因此,利用物流信息,能够有效地支持和保证物流活动的顺利进行。

最后,物流信息有助于提高物流企业科学的管理和决策水平。物流管理通过加强供应链中各种活动和实体间的信息交流与协调,使其中的物流和资金流保持畅通,实现供需平衡。在物流管理中存在着一些基本的决策问题。

①位置决策:物流管理中的设施定位,包括物流设施、仓库位置和货源等,在综合考虑需求和环境条件的基础上,通过优化进行决策。

②生产决策:主要根据物流的流动路径,合理安排各生产成员间的物流任务的分配,良好的决策可以使得各成员间实现良好的负荷均衡,从而保持物流的畅通。

③库存决策:主要关心的是库存的方式、数量和管理方法,是降低物流成本的重要依据。

④采购决策:根据商品需求量和采购成本合理确定采购批次、时间间隔和采购批量,以确保在不间断供应的前提下实现成本最小化。

⑤运输配送决策:包括运输配送方式、批量、路径以及运输设备的装载能力等。

通过运用科学的分析工具,我们可以对物流活动所产生的各类信息进行科学分析,从而获得更多富有价值的信息。通过物流系统各节点间的信息共享,能够有效地缩短订货提前期,降低库存水平,提高搬运和运输效率,减少传递时间,提高订货和发货精度,以及及时高效地响应顾客提出的各种问题,从而极大地提高顾客满意度和企业形象,提高物流系统的竞争能力。

物流系统是由多个子系统组成的复杂系统,物流信息成为各个子系统之间沟通的关键,在物流活动中起着中枢神经系统的作用。多个子系统是通过物质实体的运动联系在一起的,一个子系统的输出就是另一个子系统的输入。加强对物流信息的研究才能使物流成为一个有机的系统,而不是各自孤立地活动。物流系统的信息模型如图8-3所示。

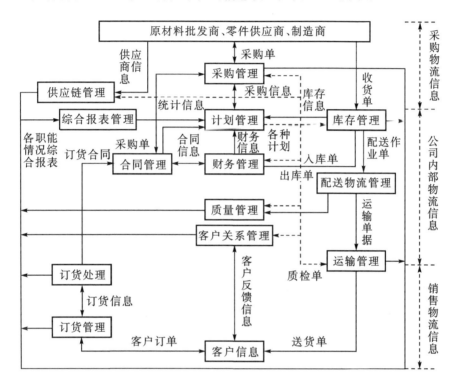

图8-3 物流系统的信息模型

5. 物流信息的分类

物流中的信息流是指信息供给方与需求方进行信息交换从而产生的信息流动,它表示了产品的品种、数量、时间、空间等各种需求信息在同一个物流系统内不同的物流环节中所处的具体位置。物流系统中的信息种类多、跨地域、涉及面广、动态性强,尤其是运作过程中受到自然的、社会的影响很大。根据对物流信息研究的需要,可以从以下几个方面对物流信息进行分类。

(1)按照信息沟通联络方式分

①口头信息:通过语言的形式进行交流的信息。它可以迅速、直接地传播,但容易失真。物流活动的各种现场调查和研究,是获得口头信息最简单、直接的方法。

②书面信息:物流信息表示的书面形式,可以重复说明或进行检查。物流环节中的各种报表、文字说明、技术资料等都属于这类信息。

(2)按照信息的来源分

①外部信息:在物流活动以外发生但提供给物流活动使用的信息,包括供货人信息、客户

信息、订货合同信息、交通运输信息、市场信息、政策信息;还有来自企业内生产、财务等部门的与物流有关的信息。通常外部信息是相对而言的,对于物流子系统来说,来自另一个子系统的信息也可称为外部信息。例如,物资储存系统从运输系统中获得的运输信息,也可相对称为外部信息。

②内部信息:来自物流系统内部的各种信息的总称,包括物流流转信息、物流作业层信息、物流控制层信息和物流管理层信息。这些信息通常是协调系统内部人、财、物活动的重要依据,也具有一定的相对性。

(3)按照物流信息的变动度分

①固定信息。这种信息通常具备相对稳定的特点,有如下三种表述形式:一是物流生产标准信息,是以指标定额为主体的信息,如各种物流活动的劳动定额、物资消耗定额、固定资产折旧等。二是物流计划信息,是指物流活动中在计划期内一定任务所反映的各项指标,如物资年计划吞吐量、计划运输量等。三是物流查询信息,是指在一个较长的时期内很少发生变更的信息,如国家和各主要部门颁布的技术标准,物流企业内的职工人事制度、工资制度、财务制度等。

②流动信息。与固定信息相反,流动信息是物流系统中经常发生变动的信息。这种信息以物流各作业统计信息为基础,如某一时刻物流任务的实际进度、实际完成情况、各项指标的对比关系等。

 小结

狭义的物流信息是指物流活动进行过程中所必需的信息。

广义的物流信息是指与整个物流活动相关的各种信息,可以是直接相关的信息,也可以是间接相关的信息。

信息具有以下几个性质:事实性、时效性、不完全性、等级性、变换性、价值性。

 复习思考题

1.什么是信息?它有哪些性质?

2.什么是物流信息?它具有哪些特点?

3.物流信息的作用有哪些?

 实训

实训8-1

8.2 物流信息系统

教学目标

知识目标
1. 理解物流信息系统的基本概念。
2. 掌握物流信息系统的种类以及功能。

技能目标
1. 能够运用条形码技术解决实际生活问题。
2. 能够识别企业物流信息系统应用中的问题。

宅急送的技术战略转型

宅急送是一家全国性的专业包裹快递公司。自公司成立以来,宅急送的业务飞速发展,在全国建立了4000多个网点。为了实现企业技术转型,公司建立了完善的物流信息系统,主要实现了以下目标:

1. 先进的客户关系管理

先进的客户关系管理系统可以保证客户的请求得到有效的响应和执行,提高客户服务的质量,减轻客户服务人员的工作量,实现客户服务"一票到底"。此外,利用客户关系管理系统的有效数据和信息,可以辅助市场开发人员分析客户的需求,发现更有价值的客户,为公司的客户定位和市场拓展提供依据。

2. 全程的业务控制和订单管理

为确保正确和及时地执行客户订单,必须对整个业务过程中的订单、车辆、货物进行全程业务控制,监控各个业务环节是否出现延滞和错误,以便及时进行处理,保证整个业务流程的顺畅。

3. 货物的实时跟踪和定位

为提升客户服务价值,满足客户对货物进行跟踪和货物状态分析的要求,系统应对各个阶段货物的位置和状态进行有效的定位和全程跟踪。

4. 优化的调度和订单处理

为提高客户订单的处理能力和水平,应该根据客户请求,选择最优的调度方法,制订出合理的调度分单计划,减少人为的错误和提高调度的效率。

5. 完善的仓储管理

实现对货物的出库、入库的统计,管理货物的盘点、分拣、包装和加工过程。充分利用分布式库存网络的管理,提高库存的利用效率。

6. 网上物流服务

通过建立公司网站,为客户提供基于Internet方式的网上下单、货物状态查询等全面的物流服务。

全国统一的呼叫中心,采用统一的特服号、分布式呼叫体系,为用户提供规范、实时的服务窗口；完善的网络服务中心，充分体现互联网时代的电子商务特点，实现"随时、随地、迅捷"的服务宗旨；与其他客户、企业建立电子数据交换体系，完成信息交换的电子化、自动化、规范化；遍布全国的GIS/GPS系统，实现包裹快递的全程跟踪与定位，方便用户的信息查询与服务；跨区域、大型、高效的分拣中心和调度中心，为包裹的顺利中转与运输提供保障；建立完善的企业管理系统、绩效考核系统及决策支持系统，保证企业的健康、高速发展。

案例分析

通过这个案例，我们可以看出物流信息的运用有利于物流服务能力的提升。由于信息及时、全面的获取与加工，供需双方可以充分地交互和共享信息，使得物流服务更准确，客户满意度提高；同时顾客可以有更多自我服务功能，可以决定何时、何地、以何种方式获得定制的物流服务；另外在提供物流服务的同时，可以为顾客提供信息、资金等双赢的增值服务。

思考·讨论·训练

1. 宅急送建立的物流信息系统有哪些优势？
2. 宅急送在实现企业技术转型时针对客户做了哪些工作？

知识链接

1. 物流信息系统的定义

物流信息系统是利用计算机硬件、软件、网络通信设备及其他设备，进行物流信息的收集、传输、加工、储存、更新和维护，以支持物流管理人员和基层操作人员进行物流管理和运作的人机系统。

物流信息系统是整个物流系统的心脏。对于物流企业来说，拥有物流信息系统在某种意义上比拥有车队、仓库更为重要。物流信息系统在物流运作过程中非常关键，并且发挥着不可替代的中枢作用。随着信息经济的发展，物流信息系统在现代物流中占有极其重要的地位。

2. 物流信息系统的分类

（1）按照系统应用进行分类

①运输信息管理系统。运输信息管理系统是指为提高运输企业的运输能力、降低物流成本、提高服务质量而采取现代信息技术手段建立的管理信息系统。它是多个专门信息系统的集合，从而实现运输方式（或承运人）的选择、路径的设计、货物的整合与优化，以及运输车辆、线路与时间的选择。运输信息管理系统主要进行货物的追踪管理和车辆的运行管理。

②库存信息管理系统。库存信息管理系统在从生产到顾客的期间为明确计划需求和管理制成品库存提供服务，确定库存数量、安全库存量为多少，何时补充订货、订多少货等，使企业在满足客户需求的前提下做到库存成本最小。

③供应链物流管理信息系统。供应链物流管理信息系统提供针对每一件产品从生产基地到最终零售商全过程（发运、到站、进仓、出仓、包装等）的跟踪信息，管理取货、集货、包装、仓储、装卸、分货、配货、加工、信息服务、送货等物流服务的各环节。

④电子商务物流信息管理系统。电子商务物流信息管理系统是一个由人和计算机网络等组成的能进行物流相关信息的收集、传递、储存、加工、维护和使用的系统。

⑤生产商物流信息系统。生产商物流信息系统是围绕生产商经营的物流活动，以信息平台为基础，运用各种物流信息技术，通过各种资源计划系统（物料需求计划、配送需求计划、企业资源计划等）的运行来实现物流信息的作用。

⑥零售商物流信息系统。零售商物流信息系统是指零售商内部的物资流通活动,即从商品购进到销售的物资流通过程,包括商品的入库、分类、加工、储存、配送,以及这些活动产生的信息的收集、处理和利用过程。

(2) 按照物流信息系统的功能分类

按照功能分类,物流信息系统可分为配送中心信息系统、仓储管理信息系统、运输管理信息系统、国际货运代理管理信息系统、报关管理信息系统、快递管理信息系统、连锁物流管理信息系统、第三方物流企业管理信息系统。

3. 物流信息系统的功能

物流信息系统是物流系统的神经中枢,它作为整个物流系统的指挥和控制系统,可以分为多种子系统。通常可以将其基本功能归纳为以下几个方面:

(1) 数据收集

物流数据的收集首先是将数据通过收集子系统从系统内部或者外部收集到预处理系统中,并整理成为系统要求的格式和形式,然后再通过输入子系统输入物流信息系统中。这一过程是其他功能发挥作用的前提和基础,如果一开始收集和输入的信息不完全或不正确,在接下来的过程中得到的结果就可能与实际情况完全相左,这将会导致严重的后果。因此,在衡量一个信息系统性能时,应注意它收集数据的完善性、准确性,以及校验能力和预防及抵抗破坏能力等。

(2) 信息存储

物流数据经过收集和输入阶段后,在其得到处理之前,必须在系统中存储下来。即使在处理之后,若信息还有利用价值,也要将其保存下来,以供以后使用。物流信息系统的存储功能就是要保证已得到的物流信息能够不丢失、不走样、不外泄、整理得当、随时可用。无论哪一种物流信息系统,在涉及信息的存储问题时,都要考虑到存储量、信息格式、存储方式、使用方式、存储时间、安全保密等问题。如果这些问题没有得到妥善的解决,信息系统是不可能投入使用的。

(3) 信息传输

物流信息在物流系统中,一定要准确、及时地传输到各个职能环节,否则信息就会失去其使用价值。这就需要物流信息系统具有克服空间障碍的功能。物流信息系统在实际运行前,必须要充分考虑所要传递的信息种类、数量、频率、可靠性要求等因素。只有这些因素符合物流系统的实际需要,物流信息系统才是有实际使用价值的。

(4) 信息处理

物流信息系统的最根本目的就是要将输入的数据加工处理成物流系统所需要的物流信息。数据和信息是有所不同的,数据是得到信息的基础,但数据往往不能直接利用,而信息是从数据加工得到的,它可以直接利用。只有得到了具有实际使用价值的物流信息,物流信息系统的功能才算发挥。

(5) 信息输出

信息的输出是物流信息系统的最后一项功能,也只有在实现了这个功能后,物流信息系统的任务才算完成。信息的输出必须采用便于人或计算机理解的形式,在输出形式上力求易读易懂、直观醒目。

这五项功能是物流信息系统的基本功能,缺一不可。而且,只有五个过程都没有出错,最后得到的物流信息才具有实际使用价值,否则会造成严重的后果。

4. 物流信息系统的特征

尽管物流信息系统是企业经营管理系统的一部分,物流信息系统与企业其他的管理信息系统在基本面上没有太大的区别,如具有集成化加模块化、网络化加智能化的特征,但物流活动本身具有的时空上的特点决定了物流信息系统具有自身独有的特征。

(1) 跨地域连接

在物流活动中,由于订货方和接受订货方一般不在同一场所,如处理订货信息的营业部门和承担货物出库的仓库一般在地理上是分离的,发货人和收货人不在同一个区域等,这种在场所上相分离的企业或人之间的信息传送需要借助于数据通信手段来完成。在传统的物流信息系统中,信息需要使用信函、电话、传真等传统手段实现传递,随着信息技术进步,利用现代电子数据交换技术可以实现异地间数据的实时、无缝的传递和处理。

(2) 跨企业连接

物流信息系统不仅涉及企业内部的生产、销售、运输、仓储等部门,而且与供应商、业务委托企业、送货对象、销售客户等交易对象以及在物流活动中发生业务关系的仓储企业、运输企业和货代企业等众多的独立企业之间有着密切关系,物流信息系统可以将这些企业内外的相关信息实现资源共享。

(3) 信息的实时传送和处理

物流信息系统一方面需要快速地将收集到的大量形式各异的信息进行查询、分类、计算、储存,使之有序化、系统化、规范化,成为能综合反映某一特征的真实、可靠、适用且有使用价值的信息;另一方面,物流现场作业需要从物流信息系统获取信息,用以指导作业活动,即只有实时的信息传递,使信息系统和作业系统紧密结合,才能克服传统借助打印的纸质载体信息作业的低效作业模式。

5. 物流信息系统建设问题及应对措施

从企业的信息系统功能角度来看,物流企业的信息系统存在功能简单、功能层次低等问题。多数信息系统只有简单的记录、查询和管理功能,而缺少决策、分析、互动等功能。

在物流信息系统建设中,由于缺乏科学、有效的系统规划,不少已经建成或正在建设的系统仍然面临一系列问题,主要包括:系统建设与组织发展的目标和战略不匹配;系统建设后对管理并无显著改善;系统不能适应环境变化和组织改革的需要;系统使用人员的素质较低;系统开发环境落后,技术方案不合理;系统开发以及运行维护的标准、规范混乱;系统开发资源短缺,投入少,对系统的期望过高等。

为了克服物流信息系统建设过程中出现上述问题,制定物流信息系统战略规划就显得十分重要。通过制定规划,可合理分配和利用信息资源(信息、信息技术和信息生产者),节省信息系统的投资;找出存在的问题,正确地识别出物流信息系统为实现企业目标而必须完成的任务,促进信息系统应用,从而带来更多的经济效益。

6. 物流信息系统的发展前景

(1) 智能化

智能化是自动化、信息化的一种高层次应用。物流作业过程涉及大量的运筹和决策,如物流网络的设计与优化、运输(搬运)路径的选择、每次运输的装载量选择、多种货物的拼装优化、运输工具的排程和调度、库存水平的确定、补货策略的选择、有限资源的调配、配送策略的选择等问题都需要进行优化处理,这些都需要管理者借助优化的智能工具和大量的现代物流知识来解决。同时,专家系统、人工智能、仿真学、运筹学、智能商务、数据挖掘和机器人等相关技术在国际上已经有比较成熟的研究成果,并在实际物流作业中得到了较好的应用。因此,物流的智能化已经成为物流发展的一个新趋势。

（2）标准化

标准化技术是现代物流技术的一个显著特征和发展趋势,同时也是现代物流技术实现的根本保证。货物的运输配送、存储保管、装卸搬运、分类包装、流通加工等各个环节中信息技术的应用,都要求必须有一套科学的作业标准。例如,物流设施、设备及商品包装的标准化等,只有实现了物流系统各个环节的标准化,才能真正实现物流技术的信息化、自动化、网络化、智能化等。特别是在经济全球化和贸易全球化的 21 世纪中,如果在国际上没有形成物流作业的标准化,就无法实现高效的全球化物流运作,这将阻碍经济全球化的发展进程。

（3）全球化

物流企业的运营随着企业规模和业务跨地域发展,必然要走向全球化发展的道路。在全球化趋势下,物流目标是为国际贸易和跨国经营提供服务,选择最佳的方式与路径,以最低的费用和最小的风险,保质、保量、准时地将货物从某国的供方运到另一国的需方,使各国物流系统相互"接轨",它代表物流发展的更高阶段。

小结

物流信息系统是利用计算机硬件、软件、网络通信设备及其他设备,进行物流信息的收集、传输、加工、储存、更新和维护,以支持物流管理人员和基层操作人员进行物流管理和运作的人机系统。

物流信息系统具有以下特征:跨地域连接、跨企业连接、信息的实时传送和处理。

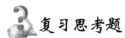

复习思考题

1. 你认为信息化在物流系统中所起到的作用有哪些?
2. 目前物流信息系统的建设存在哪些问题?

实训

实训 8-2

8.3 物流信息技术

知识目标
1. 理解并能解释物流信息技术的基本概念。
2. 熟悉国内常用的现代物流信息技术。

技能目标
1. 利用物流信息技术的基本知识解决企业实际问题。
2. 会使用条码设计软件进行条码设计与打印。

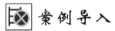

RFID 标签的四大主流应用场景

随着物联网行业的发展,射频识别(RFID)技术逐步大众化,应用在我们的日常生活中,给人们的生活带来方便快捷。RFID 的实质是借助无线射频技术来实现对物品的身份和信息识别。

零售业从采购、存储、包装、装卸、运输、配送、销售到服务,整个供应链环环相扣。企业必须实时地、精确地掌握整个商流、物流、信息流和资金流的流向和变化,而 RFID 则有效地为零售业提供业务运作数据的输入/输出、业务过程的控制与跟踪以及减少出错率等。因此,RFID技术对注重物流和库存管理的零售业的吸引力是相当大的,零售业巨头们对其也倾注了极大的热情。

应用场景一:超市卖场基于 RFID 的供应链管理

近几年来,RFID 技术的迅猛发展为零售行业的供应链管理带来了跨越式的发展机遇。随着沃尔玛、麦德龙等国际零售巨头陆续发布强制使用 RFID 供应链管理技术,成品供应链之间的抗衡已经成为未来零售行业竞争的成败关键所在。

应用场景二:鞋服零售企业基于 RFID 的库存管理

随着 RFID 电子标签在零售行业越来越高的渗透率,服装业逐渐开始引入 RFID 技术在整个管理体系上应用,预计在未来的几年,渗透率将得到较快的增长。有数据显示,2016 年年底,以服装为主的全球连锁零售行业对 RFID 标签的需求数量超过 50 亿枚。诸如迪卡侬、优衣库、海澜之家、拉夏贝尔等都已全面实施 RFID 项目。

应用场景三:无人便利店的 RFID 应用

无人便利店门派林立,然而基本都离不开 RFID 技术,在每件商品上面均贴上 RFID 标签,用于结账收款,此外还配备了监控系统、远程客服等功能。

应用场景四:供应链物流 RFID 的应用

通过使用 RFID 技术,可以提高供应链物流管理的透明度和库存周转率,有效减少缺货损失,提高企业内的物流效率。

条形码技术是将条形码信息依附在物品上,通过扫描枪对物品上的条形码进行扫描,从而获得物品的信息。而 RFID 技术将 RFID 标签依附在物品上,通过射频信号将标签中的信息读取到 RFID 读取器中,从而获得物品的特有信息。但实际上,虽然目前低频段、高频段的 RFID 技术在国内已经应用很广泛了,比如校园卡、身份证、手机 NFC 模块等;但是在消费领域,条形码也能基本满足对单个物品的描述能力且在推广时已有一套成熟的配套体系,RFID 标签还无法取代条形码。因此,想要用 RFID 标签全面取代条形码并非一件容易的事情,其在普及方面至少还面临以下挑战:

(1)成本。尽管 RFID 标签、读写器及软件的成本一直在下降,但对于许多想要进行商品库存跟踪的公司,RFID 部署所需的成本仍然是无法承受的。

(2)技术标准难以统一。对于 RFID 的技术标准,国际上目前难以做到统一,使得产品开发和应用定位比较混乱。

(3)读取准确率需要提高。数据完整以及正确性是决定 RFID 系统性能的重要因素,多目标识别既是 RFID 的最大优势,也是急需解决的技术难点。

资料来源:一文带你了解 RFID 标签的四大主流应用场景[EB/OL].(2019-02-14)[2021-04-15]. http://news.rfidworld.com.cn/2019_02/8a05726797311a16.html.

案例分析

RFID 技术无论在功能与应用上,似乎都强于条码技术,但是建设 RFID 的成本很高。所以,如何降低 RFID 技术投入成本,让大众能够接受并且使用,已成为商品流通中亟待解决的问题。

思考·讨论·训练

分析条码技术、RFID 技术各自的特点。

知识链接

1. 物流信息技术的概念

物流信息技术(logistics information technology,LIT)是物流各环节中应用的信息技术,是以计算机和现代通信技术为主要手段实现对物流各环节中信息的获取、加工、传递和利用等功能的技术总称。

物流信息技术是物流现代化的重要标志,也是物流技术中发展最快的领域之一。从物流数据自动识别与采集的条码系统到物流运输设备的自动跟踪,从企业资源的计划优化到各企业、单位间的电子数据交换,从办公自动化系统中的微型计算机、互联网、各种终端设备等硬件到各种物流信息系统软件,都在日新月异地发展。同时,随着物流信息技术的不断发展,产生了一系列新的物流理念和物流经营方式,推进了物流的变革。

2. 物流信息技术的组成

根据物流的功能以及特点,现代物流信息技术主要包括自动识别类技术(如条码技术与射频识别技术、自动语音识别技术等)、自动跟踪与定位类技术(如地理信息技术等)、物流信息接口技术(如电子数据交换等)、企业资源信息技术(如物料需求计划、制造资源计划、企业资源计划、物流资源计划等)、数据管理技术(如数据库技术、数据仓库技术等)和计算机网络技术等现代高端信息科技。在这些技术的支撑下,形成了由移动通信、资源管理、监控调度管理、自动化仓储管理、运输配送管理、客户服务管理、财务管理等多种业务集成的现代物流一体化信息管理体系。

从构成要素上看,物流信息技术作为现代信息技术的重要组成部分,本质上都属于信息技术范畴,只是因为信息技术应用于物流领域而使其在表现形式和具体内容上存在一些特性,但其基本要素仍然同现代信息技术一样,可以分为以下四个层次:

①物流信息基础技术,即有关元件、器件的制造技术,它是整个物流信息技术的基础。例如微电子技术、光子技术、光电子技术、分子电子技术等。

②物流信息系统技术,即有关物流信息的获取、传输、处理、控制的设备和系统的技术,它是建立在信息基础技术之上的,是整个物流信息技术的核心。其内容主要包括物流信息获取技术、物流信息传输技术、物流信息处理技术及物流信息控制技术。

③物流信息应用技术,即基于管理信息系统技术、优化技术和计算机集成制造系统技术而设计出的各种物流自动化设备和物流信息管理系统,例如自动化分拣与传输设备、自动导引车、集装箱自动装卸设备、仓储管理系统、运输管理系统、配送优化系统、全球定位系统、地理信息系统等。

④物流信息安全技术,即确保物流信息安全的技术,主要包括密码技术、防火墙技术、病毒防治技术、身份鉴别技术、访问控制技术、备份与恢复技术和数据库安全技术等。

3. 几种主要的现代物流信息技术

(1) 自动识别技术(条码与射频识别技术)

条码技术,是20世纪在计算机应用中产生和发展起来的一种自动识别技术,是集条码理论、光电技术、计算机技术、通信技术、条码印制技术于一体的综合性技术。条码技术具有制作简单、信息收集速度快、准确率高、信息量大、成本低和条码设备方便易用等优点,所以从生产到销售的流通转移过程中,条码技术起到了准确识别物品信息和快速跟踪物品历程的重要作用,它是整个物流信息管理工作的基础。条码技术在物流数据采集、快速响应、运输中的应用极大地促进了物流业的发展。例如,在货物保管环节中,由于使用了条码技术,商品的出入库、库存保管、商品统计查询、托盘利用等所有保管作业实现了自动检测、自动操作和自动管理,大幅度降低了保管成本,提高了仓储的效率;在装卸搬运和包装环节中,由于使用了条码技术,实现了自动化装卸搬运、模块化单元包装、机械化分类分拣和电子化显示作业,大幅度提高了装卸搬运和包装作业效率,提高了对用户的服务水平。

射频识别(RFID)是通过射频信号识别目标对象并获取相关数据信息的一种非接触式的自动识别技术。它的优点是不局限于视线,识别距离比光学系统远;射频识别卡具有读写能力,可携带大量数据,难以伪造。目前通常利用便携式的数据终端,通过非接触式的方式从射频识别卡上采集数据,采集的数据可直接通过射频通信方式传送到主计算机,由主计算机对各种物流数据进行处理,以实现对物流全过程的控制。

(2) 全球定位系统

全球定位系统(global positioning system,GPS)是由一组卫星所组成的、24小时提供高精度的全球范围的定位和导航信息的系统。近年来,GPS已在物流领域得到了广泛的应用,如应用在汽车自定位及跟踪调度、铁路车辆运输管理、船舶跟踪及最佳航线的确定、空中运输管理、防盗反劫、服务救援、远程监控、轨迹记录和物流配送等领域。例如,利用卫星对物流及车辆运行情况进行实时监控。用户可以随时"看到"自己的货物状态,包括运输货物车辆所在位置(如某城市的某条道路上)等,同时可实现物流调度的即时接单和即时排单以及车辆动态实时调度管理。GPS提供交通气象信息、异常情况报警信息和指挥信息,以确保车辆、船只的运营质量和安全。GPS还能进行各种运输工具的优化组合、运输网络的合理编织,如果货物运输需要临时变化线路,可随时指挥调动,大大降低了车辆的空载率,提高了运输效率,做到资源的最佳配置。

（3）地理信息系统

地理信息系统(geographic information system, GIS)是在计算机技术支持下,对整个或部分地球表层(包括大气层)空间中的有关地理分布数据进行采集、储存、管理、运算、分析、显示和描述的系统。GIS 以地理空间数据为基础,以计算机为工具,采用地理模型分析方法,对具有地理特征的空间数据进行处理,实时地提供多种空间和动态的地理信息。它的诞生改变了传统的数据处理方式,使信息处理由数值领域步入空间领域。通过各种软件的配合,地理信息系统可以建立车辆路线模型、网络物流模型、分配集合模型、设施定位模型等,更好地为物流决策服务。GIS 用途十分广泛,除应用于物流外,还应用于能源、农林、水利、测绘、地矿、环境、航空、国土资源综合利用等领域。

（4）电子数据交换技术

电子数据交换(electronic data interchange, EDI)技术是计算机、通信和管理相结合的产物。EDI 按照协议的标准结构格式,将标准的经济信息,通过电子数据通信网络,在商业伙伴的电子计算机系统之间进行交换和自动处理。由于使用 EDI 可以减少甚至消除贸易过程中的纸面文件,因此 EDI 又被人们通俗地称为"无纸贸易"。

EDI 能让货主、承运人及其他相关的单位之间,通过系统进行物流数据交换,并以此为基础实施物流作业活动。物流 EDI 的参与单位有货主(如生产厂家、贸易商、批发商、零售商等)、承运人(如独立的物流承运企业或代理等)、实际运货人(铁路企业、水运企业、航空企业、公路运输企业等)、协助单位(政府有关部门、海关、金融企业等)和其他的物流相关单位(如仓库业者、专业配送者等)。

EDI 的基础是信息,这些信息可以由人工输入计算机,但更好的方法是通过扫描条码获取数据,因为其速度快、准确性高。EDI 的运用改善了贸易伙伴之间的联系,使物流企业或单位内部运作过程合理化,增加了贸易机会,改进了工作质量和服务质量,降低了成本,获得了竞争优势。例如,物流活动的各参与方通过 EDI 交换库存、运输、配送等信息,使各参与方一起改进物流活动效率,提高客户满意度。对于全球经营的跨国企业来说,EDI 技术的发展可以使它们的业务延伸到世界的各个角落。

（5）企业资源信息技术

20 世纪 70 年代初,美国企业最早使用计算机辅助编制物料需求计划(material requirements planning, MRP)。到 20 世纪 90 年代初,美国的高德纳公司(Gartner Group Inc.)首先提出并实施企业资源计划(enterprise resource planning, ERP)。此后,ERP 技术在全世界范围内得到众多企业的广泛应用并不断完善和发展。

ERP 是一整套企业管理系统体系标准,集信息技术与先进的管理思想于一身,为企业提供业务集成运行中的资源管理方案。ERP 是集合企业内部的所有资源,进行有效的计划和控制,以达到最大效益的集成系统。企业资源计划一般被定义为基于计算机的企业资源信息系统,其包含的功能除制造、供销、财务外,还包括工厂管理、质量管理、设备维修管理、仓库管理、运输管理、过程控制接口、数据采集接口、电子通信、法律法规标准、项目管理、金融投资管理、市场信息管理、人力资源管理等。当然,仅仅只有企业内部资源的充分利用还不够,ERP 还能链接企业的外部资源,包括客户、供应商、分销商等的资源。ERP 以这些资源所产生的价值,组成一条增值的供应链信息系统,将客户的需求、企业的制造活动与供应商的制造资源集成在一起,从而适应当今全球市场的高速运转需求。

 小结

物流信息技术是物流各环节中应用的信息技术,是以计算机和现代通信技术为主要手段实现对物流各环节中信息的获取、加工、传递和利用等功能的技术总称。

物流信息技术包括物流信息基础技术、物流信息系统技术、物流信息应用技术、物流信息安全技术。

 复习思考题

1. 目前使用的自动识别技术有哪些?
2. 全球定位系统在物流运作中有哪些作用?
3. 如何理解"无纸贸易"?

 实训

实训 8-3

即测即评

项目 9　企业物流

9.1　企业供应物流

 **教学目标**

知识目标

了解并掌握供应物流的概念。

技能目标

充分理解采购在供应物流中的重要地位。

案例导入

加工装配型企业供应物流分析

加工装配型企业作为制造业不可或缺的构成部分,其物流管理过程较为全面地涉及制造业物流的制造、装配、流通。加工装配型企业的物流管理可以分为供应物流管理、生产物流管理、销售物流管理。其供应物流的现状如下:

1. 物流起点零星分布

在地租、经济技术基础、运输成本等因素的约束下,装配企业通常分开制造、统一装配;外购部件在对质量的严格要求下往往来自远近不同的地区,甚至分散在不同的国家,零部件的物流起点差异化显著。

2. 普遍采取 N-1 模式

多数企业没有系统化总结其装配过程对零部件的需求特征,普遍存在多个零星状分布上游供应商给一个中游装配部供应零配件,中游装配部直接入库存储,出库使用。此种供应模式会经常性出现某零部件暂时性短缺,或另有零部件库存积压严重,产生大数额停工损失或者仓储管理成本,严重影响生产效率或经济利益。

3. 各供应商之间几乎不存在联系

不同的供应商之间的联系几乎没有,甚至是相关性极大的零部件供应商两两之间也几乎不存在联系。

资料来源:加工装配型企业内部物流管理研究:以宝马 Z4 的生产为例[J].物流工程与管理,2019,41(9):41-43.

案例分析

加工装配型企业供应物流中存在着不少问题,应该对其物流管理给予一定程度的重视,从合理选择供应商和促进供应商协同等方面进行优化。

思考·讨论·训练

针对加工装配型企业供应物流的现状,可以采取哪些措施来优化?

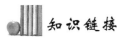知识链接

1. 企业物流概述

企业物流(internal logistics)是指企业内部的物品实体流动。它从企业角度研究与之有关的物流活动,是具体的、微观的物流活动的典型领域,如图9-1所示。企业物流又可区分以下不同典型的具体物流活动:企业供应物流、企业生产物流、企业销售物流、企业逆向物流、企业废弃物物流等。

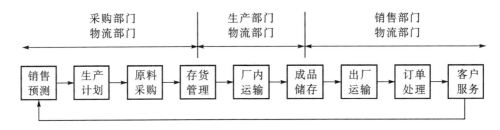

图9-1 企业物流活动

企业物流的目标是在尽可能低的总成本条件下实现既定客户的服务水平。

实现企业物流目标的四点要求如下:

①快速反应(市场需求:适时适量——零迟缓);
②最小变异(突发事件:自然人为——零失误);
③最低库存(保证生产:最低库存——零库存);
④物流质量(时间地点:品种数量——零缺陷)。

2. 企业物流的特点

(1)实现价值的特点

不同于社会物流"实现时间价值和空间价值的经济活动",企业物流是实现加工附加价值的经济活动。

(2)主要功能要素的特点

社会物流的主要功能要素是运输和仓储,企业物流则主要是搬运活动。

(3)物流过程的特点

企业物流是一种工艺过程性物流,由于工艺过程的相对稳定,企业物流的可控性、计划性很强。

(4)物流运行的特点

企业物流具有极强的伴生性,往往是生产过程中的一个组成部分或一个伴生部分。

3. 企业物流管理

(1)企业物流管理的含义

企业物流管理就是针对企业内部和外部的相关物流活动,进行科学、合理的计划、组织、协调与控制,以最低的物流成本达到顾客满意的服务水平,使物流更好地为实现企业目标服务。

（2）企业物流管理的主要任务
①开展企业物流诊断，规划实施物流管理方案。
②以最少的资金占用，准时可靠地组织各种原材料的供应，追求成本最低点的订货批量。
③以零等待、零缺陷和零库存为目标，减少中间环节，提高原材料和零配件直送工位的比重，实现生产精益化。
④在生产过程中对各种物料进行科学管理，制订出整个生产过程的最优物料供应方案。
⑤通过制订合理的配送路线和分拨方式，用最低的成本、最少的环节和最精确的时间，把产品送到消费者手中，进而创造出新的市场需求。
⑥广泛应用现代信息技术，建立物流管理信息系统。

4. 企业供应物流

企业供应物流是指提供原材料、零部件或其他物料时所发生的物流活动，它是保证企业生产经营活动正常进行的前提条件。

企业供应物流包括原材料等一切生产资料的采购管理、进货管理、运输管理、仓储管理、库存管理、用料管理和供料管理。它是企业物流系统中独立性相对较强的子系统。

5. 企业供应物流的构成要素

采购是供应物流与社会物流的衔接点。它是指根据企业生产计划所要求的供应计划制订采购计划并进行原材料外购的作业。

供应是供应物流与生产物流的衔接点。供应方式一般有两种基本形式：一是传统的领料制，二是配送供应的方式。

库存管理是供应物流的核心部分。它依据企业生产计划的要求和库存状况制订采购计划，并负责制订库存控制策略。

仓储管理是供应物流的转折点，它负责购入生产资料的接货和生产供应的发货以及物流保管工作。

采购是企业向供应商获取商品或服务的一种商业行为，企业经营活动所需要的货物绝大部分是通过采购获得的，采购是企业物流管理的起始点。采购物流管理的目标就是以正确的价格、在正确的时间、从正确的供应商处购买到正确数量和质量的商品或服务。传统的采购管理注重于采购行为本身，考虑如何选择供应商、决定采购的数量、确定合适的价格、签订采购合同，以及如何谈判，使企业在采购行为中获利。而现代采购物流管理理论则更加强调企业与供应商之间的关系管理，强调企业与供应商之间建立起一种互利双赢的合作关系。

6. 企业采购管理

（1）企业采购的概念

狭义的采购就是买东西。广义的采购就是企业根据需求提出采购计划、审核计划、选好供应商，经过商务谈判确定价格、交货及相关条件，最终签订合同并按要求收货付款的过程。

（2）企业采购的流程

采购管理要科学化，首先就要规范采购作业的行为模式。如果仅仅按照采购人员个人的习惯随意操作，则采购的质量难以保证。所以任何企业都需要规定采购的一般流程，以保证工作质量，防止资金不必要的流失。

①提出采购需求计划。采购部门必须严格地按照销售和生产部门的需要以及现有的库存量，对品种、数量、保险库存量等因素做科学的计算后才能提出采购需求计划，并且要有审核制

度,采购的数量、种类、价格等必须经过主管部门的批准才有效。通过对采购需求计划的控制,可以防止随意和盲目采购。

②认证供应商。在买方市场中,由于供大于求,市场上往往有众多的供应商可以选择,此时买方处于有利地位,可以货比多家。选择供应商是企业采购过程中的重要环节,应该尽可能地列出所有的供应商清单,采用科学的方法挑选合适的供应商。

③发出采购订单。采购订单相当于合同文本,具有法律效力。签发采购订单必须十分仔细,每项条款认真填写,关键处用词须反复推敲,表达要简洁,含义要明确。对于采购的每项物品的规格、数量、价格、质量标准、交货时间与地点、包装标准、运输方式、检验形式、索赔条件与标准等都应该认真进行审核。

④跟踪订单。采购订单签发后,采购工作并不是就此结束,采购人员必须对订单的执行情况进行跟踪,防止对方违约;对订单实施跟踪还可以使企业随时掌握货物的动向,万一发生意外事件,可及时采取措施,避免不必要的损失或将损失降到最低。

⑤接受货物。货物运到自己的仓库必须马上组织人员对货物进行验收。验收是按订单上的条款进行的,应该逐条进行,仔细查对。除此之外,还要查对货损情况,如货损是否超标。对发现的问题,要查明原因,分析责任,为提出索赔提供证据。货物验收完毕才能签字认可。

⑥评估采购工作。评估的目的是为认证人员管理供应商提供实际操作表现数据,使得订单操作更加畅通。评估的主要内容包括:供应的及时状况,紧急订单的完成情况,组织效率,采购人员的能力及责任心,供应商的质量、成本、供应能力、服务能力等内容。

(3)企业采购管理的概念

所谓采购管理,就是对整个企业采购活动的计划、组织、指挥、协调和控制活动。一般来说,采购有四个基本目标,即:适时适量保证供应、保证货物质量、费用最省、管理协调供应商。采购管理的重要性表现在以下几个方面:保障供应,保障企业正常生产经营,避免缺货风险,保证产品质量,降低生产成本。

(4)企业采购战略

①企业采购战略的概念。所谓企业采购战略,是指企业采购所采用的带有指导性、全局性、长远性的基本运作方案。一个采购战略,无论它是什么战略、什么方案,都应当包含以下五个方面的基本内容:

A. 采购品种,包括采购物品的种类、性质、数量、质量等选择。

B. 采购方式,包括采购的主体、技术、途径、联合方式等选择。

C. 供应商选择,包括供应商的招标方式、考核方式、评价方式、使用方式等。

D. 订货谈判,包括采购品种的价格、服务、风险分摊、权责等。

E. 采购进货,包括运输方式、运输路径、运输商等选择。

因此,人们也常常把品种、方式、供应商、订货谈判和进货看成是采购战略的五要素。

②采购战略的分类。采购战略按采购品种的多寡可以分为单一品种采购战略和多品种联合采购战略。同类多品种、同地多品种联合订购可以降低订货成本,提高订货效率;降低运输成本,提高运输效率。所以应当尽可能地实现多品种联合订购。联合采购战略还可以分为定量联合采购策略和定期联合采购策略。

定量联合采购策略是以各品种经济订货批量为基础的定量订货采购。联合订购中的主品采用经济订货批量,副品视运输包装单元情况采用经济订货批量或附属经济批量。

定期联合采购策略是以各品种经济订货周期为基础的定期订货采购。联合订购中的各品种的订货周期都化为某个标准周期的简单倍数,然后以标准周期为单位进行周期运行,在不同的运行周期中实现不同品种的联合订购。

（5）**供应商关系管理**

供应商关系管理是企业保证物资供应、确保采购质量和节约采购资金的重要环节。供应商关系管理最主要的两个研究领域及成果是供应商的选择和供应商的管理。因此,供应商的管理不仅包括区分供应商级别,对供应渠道进行选择以及从质量、价格、售后服务、交货期等方面对供应商进行综合的、动态的评估,还包括如何管理同供应商的关系。

①企业供应商分类。

A. 按供应商的重要性分类。

a. 伙伴型供应商。在供应商分类的模块中,如果供应商认为某单位的采购业务对于他们来说非常重要,供应商自身又有很强的产品开发能力,同时该采购业务对该单位也很重要,那么这些采购业务对应的供应商就可以发展为伙伴型供应商。

b. 优先型供应商。如果供应商认为某单位的采购业务对于他们来说非常重要,同时采购业务对该单位却并不十分重要,这样的供应商无疑有利于该单位,可以发展为该单位的优先型供应商。

c. 重点型供应商。如果供应商认为某单位的采购业务对他们来说无关紧要,但该采购业务对该单位却是十分重要的,这样的供应商就是需要改进提高的重点供应商。

d. 商业型供应商。对于那些对供应商和某单位来说均不是很重要的采购业务,相应的供应商可以很方便地更换,那么这些采购业务对应的供应商就是普通的商业型供应商。

B. 按 80/20 法则分类。

根据 80/20 法则将采购物品分为重点采购品（占采购价值 80% 的 20% 的采购物品）和普通采购品（占采购价值 20% 的 80% 的采购物品）。相应地,可以将供应商依据 80/20 法则,划分为重点供应商和普通供应商,即占 80% 采购金额的 20% 的供应商为重点供应商,而其余只占 20% 采购金额的 80% 的供应商为普通供应商。

对于重点供应商应投入 80% 的时间和精力进行管理与改进。这些供应商提供的物品为企业战略物品或需集中采购的物品,如汽车厂需要采购的发动机和变速器。对于普通供应商则只需要投入 20% 的时间和精力跟踪其交货。因为这类供应商所提供的物品对企业的运作成本质量和生产的影响较小,例如办公用品、维修备件、标准件等物品。

C. 按供应商的规模和经营品种分类（见图 9-2）。

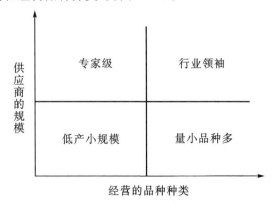

图 9-2 按供应商的规模和经营品种分类

a."专家级"供应商。"专家级"供应商是指那些生产规模大、经验丰富、技术成熟,但经营品种相对少的供应商,这类供应商的目标是通过竞争来占领广大市场。

b."低产小规模"的供应商。"低产小规模"的供应商是指那些经营规模小、经营品种少的供应商,这类供应商生产经营比较灵活,但增长潜力比较有限,其目标仅是定位于本地市场。

c."行业领袖"供应商。"行业领袖"供应商是指那些生产规模大、经营品种也多的供应商,这类供应商财务状况比较好,其目标为立足本地市场,并且积极拓展国际市场。

d."量小品种多"的供应商。"量小品种多"的供应商虽然生产规模小,但是其经营品种较多,这类供应商的财务状况不是很好,但是其潜力是可以培养的。

②供应商的评价和选择。

A.供应商评选的目标。

a.获得符合企业总体质量和数量要求的产品和服务。

b.确保供应商能够提供最优质的服务、产品及最及时的供应。

c.力争以最低的成本获得最优的产品和服务。

d.淘汰不合格的供应商,开发有潜质的供应商,不断推陈出新。

e.维护和发展良好的、长期稳定的供应商合作关系。

B.供应商评选的操作步骤。

第一,成立供应商评估和选择小组。供应商选择不只是采购部门的事情,而是整个企业都需要关注的重要决策,需要企业各部门有关人员共同参与决策,包括采购部门的决策者和其他部门的决策影响者。供应商的选择一般涉及企业的生产、技术、计划、财务、物流、市场等部门。对于技术要求高并重要的采购项目来说,特别需要设立跨职能部门的供应商选择工作小组。供应商选择小组应由各部门有关人员组成,包括研究开发部、技术支持部、采购部、物流管理部、市场部、计划部、品质部和生产部等人员。

第二,确定全部的供应商名单。通过供应商信息数据库,以及采购人员、销售人员或行业杂志、网站等媒介渠道,了解市场上能提供所需物品的供应商。

第三,列出评估指标并确定权重。确定代表供应商服务水平的有关因素,据此提出评估指标。评估指标和权重对于不同行业产品的供应商是不尽相同的。

第四,逐项评估每个供应商的履约能力。为了保证评估的可靠性,应该对供应商进行调查。在调查时,一方面听取供应商提供的情况,另一方面尽量对供应商进行实地考察。考察小组由各部门有关人员组成,例如:技术部门进行技术考察,对企业的设备、技术人员进行分析,考虑将来质量是否能够保证,以及是否能跟上企业所需技术的发展,满足企业发展的要求;生产部门考察制造系统,了解人员素质、设备配置水平、生产能力、生产稳定性等;财务部门进行财务考核,了解供应商的历史背景和发展前景,审计供应商并购、被收购的可能,了解供应商经营状况、信用状况,分析价格是否合理,以及能否获得优先权。

第五,综合评分确定供应商。在综合考虑多方面的重要因素之后,就可以给每个供应商打出综合评分,选择出合格的供应商。

C.供应商选择的评估要素。评估供应商最基本的指标应该包括以下几项:

a.技术水平。技术水平是指供应商提供商品的技术参数能否达到要求,是否具有一支技术队伍去制造或供应所需要的产品,是否具有产品开发和改进项目的能力等,这些问题都很重要。选择具有高技术水平的供应商,对企业的长远发展很有好处。

b. 产品质量。供应商提供的产品质量是否可靠,是一个很重要的评价指标。供应商必须有一个良好的质量控制体系,其产品必须能够持续稳定地达到产品说明书的要求。对供应商提供的产品,除了在工厂内做质量检验以外,还要考虑实际使用效果,即检查在实际环境中使用质量的情况。

c. 供应能力。企业需要确定供应能力即供应商的生产能力,确定供应商是否具有相当的生产规模与发展潜力,这意味着供应商的制造设备必须能够达到一定的规模,能够保证供应所需数量的产品。

d. 价格。供应商应该能够提供有竞争力的价格,这并不意味着必须是最低的价格。这个价格是供应商按照所需要的时间,所需的数量、质量和服务确定的,此外供应商还应该有能力向购买方提供改进产品成本的方案。

e. 地理位置。供应商的地理位置对库存量有相当大的影响,如果物品单价较高,需求量又大,距离近的供应商有利于管理。购买方总是期望供应商离自己近一些,或至少要求供应商在当地建立库存。地理位置近,送货时间就短,意味着订货提前期缩短。

f. 信誉度。在选择供应商的时候,应该选择一家有较高声誉的、经营稳定的以及财务状况良好的供应商。

g. 售后服务。供应商必须具有优良的售后服务,如供应商能提供可替代的零配件,或者提供某些技术支持。

小结

采购是企业向供应商获取商品或服务的一种商业行为,企业经营活动所需要的货物绝大部分是通过采购获得的,采购是企业物流管理的起始点。采购物流管理的目标就是以正确的价格、在正确的时间、从正确的供应商处购买到正确数量和质量的商品或服务。传统的采购管理注重于采购行为本身,考虑如何选择供应商、决定采购的数量、确定合适的价格、签订采购合同,以及如何谈判,使企业在采购行为中获利。而现代采购物流管理理论则更加强调企业与供应商之间的关系管理,强调企业与供应商之间建立起一种互利双赢的合作关系。

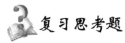

1. 什么是企业供应物流?
2. 简述 80/20 法则。

实训 9-1

9.2 企业生产物流

知识目标

掌握生产物流的概念及生产物流计划。

技能目标

学会分析企业生产物流的相关特点。

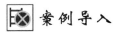

海尔空调胶州互联工厂主要作业流程

海尔空调胶州互联工厂总投资 10 亿元,建筑面积 10 万 m^2,是目前国内生产家用空调最大的单体建筑,也是全球空调行业最领先的互联工厂。

胶州互联工厂生产区域分为上下两层。一楼主要生产空调室内机和室外机的内部模块,如"两器"(蒸发器和冷凝器),共分六个单元;二楼对空调室内机和室外机进行装配,包括检验、抽检、包装、下线等环节,空调室内机、室外机总装线 3 条,生产超过 300 多种产品,涉及物料品种超过 1000 种,日最大产能可达到 12000 套。此外,工厂还建设有供热、供电、给排水和厂房、办公楼、库房等配套工程。

胶州互联工厂的物流系统分为产线物流和成品仓储两大部分。生产车间里主要采用了空中输送系统、有轨穿梭小车(RGV)、AGV 等设备,实现了物料自动输送到工位,产品下线后自动输送到一楼暂存或直接装车。成品缓存仓采用四向穿梭车的密集存储系统,具备 500 套空调的存储能力,搭配机械手完成产品自动码盘、采用 RGV 实现自动出入库等物流作业。

胶州互联工厂的主要作业流程如下:

1. 订单信息导入系统

订单产生后进入 ERP 系统,ERP 系统一方面与制造执行系统(MES)进行交互,把订单信息传递给 MES,MES 将物料需求传递给 WMS,同时将生产计划传到产线工位上。另一方面,ERP 系统生成采购订单,供应商根据采购订单进行送料,WMS 确认收货之后再根据 MES 的需求进行发料。

2. 模块生产及物料上线

"两器"模块由一楼车间生产,生产下线后 MES 对物料进行缓存,同时把下线数据传递给 WMS 由其管控,之后根据送料需求和生产节拍生成发货订单并下达上料指令,模块生产所需物料通过提升机送上空中输送线(积放链)后运送至二楼装配车间。其他部件则由供应商按需按时供货,部分模块(如电控等)在供应商车间完成组装,部分则以供应商管理库存(VMI)的模式,在海尔车间内完成模块生产后送至装配产线,同样根据 WMS 的指令进行拣货和物料搬运。同时,MES 触发 ERP 系统进行库存管理。

3. 模块装配

在二楼装配车间共有两种不同类型的生产线,一种是传统流水线,一种则是单元台作业线,每个单元台独立完成一台产品的装配。其中,流水线生产完成后在产线末端对产品进行检测、打包下线;单元台作业线装配完成后进行扫描、检测等,之后操作人员按下操作台前的绿色按钮,AGV 接受指令前来进行搬运,之后打包下线。同时,另外的 AGV 将该单元台负责装配的下一个产品模块搬运过来,完成一个作业循环。

4. 成品下线

产品单元装配完之后会模拟用户进行噪声检测,合格后由自动封箱机封箱,随后进行拍照识别、贴标。装配好的成品由提升机输送至一楼成品缓存仓库或直接装车。

值得一提的是,胶州互联工厂在二楼单元装配线末端设置了实验室云数据中心,将原来相互孤立的各工厂实验室数据进行关联,使海尔各工厂的研发中心数据实现共享,并整理分析出精确的实验室数据供其他工厂使用。

5. 成品暂存与出库

当成品通过提升机下到一楼作业区后,由 4 台码垛机器人完成托盘码垛。托盘码垛完成后,信息通过 RFID 上传 WMS,WMS 驱动 RGV 取货,之后按照系统指令完成自动入库或装车。

实际上,胶州互联工厂从前端"两器"生产到后端总装,再到成品下线,基本实现了零库存。成品缓存仓主要功能为周转,绝大部分产品组盘后由 RGV 直接搬运至出库口,通过日日顺车小微运送至客户仓库。只有极少部分成品由于车辆安排等因素留在库内暂存。

资料来源:江宏,任芳.海尔空调胶州互联工厂:实现用户需求驱动的大规模定制[J].物流技术与应用,2019(1):70-72,74.

案例分析

随着人工智能、大数据、云计算等新一代信息技术产业的快速发展,全球制造业都在积极探索转型之路。这也正是实现我国产业和标准换道超越的良机。海尔空调胶州互联工厂选择了先进适用的物流系统,从用户下单、物料进厂到生产、发货,整个过程通常仅需数天,整体效率特别高。

思考·讨论·训练

海尔空调胶州互联工厂生产物流管理过程中有哪些值得借鉴的地方?

知识链接

1. 生产物流的概念

生产物流是企业生产过程中发生的涉及原材料、在制品、半成品、产成品等所进行的物流活动。

从购进原材料入库时起到产品进入成品库为止的期间内发生的所有物流活动都属于生产物流的范畴,如图 9-3 所示。

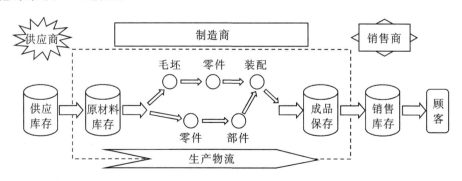

图 9-3 生产物流

2. 生产物流的目标

①提供畅通无阻的物料流转,以保证生产过程顺利、高效率地进行。

②减少物料搬运的数量、频率和距离,减少搬运费用,降低成本。

③防止物料损坏、丢失,防止人身设备事故。

3. 生产物流的特征

(1) 物流过程的连续性

生产是一道工序一道工序地往下进行的,因此要求物料能够顺畅、最快、最省地走完各个工序,直至成为成品。任何工序的不正常停工、工序间的物料混乱等都会造成物流的阻塞,影响整个企业生产的进行。

(2) 物流过程的节奏性

物流过程的节奏性是指产品在生产过程中各个阶段都要有节奏、均衡地进行,即能够在相同的时间完成大致相同的工作量,时紧时慢必然会造成设备和人员的浪费。

(3) 物流过程的平行性

一般企业通常生产多种产品,每种产品又包含多种零部件。在组织生产的活动中,将这些零部件安排在各个车间的各个工序上生产,要求各个支流平行流动,任何一个支流发生延迟或停顿,整个物流都会受到影响。

(4) 物流过程的应变性

应变性是指用同一组设备和工人,在生产组织形式基本不变的条件下,具有适应加工不同产品的生产能力,并且能保持高生产率和良好的经济效益。

(5) 物流过程的准时性

准时性是指商品必须按时生产,按时到达收货人手中。

4. 不同生产模式下的生产物流管理

(1) 作坊式手工生产模式

该模式的特点是产品品种少,数量也少,有的产品只生产一件就不再重复,有的是不定期重复,生产不稳定;多采用一些基本的生产设备,工作的专业化要求较低,生产的连续性较差。

作坊式企业一般是凭借个人的劳动经验和师傅定的行规对生产物流进行管理,因此个人的经验智慧和技术水平起了决定性的作用。

(2) 大批量生产模式

大批量生产模式一般采用流水线生产,其特点有:工作地的专业化程度要求高;各工作地按照劳动对象加工的工艺顺序排列;按照统一规定的节拍出产产品;各道工序生产同步化。由于流水线生产符合连续性、平行性、协调性、节奏性、准时性的要求,因而是一种先进的生产组织形式。

大批量生产企业生产物流管理的重点是:保证原材料、动力不间断地连续供应;加强设备维修,保证不出故障;集中制订计划,大量应用经过优化的标准计划;实现对生产过程的实时监控,保证均衡地按节拍进行生产,保持产品质量的稳定性;不断降低消耗,降低产品成本。

(3) 多品种小批量生产模式

该模式一般都是根据市场预测和用户订单制订生产计划。对于多品种小批量生产的企业而言,提高其竞争力的关键是适应市场需求的不断变化,开发新产品,更新老产品,提高产品质量。

多品种小批量生产模式的生产物流管理重点是:优化产品组合,在满足市场需求和生产资源约束条件下,寻求最佳经济效益;合理安排生产批量和生产间隔期,科学地组织各产品的轮番生产;采用成组生产单元、生产线等组织形式,简化零件进度计划,改善零件加工过程和工序之间的衔接;对于复杂结构的大型产品,首先要安排好关键零部件的生产进度,组织好物流平衡。

5. 生产物流计划

（1）**生产物流计划的含义**

生产物流计划是指为保证生产顺利进行而编制的生产物流供应计划,是企业计划期内生产物流供应活动的行动纲领。它是和企业的物流能力、物料需求、制造需求、采购需求等紧密联系在一起的。生产物流计划的核心是生产作业计划的编制工作,即根据计划期内确定的产品品种、数量、期限,以及发展变化的客观实际,具体安排产品及其部件在各个生产工艺阶段的生产进度和生产任务。

（2）**生产物流计划的任务**

①保证生产计划的顺利完成。为了保证按计划规定的时间和数量生产各种产品,要研究物料在生产过程中的运动规律,以及在各个工艺阶段的生产周期,以此来安排物料经过各个工艺阶段的时间和数量,并使系统内各个生产环节内的在制品结构、数量和时间相协调。

②为均衡生产创造条件。均衡生产是指企业及企业内的车间、工段、工作地等各个生产环节,在相等的时间阶段内,完成等量或均增数量的产品。均衡生产的要求为:每个生产环节都要均衡地完成所承担的生产任务;不仅在数量上均衡地生产和产出,各个阶段的物流也要保持一定的比例性;尽可能缩短物料流动的周期,保持一定的节奏性。

③加强在制品管理,缩短生产周期。保持在制品、半成品的合理储备,是保证生产物流连续进行的必要条件。在制品过少,会使物流中断,影响生产的顺利进行;反之,又会造成物流不畅,延长生产周期。因此,对在制品的合理控制,既可减少在制品占用量,又能使各个生产环节实现正常衔接与协调,按物流作业计划有节奏地、均衡地组织物流活动。

（3）**生产物流计划的内容**

企业生产物流计划,主要包括以下内容:确定企业计划期的生产物料需用量;确定生产物料的消耗定额;清查企业的库存资源,经过综合平衡,编制出物料需求计划,并组织实现。

（4）**生产物流计划的意义**

科学合理的生产物流计划,对提高生产物流管理的工作效率具有以下几点意义:

①生产物流计划是订货和采购的依据。企业生产经营所需的生产物流种类繁多、数量不一、规格复杂,只有事先做好周密计划,才能尽可能地避免错订、错购、漏订、漏购等错误的发生。

②有了生产物流计划,可以对生产物资市场的价格波动进行合理的预测,并做出及时的反应。对价格预期上扬较大的生产物资,可有计划地提前做好准备,避免提价损失;反之,如果预期生产物资价格下降,则应控制进货,防止造成资金浪费。

③生产物流计划可以作为监督生产物流合理使用的标准。生产物流计划设置了一些考核指标,以衡量供应部门、生产车间、仓库管理、运输等部门的工作质量和效率。

④生产物流计划有助于存货控制和生产物流配送。生产物流计划包括生产物料的分配和配送计划。通过运用相应的控制工具和管理方法(如分销需求计划),可以更好地协调生产与市场之间的关系,即从顾客需求出发,控制从材料到产成品之间的计划和综合。

（5）**生产物流计划的编制和执行**

①编制生产物流计划的准备工作。编制生产物流计划前,必须了解生产物料的市场供求

状况、生产物料的需用量和储备量以及生产物料分销要求等情况,然后运用系统分析和综合平衡的方法制订出科学合理的生产物流计划。

A. 做好市场预测,掌握生产物料市场动态。在市场经济体制下,生产物料市场总是呈现出波动状态,这就要求对所需要的生产物料做好市场调研工作,分析货源,调查了解现有的供应量、供货方的生产能力、今后市场需求的变化趋势、是否有相应的替代品,并根据本企业的生产计划确定某项生产物料的需求计划。

B. 收集企业内部的相关数据资料。生产物流计划是企业生产经营活动在物流方面的综合反映,对企业的整个生产过程会产生重要的影响,所以编制生产物流计划前需要掌握详尽的企业内部资料。这些资料包括:生产物料消耗定额、生产计划、在制品数量、产品设计更改单、物料供应与物料消耗规律分析、上期生产物流计划在执行中的问题、在途及库存生产物料资源、委托加工生产物料资源、预计计划期初资源等。

C. 制订有关生产物料的消耗定额。生产物料消耗定额,是指在一定的生产技术和组织条件下,为制造单位产品或完成单位工作量所规定的必须消耗的生产物料数量标准。它是现代企业生产物流管理的基础工作和重要手段,又是编制生产物流计划的依据和考核生产物料消耗的标准。

② 生产物流计划的编制。企业生产物流计划按计划期的长短可分为年度生产物流计划、季度生产物流计划和月份生产物流计划。年度生产物流计划是企业全年生产物流供应工作的依据和基础;季度生产物流计划是在年度计划的基础上编制的,是由年度到月度、由长期到短期的中间环节,由企业物资部门在季节到来之前 10 天左右时间编制;月份生产物流计划是季度计划的具体化,其任务是把年度、季度生产物流计划中规定的指标,按照月、旬具体地安排到车间、班组,层层落实,保证企业生产计划的完成。这里,重点介绍年度生产物流计划的编制,其他计划的编制可参照年度计划。

A. 审核数据计算指标。编制计划时,对有关的数据和资料要进行认真的审核,特别要注意的是:生产部门的生产物资需求量是否合理,需要时间是否恰当,生产物料消耗定额是否先进可靠,预计期末库存、周转库存量是否合理,各种物资需要是否配套,生产物料所需资金是否超出资金定额指标等。

B. 综合平衡。生产物流计划和其他计划,如生产计划、运输计划、资金使用计划、库存计划等构成一个企业的计划管理体系,各计划之间存在着相互依存、相互制约的关系。因此,企业的生产物流计划与企业其他计划要进行综合平衡。

C. 编制计划。生产物流计划一般由三部分组成,即生产物流核算表、待购生产物流表和文字说明。生产物流部门在编制年度生产物流计划时,要考虑一些不确定因素的影响,虽不能预见到全年的所有变化,但可以增强计划抗突发事件的能力。在生产物流计划的实施过程中,会出现某些不确定的偶然事件,从而破坏年度和季度生产物流计划中原有的平衡。这时,就通过月份生产物流计划来进行调整。

(6)生产物流计划的执行与检查

① 生产物流计划的执行。执行计划的重点在于资源,要积极组织力量通过订货、采购、委托加工、协作等形式保证生产物料供应。生产物料进厂后,一方面要及时发放,重要产品生产所需生产物料应优先保证,紧张短缺生产物料择优供应,超储积压生产物料组织利用;另一方面要加强生产物流管理,定额发料,防止浪费。

执行生产物流计划的方法主要有两种:

一是内部经济合同。企业内部采取生产物料供应部门与用料单位签订内部经济合同的方法,明确双方的经济责任。计划范围内的供应不到位或不及时,由生产物料供应部门负经济责任;用料部门用料计划不准或计划外用料,由用料部门承担经济责任,以加强生产物流计划的严肃性。

二是定额承包。生产物料供应部门可以对生产用主要原料、燃料和材料按消耗定额承包给生产单位。在完成生产任务的前提下,如果节约留用,则按规定提取奖金;如果超出消耗定额,则按规定扣发奖金,以此来促使生产部门关心生产物料的节约,降低消耗,提高经济效益。

②生产物流计划的检查。在生产物流计划执行的过程中,要不时地对计划的执行情况进行检查。主要检查的内容有:计划需用量与实际耗用量的对比,生产物料到货衔接情况、供货合同执行进度和情况,生产物料消耗定额执行情况,生产物料节约使用等情况。相应地,检查的方法有全面检查与专题检查、经常检查与定期检查、统计资料对比与现场分析,以及在计划期结束后进行的生产物料核销检查等。

在生产物流计划检查时,应该做到"有法可依,有章可循",这里的"章",是指在编制生产物料计划时事先制订好的一些重要考核指标,如计划准确率、订货合同完成率、生产物料节约率、库存生产物料周转率、库存生产物料损失率、仓库机械化作业率、包装容器回收率、资金占用量及周转率等。工作中对照检查这些指标,可以考核企业生产物流计划的执行情况。

③生产物流计划的修订。生产物流计划在执行过程中,要根据执行的情况和外部条件的变化而进行相应的调整。一般计划调整的原因有生产计划变动、设计变动、工艺变动,以及由于生产物流计划本身的不准确性而需要进行的修订等。

对生产物流计划进行修订时,通常采用的方法有:第一,定期修订,多在订货前修订;第二,经常修订,是对随时可能发生的变化进行的局部性的、较小的修订;第三,专项修订,是指当实际进程与原计划任务相差较大时进行的修订。

小结

生产物流是企业生产过程中发生的涉及原材料、在制品、半成品、产成品等所进行的物流活动。不同生产模式下的生产物流管理也不同。企业生产物流计划是生产物流管理的重要部分,所以生产物流计划的编制、执行、检查缺一不可。

 复习思考题

1. 什么是企业生产物流?
2. 生产物流有什么特征?

 实训

实训 9-2

9.3 企业销售物流

知识目标

了解并掌握销售物流的含义。

技能目标

学会利用企业销售物流管理手段。

青岛啤酒营销物流供应链管理模式分析

自1998年青岛啤酒就开始推行"新鲜度管理",但是在传统的业务流程和运作模式下,啤酒产成品出厂后进入库存周转,然后配送到港口、中转站,再到分公司仓库,最后才转运给消费者,这样作为日常消费品的啤酒口味已经发生了重大改变。同时物流渠道的不顺畅,不但使得运输费用增加和库存管理难度加大,也占用了大量流动资金,提高了管理成本。另外,各区域销售分公司在进行市场营销开拓客户的同时,还要负担物流工作,往往顾此失彼。为此,青岛啤酒围绕"新鲜度管理"进行了营销物流供应链的培育和打造,快速提升了啤酒下线后送达终端市场的灵敏快捷程度,构成了企业核心竞争力的重要因素。

青岛啤酒营销物流供应链构建步骤如下:

1. 畅通供应链成员之间的信息流通渠道

首先,青岛啤酒进行了营销物流供应链管理信息系统的构建,该系统集成了财务管理、营销管理、采购管理、储运管理等众多功能模块,实现了与上游供应商、下游分销商和其他物流合作伙伴之间的业务信息共享和实时沟通,实现了对企业自身发货系统、运输环节和仓储管理的全面改造;其次,青岛啤酒与供应链物流集成解决方案供应商甲骨文公司(Oracle)进行战略合作,引入了企业ERP系统,将所有的啤酒生产厂、销售公司、销售网点等有机地进行了集成管理,实现了对每一个营销节点物流运作的实时管理。

2. 业务流程和内部协作机制的再造和优化

青岛啤酒筹建了技术中心,将物流、资金流和信息流完整地置于计算机网络的智能化、自动化管控之下,简化原有的业务流程和运行程序,特别是对啤酒运输仓储过程中的环节进行简化、整合和优化,以减少产品运输周转次数和频率,压缩库存;强化企业内部供应链的管理和各职能部门的协作,营销部门制订销售计划,仓储部门根据销售计划和库存向生产部门传递订单需求信息,生产部门根据订单组织生产,物流部门合理组织调动物流资源和运输能力,仓储调度中心对全部的物流活动进行控制和平衡。

3. 与第三方物流进行物流资源整合外包,打造物流协作联盟

青岛啤酒与招商物流在2002年确定了战略合作伙伴并成立了青岛啤酒招商局物流有限公司,全权负责青岛啤酒在全国区域市场的物流业务。青岛啤酒首先将公路物流业务作为试点外包给招商物流进行运营,后来扩展到车辆、仓储等领域。青岛啤酒通过物流外包盘活了公司的存量资产,实现了对市场的快速配送和响应,并通过合作机制的确立保证了营销物流的稳

定性和健康发展。

资料来源：王吉斌.基于供应链管理推进营销物流的研究[J].物流技术,2012,31(11):370-372.

案例分析

"新鲜度管理"是青岛啤酒打造的企业核心竞争力,但是,按照旧有的业务流程,产成品出厂后先进周转库,再发至港站,再到分公司仓库,最后才转运给消费者,啤酒作为日常消费品其口味已发生了极大的变化。所以青岛啤酒对其销售物流管理进行了改进,主要由ERP信息系统来管理销售物流过程,并且可以随着仓储结构的变化及时进行调整,大大提高了销售物流管理效率。

思考·讨论·训练

青岛啤酒是如何实现其"新鲜度管理"目标的？

 知识链接

1. 企业销售物流的含义和作用

企业销售物流,又叫作分销物流,是指企业在出售商品过程中所发生的物流活动,具体是指将产品从下生产线开始,经过包装、装卸搬运、储存、流通加工、运输、配送,一直到最后送到用户手中的整个产品实体流动过程。销售物流的内容与环节包括产品包装、产品储存、货物运输、货物配送、装卸搬运、流通加工、物流信息、分销物流网络规划与设计、货品管理、物流网点内部物流管理。

在现实生活中,企业经营者往往把精力花在刺激消费者需求和推销方面,而忽视销售物流的作用。实际上,销售物流绝不仅仅是销售的一种附属功能。它的作用表现在以下几方面:

①销售物流使产品的价值和使用价值真正得以实现。企业生产的产品如果不通过运输、配送等方式送到消费者手中,那它只是一种可能的产品;只有通过销售物流,产品的消费才能成为可能。

②销售物流的好坏影响企业的形象。有效率的储存、运输及送交等,使产品适时、适地和适量地提供给消费者,这是销售完成以前的重要工作。这样,在消费者心目中可以树立起企业效率高和信用好的声誉。反之,产品供应不及时,就会影响或降低企业声誉,从而失去顾客。

③销售物流合理化,有利于降低成本,提高企业经济效益。销售物流成本包括运输成本、存货成本、管理成本等,它们是构成销售成本的重要组成部分。销售物流成本的降低是"成本经济的最后据点"。降低物流成本,可以进一步降低售价,促使销量上升和利润增加,从而提高企业经济效益。

2. 销售物流管理的含义和内容

所谓销售物流管理,就是对于销售物流活动的计划、组织、指挥、协调和控制。销售物流管理的目标,就是保证销售物流有效合理地运行,既扩大市场、提高客户服务水平,又降低成本、提高物流工作效率。

销售物流管理的内容,主要包括以下几个方面:随时收集、掌握和分析市场需求信息,包括需求量、需求分布、需求变化规律的供需态势、竞争态势,制订市场战略和物流战略；根据市场战略和物流战略规划销售物流方案,规划物流网络布局,策划销售物流总体运作方案；根据物流网络规划和销售物流总体运作方案,设计规划各个物流网点建设方案和运作方案；策划设计运输方案、配送方案；策划设计库存方案、包装方案、装卸搬运方案；对物流运作过程进行监督、检查、控制、统计和总结；对物流业绩进行考核,管理和激励物流人员；开发和运用物流技术。

3. 销售物流的组织方式

为适应销售渠道及产品类型,销售物流的组织方式有三种,如图9-4所示。

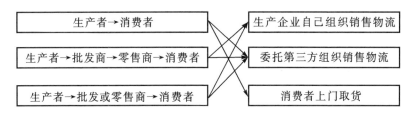

图9-4 销售物流的组织方式

4. 销售物流服务的构成要素

销售物流具有很强的服务性。销售物流以满足用户的需求为出发点,从而实现销售和完成售后服务。销售物流服务由以下四个要素构成:

(1)时间

它是指从客户确定对某种产品有需求到需求被满足之间的时间间隔,也被称为提前期。客户订货周期的缩短标志着企业销售物流管理水平的提高。

(2)可靠性

它是指根据客户订单要求,按照预定的提前期,安全地将订货送达客户指定地点。如果没有销售物流的可靠性作保证,销售物流服务只能是空谈。

物流管理者应认真做好信息反馈工作,了解客户的反应与要求,提高客户服务系统的可靠性。

①提前期的可靠性。它对于客户的库存水平和缺货损失有直接影响,可靠的提前期能减少客户面临供应的不确定性,能使客户的库存、缺货、订单处理和生产总成本最小化。如果提前期是固定的,客户可将其库存调整到最低水平,不需要保险存货来避免由于波动的提前期造成的缺货。

②安全交货的可靠性。它是销售物流系统的最终目的,如果货物破损或丢失,客户不仅不能如期使用这些产品,而且还会增加库存和销售成本。若收到破损的货物,就意味着客户不能将破损的货物用于生产或销售,这就增加了缺货损失。为了避免这种情况,客户必须提高库存水平,但同时也提高了库存成本。另外,不安全交货还会使客户向承运人提出索赔或向卖方退回破损商品。

③正确供货的可靠性。当客户收到的货物与所订货物不符时,将给客户造成停工待料损失或不能及时销售产品。销售物流领域中,订货信息的传送和订货挑选可能影响企业的正确供货。因此,为了做到正确供货,在订货信息传递阶段,使用电子数据交换系统,可以大大降低出错率。产品标识和条形码的标准化,可以减少订货挑选过程中的差错。另外,电子数据交换系统与条形码的结合还能够提高存货周转率、降低成本、提高销售物流系统的服务水平。

(3)信息渠道

同客户保持信息沟通是监控客户服务可靠性的手段。信息渠道应对所有客户开放并准入,因为这是销售物流外部约束的信息来源。没有与客户的联系,物流管理者就不能提供有效的、经济的服务。

沟通是双向的,卖方必须把关键的服务信息传递给客户,如卖方应把降低服务水平的信息及时通知客户,使客户及时做出必要的调整。另外,客户需要了解装运状态的信息,询问有关装运时间、运输路线等情况,因为这些信息对客户制订运行计划是非常必要的。

（4）方便性

它是指服务水平必须灵活便利。从销售物流服务的观点来看,所有客户对销售物流服务有相同的要求,有一个或几个标准的服务水平适用于所有客户是最理想的,但却是不现实的。如某一客户要求所有货物用托盘装运并由铁路运输,另一位客户要求用汽车运输,不用托盘,或者个别客户要求特定的交货时间。因此,客户在包装、运输方式、承运人和运输路线以及交货时间等方面的需求都不尽相同。

为了更好地满足客户需求,就必须确认客户的不同要求,根据客户规模、区域分布、购买的产品及其他因素将客户需求进行细分,为不同客户提供适宜的服务水平,这样可使物流管理者针对不同客户以最经济的方式满足其服务需求。

销售物流,又叫作分销物流,是指企业在出售商品过程中所发生的物流活动,具体是指将产品从下生产线开始,经过包装、装卸搬运、储存、流通加工、运输、配送,一直到最后送到用户手中的整个产品实体流动过程。

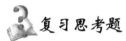

1. 什么是企业销售物流？
2. 销售物流服务包括哪些要素？

实训 9-3

9.4 逆向物流与废弃物物流

知识目标

掌握逆向物流与废弃物物流的含义,并能区分两者。

技能目标

掌握逆向物流的理念,并能运用于企业物流管理的案例中。

案例导入

我国逆向物流的发展模式

2017年1月3日,国务院颁布《生产者责任延伸制度推行方案》,指出:"到2025年,生产者责任延伸制度相关法律法规基本完善,重点领域生产者责任延伸制度运行有序,产品生态设计普遍推行,重点产品的再生原料使用比例达到20%,废弃产品规范回收与循环利用率平均达到50%。"同年,国务院办公厅印发《关于积极推进供应链创新与应用的指导意见》,明确指出要建立逆向物流体系。鼓励建立基于供应链的废旧资源回收利用平台,建设线上废弃物和再生资源交易市场。落实生产者责任延伸制度,重点针对电器电子、汽车产品、轮胎、蓄电池和包装物等产品,优化供应链逆向物流网点布局,促进产品回收和再制造发展。可以看出,逆向物流是一片蓝海。

如果说供应链中,正向物流的瓶颈是"最后一公里",那么逆向物流的瓶颈则是"最前的一公里"。在零售行业,消费者退货越来越任性。在制造业领域,汽车产品生产者责任延伸制度开始推行,生产者有责任要把汽车回收,而一辆车就有上万个零部件。还有,快递包装、共享单车等都产生了大量垃圾,而垃圾是放错地方的资源。所以今天产生多少正向物流,明天就有多少逆向物流回来,我们应该把逆向物流系统设计好,因为逆向物流中确实藏有宝藏。

在循环经济体系下,逆向物流如何从源头开始,进行产品的可循环设计?产品不是最后被动收回的,而是生态设计的,即产品设计时就是可拆解、可循环,如果达不到,就再制造、再利用、再资源化,最后最差才变垃圾。所以,逆向物流是分类产生价值,传统物流核心在"流"上,而逆向物流更侧重"物"。

逆向物流包括无理由退货、缺陷召回、换季退货、积压库存、维修退货、生产报废和副产品、包装破损退货、回收利用等多方面。

逆向物流与供应链金融结合,可以产生很多的应用场景,包括在市场营销、贸易等方面。那中国的商业模式有什么?现在我们总结出来五种。第一种是互联网+再数字应用。第二种是一体化逆向物流供应链服务,主要是提供返品管理、企检服务、整理维修等。第三种是第三方逆向物流快递,主要是单程的逆向服务、多程逆向服务、分仓退货、分仓换货和一键退货。第四种就是原厂逆向物流服务。第五种就是电商零售平台逆向物流平台。

未来,高效的逆向物流系统应该是主动式的,它通过预防系统、信息系统、校正系统、分析系统、预测系统、应急系统、追溯系统来完成整个逆向物流的价值实现。整个系统的运转将会创造"第五利润源",也即"绿色利润源"。

资料来源:郝皓.全球逆向物流发展趋势与中国创新模式研究[EB/OL].(2018-12-05)[2021-04-15].https://www.sohu.com/a/279851300_610457.

案例分析

逆向物流和正向物流是孪生兄弟关系。随着当今供应链全球化和中国经济崛起,逆向物流对于实现国家能源保留、赋予企业优势竞争力起到越发关键的作用。

思考·讨论·训练

逆向物流为什么越来越重要?

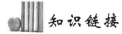知识链接

1. 逆向物流的含义

逆向物流(reverse logistics)又称为反向物流,是指为价值恢复或处置而对原材料、中间库存、最终产品及相关信息从消费地到起始点的有效实际流动所进行的计划、管理和控制过程。正向物流和反向物流的流向如图 9-5 所示。

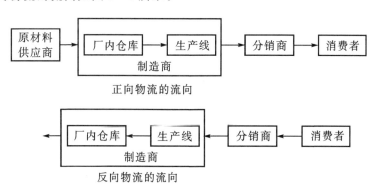

图 9-5　正向物流和反向物流的流向

逆向物流包括退货、不合品退回、维修与再制造、物品循环利用等流程。其按照回收物品的特点可分为退货逆向物流和回收逆向物流。

2. 废弃物物流的含义

废弃物物流是指将经济活动或人民生活中失去原有使用价值的物品,根据实际需要进行收集、分类、加工、包装、搬运、储存等,并分送到专门处理场所的物流活动。

"废弃物"只是在一定时期、一定的范围内,资料的形态或用途发生了变化,而它本身可以被利用的属性并没有完全消失,只要被人们发现和利用后,它就可以变成有用的资源。

3. 废弃物的几种处理方式

(1) **废弃物掩埋**

大多数的企业对产生的最终废弃物,是在政府规定的规划地区,利用原有的废弃坑塘或人工挖掘出的深坑,将其运进、倒入,表面用土掩埋。这种方式适用于对地下水无毒害的固体垃圾。

(2) **垃圾焚烧**

垃圾焚烧即在一定地区用高温焚毁垃圾。这种方式只适用于有机物含量高的垃圾或经过分类处理将有机物集中的垃圾。

(3) **垃圾堆放**

在远离城市地区的沟、坑、塘、谷中,选择合适位置直接倒垃圾,也是一种处理方式。这种方式物流距离较远,但垃圾无须再处理,通过自然净化作用使垃圾逐渐沉降风化,是低成本的处置方式。

(4) **净化处理加工**

对垃圾(废水、废物)进行净化处理,以减少对环境的危害,如废水的净化处理。

小结

　　逆向物流又称为反向物流,是指为价值恢复或处置而对原材料、中间库存、最终产品及相关信息从消费地到起始点的有效实际流动所进行的计划、管理和控制过程。

 复习思考题

　　废弃物物流和逆向物流有什么区别?

实训

实训 9-4

即测即评

项目 10 第三方物流

10.1 第三方物流概述

教学目标

知识目标

1. 理解并能解释说明第三方物流的基本概念。
2. 理解第三方物流企业的分类。

技能目标

1. 充分理解第三方物流的概念,能识别第三方物流企业。
2. 能有针对性地分析第三方物流企业可以通过哪些措施开展物流服务。

第三方物流企业——长安民生物流

重庆长安民生物流股份有限公司(以下简称长安民生物流)是专业的智慧物流与供应链平台服务商。公司成立于2001年8月,经过多年发展,已成长为我国汽车物流行业领先、西部地区规模较大的智慧物流平台服务商。公司主营业务覆盖产业链、供应链全部领域,为用户提供整车物流、零部件物流、备件及散杂货物流、国际物流、流通加工、采购贸易、供应链金融、共享租赁等服务。

长安民生物流承载着"创新物流服务,创造美好生活"的企业使命,致力于成为放心托付、备受信赖的一流智慧物流平台服务商,凭借专业、高效的物流运营管理体系和能力,为客户提供"省钱、省时、省心、增值"的一体化物流解决方案。

公司已同长安汽车、长安马自达、长安商用、长安福特、中国一汽、东方日产、吉利汽车、长城汽车、东方汽车、一汽大众、广汽传祺、米其林、上海通用、博世集团、固特异等国内外知名汽车制造商、原材料供应商及零部件供应商建立了长期合作关系,为客户提供国内外零部件集并运输、散杂货运输、大型设备运输、供应商仓储管理、生产配送、模块化分拣、商品车仓储管理及发运、售后件仓储及发运、物流方案设计、物流信息系统开发设计、包装规划设计制作等全方位的物流服务。

资料来源:长安民生物流公司简介[EB/OL].[2021-04-15].http://www.camsl.com/gsjj.html.

案例分析

近年来我国物流业快速增长,第三方物流企业也不断发展并壮大,在各个行业领域都涌现出很多专业的第三方物流企业,为客户提供一体化物流解决方案。

思考·讨论·训练

我国汽车物流行业的第三方物流企业还有哪些?

知识链接

1. 第三方物流的概念、特征及分类

（1）第三方物流产生的原因

①第三方物流的产生是社会分工的结果。各企业为增强市场竞争力,而将企业的资金、人力、物力投入其核心业务上去,寻求社会化分工协作带来的效率和效益的最大化。专业化分工的结果导致许多非核心业务从企业生产经营活动中分离出来,其中包括物流业。将物流业务委托给第三方专业物流企业负责,可降低物流成本,完善物流活动的服务功能。

②第三方物流的产生是新型管理理念的要求。进入20世纪90年代后,信息技术特别是计算机技术的高速发展与社会分工的进一步细化,推动着管理技术和思想的迅速更新,由此产生了供应链、虚拟企业等一系列强调外部协调和合作的新型管理理念,既增加了物流活动的复杂性,又对物流活动提出了零库存、准时制、快速反应等更高的要求,使一般企业很难承担此类业务,由此产生了专业化物流服务的需求。第三方物流的思想正是为满足这种需求而产生的。它的出现一方面迎合了个性需求时代企业间专业合作（资源配置）不断变化的要求,另一方面实现了进出物流的整合,提高了物流服务质量,加强了对供应链的全面控制和协调,促进供应链达到整体最佳性。

③改善物流与强化竞争力相结合意识的萌芽。物流研究与物流实践经历了成本导向、利润导向、竞争力导向等几个阶段。将物流改善与竞争力提高的目标相结合是物流理论与技术成熟的标志。这是第三方物流概念出现的逻辑基础。

④物流领域的竞争激化导致综合物流业务的发展。随着经济自由化和贸易全球化的发展,物流领域的政策不断放宽,同时也导致物流企业自身竞争的激化,物流企业不断地拓展服务内涵和外延,从而导致第三方物流的出现。这是第三方物流概念出现的历史基础。

（2）第三方物流的概念

第三方物流(3PL)是相对"第一方"发货人和"第二方"收货人而言的,是由独立于物流服务供需双方之外且以物流服务为主营业务的组织提供物流服务的模式。第三方物流企业既不属于第一方,也不属于第二方,而是通过与第一方或第二方的合作来提供其专业化的物流服务。它不拥有商品,不参与商品的买卖,而是为客户提供以合同为约束、以结盟为基础的系列化、个性化、信息化的物流代理服务。

（3）第三方物流的特征

①关系合同化。首先,第三方物流是通过契约形式来规范物流经营者与物流消费者之间关系的。物流经营者根据契约规定的要求,提供多功能直至全方位一体化物流服务,并以契约来管理所有提供的物流服务活动及其过程。其次,第三方物流发展物流联盟也是通过契约的形式来明确各物流联盟参加者之间权责利相互关系的。

②服务个性化。首先,不同的物流消费者存在不同的物流服务要求,第三方物流企业需要根据不同物流消费者在企业形象、业务流程、产品特征、客户需求特征、竞争需要等方面的不同要求,提供针对性强的个性化物流服务和增值服务。其次,从事第三方物流的物流经营者也因为市场竞争、物流资源、物流能力的影响需要形成核心业务,不断强化所提供物流服务的个性化和特色化,以增强物流市场竞争能力。

③功能专业化。第三方物流所提供的是专业的物流服务,从物流设计、物流操作过程、物流技术工具、物流设施到物流管理必须体现专门化和专业水平,这既是物流消费者的需要,也是第三方物流自身发展的基本要求。

④管理系统化。第三方物流应具有系统的物流功能,这是第三方物流产生和发展的基本要求。第三方物流企业需要建立现代管理系统才能满足运行和发展的基本要求。

⑤信息网络化。信息技术是第三方物流发展的基础。物流服务过程中,信息技术发展实现了信息实时共享,促进了物流管理的科学化,极大地提高了物流效率和物流效益。

(4)第三方物流企业的分类

根据不同的标准,第三方物流企业可以划分为不同的类型。

①按照物流企业完成的物流业务范围的大小和所承担的物流功能,可将物流企业分为功能性物流企业和综合性物流企业。

功能性物流企业(也称单一物流企业)是指那些仅承担和完成某一项或少数几项物流功能的企业,按照其主要从事的物流功能可将其进一步分为运输企业、仓储企业、流通加工企业等。

综合性物流企业是指那些能完成和承担多项或全部物流功能的企业,企业一般规模较大、资金雄厚,并且有着良好的物流服务信誉。

②按照物流企业是自行完成和承担物流业务,还是委托他人进行操作,还可将物流企业分为物流运营企业与物流代理企业。

物流运营企业是指实际承担大部分物流业务的企业,它们可能有大量的物流环境和设备支持物流运作,如配送中心、自动化仓库、交通工具等。

物流代理企业是指接受物流需求方的委托,运用自己的物流专业知识、管理经验,为客户制订最优化的物流路线,选择最合适的运输工具等,最终由物流运营企业承担具体的物流业务。物流代理企业还可以按照物流业务代理的范围,分成综合性物流代理企业和功能性物流代理企业。功能性物流代理企业,包括运输代理企业(货代公司)、仓储代理企业(仓代公司)和流通加工代理企业等。

2. 企业利用第三方物流的必要性

①集中主业。企业能够将有限的人、财、物集中于核心业务,进行新产品和新技术的研究与开发,以提高自己的竞争力。

②降低成本。根据对工业用车的调查结果,企业解散自有车队而代之以寻求公共运输服务的主要原因就是为了减少有关的固定费用,这不仅包括购买车辆的投资,还包括与车间、仓库、发货设施、包装机械以及员工工资等有关的开支。

③减少库存。第三方物流服务商借助精心策划的物流计划和适时的运送手段,使企业库存开支减少,并改善企业的现金流量。

④创新管理。可利用第三方物流服务商的创新性物流管理技术和先进的渠道管理信息系统为企业开辟业务发展道路。一流的第三方物流服务商一般在全球拥有广泛的网络,并拥有开展物流服务的经验和专业技术。当企业计划在自己不熟悉的地理环境中开展业务时,可充分利用第三方物流服务商的专有技术和经验来进行有关运作。

⑤提升企业形象。对于客户来说,第三方物流服务商不是竞争对手,而是战略伙伴,他们为客户着想,通过全球性的信息网络使客户的供应链管理得到优化;他们可利用完备的设施和

训练有素的员工队伍对整个供应链实现完全控制;他们通过遍布全球的运送网络和服务提供者(分包方)大大缩短交货期,帮助客户改进服务和树立品牌形象。第三方物流服务商通过"量体裁衣"式的设计,制订出以顾客为导向、低成本和高效率的物流方案,使客户在同行业中脱颖而出,为其在竞争中取胜创造有利条件。

3. 第三方物流的价值来源

第三方物流发展的推动力就是要为客户及自己创造利润。第三方物流企业必须以有吸引力的服务来满足客户需要,服务水平必须符合客户的期望,要使客户在物流方面得到利润,同时自己也要获得收益,因此,第三方物流企业必须通过自己物流作业的高效化、物流管理的信息化、物流设施的现代化、物流运作的专业化、物流量的规模化来创造利润。

(1)作业利益

第三方物流企业能为客户提供"物流作业"改进利益。第三方物流企业可以通过第三方物流服务,提供给客户自己不能自我提供的物流服务或物流服务所需要的生产要素,这是产生物流外包并获得发展的重要原因。在企业自行组织物流活动的情况下,或者局限于组织物流活动所需要的专业知识,或者局限于自身的技术条件,企业内部物流系统难以满足自身物流活动的需要,而企业自行改进或解决这一问题又往往是不经济的。物流作业的另一个改进就是改善企业内部管理的运作表现,增加作业的灵活性,提高质量和服务、速度和服务的一致性,使物流作业更具效率。

(2)经济利益

第三方物流企业为客户提供经济或与财务相关的利益是第三方物流服务存在的基础。一般低成本是由于低成本要素和规模经济的经济性而创造的,其中包括劳动力要素成本。通过物流外协,可以将不变成本转变成可变成本,又可以避免盲目投资而将资金用于其他用途从而降低成本。一般来讲,一个环节的成本难以清晰地与其他环节区分开来,但通过物流外协,使用第三方物流服务,则供应商要申明成本和费用,成本的明晰性就增加了。

(3)管理利益

第三方物流企业给客户带来的不仅仅是作业的改进及成本的降低,还应该给客户带来与管理相关的利益。正如前面所述,物流外包可以使用企业不具备的管理专业技能,也可以将企业内部管理资源用于别的更有利可图的用途中去,并与企业核心战略一致。物流外包可以使企业的人力资源更集中于企业的核心活动,而同时获得的是其他企业(第三方物流企业)的核心经营能力。此外,如单一资源和减少供应商数目所带来的利益也是物流外包的潜在原因,单一资源减少了公关等费用,并减轻了企业在几个运输、搬运、仓储等服务商间协调的压力。第三方物流企业可以给客户带来的管理利益还有很多,如订单的信息化管理、避免作业中断、运作协调一致等。

(4)战略利益

物流外包还能产生战略意义及灵活性,包括地理范围跨度的灵活性(设点或撤销)及根据环境变化进行调整的灵活性。集中主业在管理层次与战略层次高度一样具有重要性。共担风险的利益也可以通过第三方物流服务来获得。

4. 多方物流并存

(1)第一方物流

第一方物流指卖方、生产者或者供应方组织的物流活动。这些组织的主要业务是生产和供应商品,但为了其自身生产和销售的需要而进行物流网络及设备的投资、经营与管理。供应方或者厂商一般都需要投资配备一些仓库、运输车辆等物流基础设施。卖方为了保证生产正常进行而建设的物流设施是生产物流设施,为了产品的销售而在销售网络中配备的物流设施是销售物流设施。总的来说,由制造商或生产企业自己完成的物流活动称为第一方物流。第一方物流也叫自营物流。

（2）第二方物流

第二方物流指买方、销售者或流通企业组织的物流活动。这些组织的核心业务是采购并销售商品,为了销售业务需要而投资建设物流网络、物流设施和设备,并进行具体的物流业务运作组织和管理。严格地说从事第二方物流的公司属于分销商。第二方物流是企业自己的物流体制,它是介于企业一种完全的自主物流模式和完全外包的物流模式之间的一种物流模式。

（3）第四方物流

第四方物流是1998年美国埃森哲咨询公司率先提出的,专门为第一方、第二方和第三方提供物流规划、咨询、物流信息系统、供应链管理等服务,并不实际承担具体的物流运作活动。

（4）第五方物流

关于第五方物流的提法目前还不多,还没能形成完整而系统的认识。有人认为它是从事物流人才培训的一方,也有人认为它应该是专门为其余四方提供信息支持的一方,是为供应链物流系统优化、供应链资本运作等提供全程物流解决方案服务的一方。

小结

第三方物流是相对"第一方"发货人和"第二方"收货人而言的,是独立于物流服务供需双方之外且以物流为主营业务的组织提供服务的模式。第三方物流企业既不属于第一方,也不属于第二方,而是通过与第一方或第二方的合作来提供其专业化的物流服务,它不拥有商品,不参与商品的买卖,而是为客户提供以合同为约束、以结盟为基础的系列化、个性化、信息化的物流代理服务。

复习思考题

1. 什么是第三方物流?
2. 如何开展第三方物流?

实训

实训10-1

10.2 第三方物流的发展

教学目标

知识目标
理解并能解释说明我国第三方物流的现状。

技能目标
1. 充分理解我国第三方物流发展所面临的形势。
2. 分析第三方物流的发展前景。

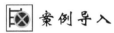
案例导入

麦当劳的第三方物流公司——夏晖

谈到麦当劳的物流,不能不说到夏晖公司,这家几乎是麦当劳"御用 3PL"(该公司客户还有必胜客、星巴克等)的物流公司。麦当劳没有把物流业务分包给不同的供应商,夏晖也从未移情别恋,这种独特的合作关系,不仅建立在忠诚的基础上,麦当劳之所以选择夏晖,在于后者为其提供了优质的服务。

美国夏晖集团是一家拥有世界领先的多温度食品分发技术的物流公司。其业务遍及全球,为麦当劳全球几千余家餐厅提供优质的分发服务,是麦当劳食品供应链的重要成员之一。

麦当劳对物流服务的要求是比较严格的。在食品供应中,除了基本的食品运输之外,麦当劳要求物流服务商提供其他服务,比如信息处理、存货控制、贴标签、生产和质量控制等诸多方面,这些"额外"的服务虽然成本比较高,但它使麦当劳在竞争中获得了优势。麦当劳利用夏晖设立的物流中心,为其各个餐厅完成订货、储存、运输及分发等一系列工作,使得整个麦当劳系统得以正常运作,通过它的协调与连接,使每一个供应商与每一家餐厅达到畅通与和谐,为麦当劳餐厅的食品供应提供最佳的保证。

(1)夏晖的平均库存远远低于竞争对手。在麦当劳和夏晖的伙伴关系中,夏晖物流不仅扮演了第三方物流公司的角色,而且还承担着供应商的责任。麦当劳完全采用了供应商代理的形式,由夏晖掌握麦当劳的库存与采购,使得夏晖的库存保持在较低水平。

(2)夏晖采用了准时供应方式。供应物流活动的主导是麦当劳,它可以按照最理想的方式选择供应物流,而供应物流的承担者夏晖,必须以最优的服务才能被用户所接受。这也是麦当劳和夏晖之间能保持几十年合作关系的原因。麦当劳因为夏晖的供应而节约了巨大的物流成本,夏晖也因此有生意可做,两家企业互相扶持,形成了坚不可摧的伙伴型关系。

(3)麦当劳产品的物流损耗率仅有万分之一。为了满足麦当劳冷链物流的要求,夏晖在北京投资 5500 多万元人民币,建立了一个占地面积达 12000 m²、世界领先的多温度食品分发物流中心,其中干库容量为 2000 t,里面存放麦当劳餐厅用的各种纸杯、包装盒和包装袋等不必冷藏冷冻的货物;冻库容量为 1100 t,设定温度为 -18℃,存储着派、薯条、肉饼等冷冻食品;冷藏库容量超过 300 t,设定温度为 $1\sim4$℃,用于存储生菜、鸡蛋等需要冷藏的食品。冷藏和常温仓库设备都是先进的设备,设计细致而精心,最大限度地对麦当劳产品进行保鲜,保持麦当劳产品的物流损耗率在万分之一。

(4)夏晖采用了供应链采购。麦当劳只需把自己的需求信息向供应商连续及时传递,由供应商根据用户的需求信息,预测用户未来的需求量,并根据这个预测需求量制订自己的生产计划和送货计划,主动、小批量、多频次向用户补充货物库存,既保证满足用户需求,又使货品库存量最少、浪费最小。这种VMI采购的最大受益者是麦当劳,它可以摆脱烦琐的采购事务,从采购事务中解脱出来,甚至连库存负担、运输进货等负担都已由夏晖承担,而服务效率还特别高。

资料来源:雪雁.麦当劳的第三方物流公司:夏晖[EB/OL].(2019 - 10 - 16)[2021 - 04 - 15]. https://www.sohu.com/a/347307063_100093760.

案例分析

这个案例提示我们,麦当劳把物流外包给夏晖公司,从而加快产品的流通速度,节约了物流成本,提高了企业效益。

思考·讨论·训练

1. 夏晖公司是如何提供第三方物流服务的?
2. 麦当劳和夏晖公司是如何维持合作关系的?

知识链接

1. 我国第三方物流业现状

20世纪90年代中期,第三方物流的概念开始传到我国,它是运输、仓储等基础服务行业的一个重要发展。近几年,随着市场经济体制的完善和企业改革的深入,企业自我约束机制增强,外购物流服务的需求日益增大。特别是随着市场竞争的加剧,企业对物流重要性的认识逐渐深化,视其为"第三利润源",对专业化、多功能的第三方物流需求日渐增加。

从第三方物流企业的形成结构看,大体有四个途径:第一是传统仓储、运输企业经过改造转型而来的占主导地位,占据较大市场份额。中远海运物流有限公司、中国外运股份有限公司总公司(简称中国外运)、中国物资储运集团有限公司等,凭借原有的物流业务基础和在市场、经营网络、设施、企业规模等方面的优势,不断拓展和延伸其他物流服务,向现代物流企业逐步转化。第二是新创办的国有或国有控股的新型物流企业,它们是现代企业改革的产物,管理机制比较完善,发展比较快。第三是外资物流企业,它们一方面为原有客户——跨国公司进入中国市场提供延伸服务,另一方面用它们的经营理念、经营模式和优质服务吸引中国企业,逐渐向中国物流市场渗透,如丹麦有利物流公司主要为马士基船运公司及其货主企业提供物流服务,日本近铁集团公司在中国设有多家分公司。第四是民营物流企业,它们由于机制灵活、管理成本低等特点,发展迅速,是我国物流行业中最具朝气的第三方物流企业。如宝供物流企业集团有限公司创建于1994年,是我国最早运用现代物流理念为客户提供一体化物流服务的第三方物流企业。

从提供的服务范围和功能来看,中国第三方物流企业仍以运输、仓储等基本物流业务为主,加工、配送、定制服务等增值服务功能处在发展完善阶段。像宝供、中海这样功能完善的第三方物流企业目前为数不多,规模也不是很大。

总之,随着物流热的兴起,第三方物流得到长足发展,既有量的增加,涌现出许多物流企业,又有质的提高,物流服务功能显著改善。但从整体上看,企业规模不大,服务水平不高,第三方物流还只停留在某一个层面或某一个环节上,没有实现从原材料供给到商品销售整个供应链的全程服务,还没有形成真正意义上的网络服务。

2. 我国第三方物流业的特征

第三方物流作为企业作业管理的协作者、物流服务的整合者以及物流外包的契约人,日趋成为现代物流主流服务模式。一个国家第三方物流发展水平代表着本国物流的发展进程。在经济快速发展的新形势下,大力发展以第三方物流为特征的现代物流服务既是推动我国经济质量升级的一条重要渠道,也是我国传统运输物流企业转型的必然要求。自20世纪90年代中期,第三方物流伴随现代物流理念传入我国以来,其已经有了长足发展,并呈现出较为明显的特征。

第一,总体规模偏小、发展潜力巨大。总体上讲,第三方物流在我国处于起步阶段,企业物流和公众物流服务仍然是社会物流的主要形式,严格意义上的第三方物流有效需求不足的局面短时期难以明显改观。同时,第三方物流在中国已经有了很长的探讨过程和发展过程,在全球经济一体化影响下,中国正在成为第三方物流发展最迅速的国家之一。

第二,需求的不平衡性较强。不同企业间的物流理念以及物流需求层次差异性很大,先进的与传统的物流模式并存。一方面中国日趋成为全球制造业的中心,先进的制造业和分销业产生高端的物流需求。这些企业物流理念先进、物流外包水平高、供应链管理要求严格且自主性较强,对第三方物流服务需求迫切、要求高。从另一方面来看,我国物流社会化、专业化程度依然较低。这种先进与落后物流形态并存的现象造成我国物流需求的多元化和社会物流结构的不均衡性。

第三,行业集中度较低。在当前1万~1.5万家第三方物流企业中,没有一家物流企业的市场份额超过2%,说明我国第三方物流行业尚未实现充分的整合。在竞争模式上主要体现在成本与价格竞争,而对第三方物流所带来的供应链增值效应关注不够,低水平的过度竞争成为我国第三方物流发展的瓶颈问题。根据分析,我国第三方物流行业目前利润率为3%~8%,行业利润空间尚未完全挖掘出来,和国际上相比差距还很大。

3. 我国第三方物流发展的对策

(1)理解客户需求、制定多物流服务组合

第三方物流需要了解客户所代表的需求,这样将客户需求变为企业业务标准就会变得相对简单,确认客户的真正需求不仅能够增加客户满意度,还可以降低成本。随着社会的发展,客户需求已悄然发生着变化,需求已不再千篇一律。多物流服务组合,是指物流企业在提供服务时,根据不同的客户采取不同的服务,以更好提高客户满意度。因此制定多物流服务组合已是刻不容缓。

(2)完善第三方物流信息系统

信息系统可以称为第三方物流的中枢神经,第三方物流企业要赢得客户的信任,完善信息系统是势在必行的。通过完善信息系统实现对物流全过程的监控,使企业物流活动更加合理化,以降低库存,使企业资金流量得到改善,实现成本优势。

(3)电子商务下明确第三方物流的发展方向

电子商务的发展使第三方物流得到了足够的社会重视,同时为了适应目标企业的需求,第三方物流企业逐渐开始重视现代物流技术的应用,将现有的业务流程以订单为中心进行改造,并在业务处理方面实行一体化操作,降低库存,减少资金占用。然而我国的第三方物流在流通加工、物流信息服务、库存和成本控制等增值服务方面仍处于起步阶段,物流方案设计及物流增值项目等更高层次的物流服务还无法满足电子商务飞速发展的需要。第三方物流企业要发展战略联盟,通过联盟关系,将联盟企业中符合自身发展的企业资源提取出来,经过一定的优化后与自身企业融为一体,这样可以帮助企业实现规模化经济,从而降低成本。

4. 我国第三方物流企业的发展前景

(1) 综合化与专业化

第三方物流对客户黏着性高,具有较强的依存性,个性化是第三方物流发展的重要方向。随着竞争的加剧,第三方物流企业开始注重商业模式创新,以通过对供应链的优化来为客户提供更好的产品和服务,平台型供应链服务、以私有物流云为基础的扁平型供应链服务开始出现并快速发展。在成本上升、市场竞争加剧的环境下,为了应对客户议价、成本上升,第三方物流企业特别是大型物流企业为了向客户提供更为多样化的物流服务,要加强建设客户物流服务体系和实现供应链整体运作效率和效益,为客户提供一体化综合物流服务,将第三方物流的专业化和综合化有效地结合起来。

(2) 并购与联盟趋势

伴随着经济结构调整转型,越来越多的物流服务需求将得到有效释放,以往中高端的第三方物流市场,将逐步过渡到中低端市场,除了专门的第三方物流企业,一些其他的社会物流企业,诸如快运、快递等,也将投入一体化物流当中,通过这样的方式增加客户的黏性。在这样的情况下,市场竞争将进一步加剧,在物流服务全球化、综合化的趋势下,第三方物流企业将在全球范围内进行一场并购与建立战略联盟的变革,最终实现物流资源与作业能力优势互补。

(3) 全球化趋势

当前经济全球化进程逐步加快,大型跨国企业将实现生产与销售的分离,实现自身利益的最大化。原本从事本土经营的第三方物流企业,将逐步扩大自身的物流服务地理覆盖范围,满足全球化客户的需求。此外,随着交通运输、信息通信等方面科学技术的深层次应用,全球一体化服务需求、作业需求将得到更好的满足。

小结

第三方物流作为企业作业管理的协作者、物流服务的整合者以及物流外包的契约人,日趋成为现代物流主流服务模式。一个国家第三方物流发展水平代表着本国物流的发展进程。在经济快速发展的新形势下,大力发展以第三方物流为特征的现代物流服务既是推动我国经济质量升级的一条重要渠道,也是我国传统运输物流企业转型的必然要求。

复习思考题

1. 简述我国第三方物流业的特征。
2. 阐述我国第三方物流的发展对策和发展前景。

实训 10-2

即测即评

项目 11　供应链管理

11.1　供应链概述

 教学目标

知识目标

1. 理解并能解释供应链的基本概念。
2. 理解供应链的特征和类型。
3. 能够正确表述供应链的结构。

技能目标

1. 能够绘出正确的供应链结构链条。
2. 能够为一般企业设计简单的供应链流程。

 案例导入

美的供应链是如何做的

美的集团的主营业务在电器行业，产品从小家电到大家电，覆盖范围广、品类多，给整个集团的供应链管理带来了非常大的挑战。

2013 年开始，美的实施了"632"项目，开始重新构建整个集团的核心系统。通过三年的时间，将原有的 100 多个 IT 系统整合成六大系统、三大平台、两大门户。2016 年，美的在工业 4.0 的热潮下，提出了"双智"战略：要做"智能产品"（创造智慧和有温度的产品）＋"智能制造"（全价值链数字化经营），并特别强调要做全价值链的数字化经营。美的不是互联网企业，但要实现互联网化、移动化、智能化，实施"双智"战略，建立数字化美的。

美的要用数字供应链来支撑全价值链运营，从计划物流、采购执行到供方协同，再到生产出货，通过数字供应链的支撑，从传统大规模的制造，向 T＋3 小规模多批量制造转变，最终实现 C2M 小规模小批量生产。

为了实现数字供应链，美的做了一系列的工作：

1. 敏捷计划快速拉动生产和备料

要实现数字供应链，首先要做到敏捷地计划，以计划拉动生产和备料。原来传统的 ERP 系统也好，APS（高级计划与排程）系统也好，很多都是一天一次计划，而目前 T＋3 的模式以及未来 C2M 的模式，对美的快速交付的要求更高，以天为单位的计划不足以支撑，所以美的现在实现了 2～4 小时计划。为此美的重新构建了计划体系，从预测到订单，通过预测计划来驱动物料的备料，通过订单来拉动整个计划。

2. 与供应商高效协同

美的的整个价值链从订单开始就与供应商进行协同,现在已跟供应商在协排产、采购、物流、绩效考评、品质、财务等方面打通了信息,供应商从公有云可以看到所有的信息。

3. 供应商管理

通过流程固化,建立了"以品类划分为基础,以绩效评价为核心"的供应链管理模式;通过SRM(供应商关系管理)系统的实施应用,提升了供应链管理的"规范化、透明化、去人为化"程度。为了实现数字化的供应商管理,美的建立了供应商绩效综合评估模型,实现供应商先分类再排名,按标准重应用,公平公正、优胜劣汰;建立了供货比例制订模型,实现约束权限、自动计算、监控过程;建立料费分离价格模型,规范定价、核价过程,对无法实施料费分离定价及联动调价的物料进行整体定价,SRM系统对整体定价的物料自动计算升降率、价差率、最低价等支撑信息,全面实现价格把控。

为了与供应商在业务方面顺畅协作,美的建了公有云平台,美的把生产计划、采购订单发到公有云平台,供应商在云平台上登录,收到信息后可进行排产。此外,美的还建立了协作云门户,实现送货通知、物流轨迹、车辆入场、卸货管理、物流详情等协作信息的透明化。

4. 工厂物流管理

根据精益价值流思想拉动现场物流,提升效率,降低成本,实现以下管理:①供应商配发送货单物质化;②车位预约、实时车位动态、车辆出入管理、出门证管理;③实物条码化、库存可视化、批次管理、库位管理、容器管理;④MO票管理、自制件库存透明管理;⑤配送指令、即时账务。

美的实现了拉式配送,拉动式生产实现计划到生产、生产实绩到计划的快速反馈,使计划更精确、生产更高效;根据生产计划和生产实绩生成配送指令,并进行备料和配送及时性预警;配送精细多样化,根据拉动的配送场景区分作业配送、共享配送、齐套配送等;配送作业人员根据指令进行操作,提升作业效率,降低线上物料成本。

在拉式生产的齐套率方面,下载排产计划后,根据车间实际生产情况及每小时产量更新实际排产计划,生产计划精确到分钟;根据实际的排产计划检查物料实际齐套情况,提供缺料预警;根据工单检查缺料情况,相关负责人指导相关人员解决物料异常,提升生产稳定性。

美的RFID的应用部署到了物流端和生产端。在物流端,通过RFID实现物流状态监控(配货、发货、入场等)、货物信息自动采集、无纸化(RFID取代送货单,可重复使用);在生产端,实现了生产过程精确定位与监控、生产数据采集、自动化生产。

美的拥有自己的物流公司,可以打通客户(研发、生产、销售、基地仓库)、渠道(分销渠道、外部客户仓库、电商渠道、中心仓库、经销商仓、电商仓库)、终端(门店、卖场)和消费者。美的的物流公司除了服务于美的之外,还服务于其他的企业。

企业应该搭建自己的数字化平台,美的很早就认识到了这一点。从内部来看,工业大数据与人、产品、设备、机器、车辆各环节集成,实现状态预警、操作驱动、人机互动;从外部来看,建设工业互联网整体解决方案,打通供应商、客户和合作伙伴,使信息透明可视。

资料来源:美的供应链是如何做的? [EB/OL]. (2017-12-01)[2021-04-15]. https://www.sohu.com/a/207813453_100068412.

案例分析

互联网技术的发达、大数据时代的影响,推动着供应链不断发展,数字化供应链应运而生,并不断扩大应用范围。

思考·讨论·训练

美的集团是怎么实现数字供应链的?

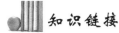

1. 供应链的概念

供应链(supply chain)产生于20世纪80年代末。随着全球化的不断发展和世界经济的扁平化,近年来供应链被广泛应用和发展,日益成为一种重要的新型管理手段。

供应链是围绕核心企业,通过对信息流、物流、资金流的控制,从采购原材料开始,制成中间产品以及最终产品,最后由销售网络把产品送到消费者手中的,将供应商、制造商、分销商、零售商及最终用户连成一个整体的增值网链结构。

我国国家标准《物流术语》中供应链被定义为"生产及流通过程中,围绕核心企业的核心产品或服务,由所涉及的原材料供应商、制造商、分销商、零售商直到最终用户等上下游成员链接形成的网链结构"。

而美国的史迪文斯(Stevens)曾表述:"通过增值过程和分销渠道控制从供应商的供应商到用户的用户的流就是供应链,它开始于供应的源点,结束于消费的终点。"

以上描述都反映了供应链上下游的供需关系,以及其环环相扣的完整性。而供应链区别于一般的物流链,则主要体现在其三流一体的结构性上。

①在供应链的物流中,每一个个体环节的物流行为,都影响到其上下游,以及上下游的上下游的物流行为,进而扩展到整个供应链的物流行为,因此每一个个体都对供应链物流的整体效率及产能起到重要的作用。

②在供应链的信息流中,由于个体环节之间的合作与沟通,直接影响到整个供应链的流通性和顺畅性,因此信息流的通畅与否,决定了供应链是否能够顺利而高效地衔接及运行。

③供应链的资金流是指从采购到设备投资再到销售产品之后收取的货款和清偿供货商款项的过程。资金流属于供应链必不可少的部分,正是因为有资金的投入和产出,整个供应链才能创造利润。而资金流的合理与否,则直接决定了供应链的总成本和最终各个环节的净利润。

2. 供应链的特征

供应链是一个紧密连接的网链结构,结合供应链的概念和内涵,我们可以得出供应链具有以下主要特征:

(1) 面向用户需求

供应链,顾名思义是提供物料或服务供应的链条,既然是供应,就必须以需求为基础,否则就容易造成供不应求或供过于求的情况。因此,供应链中的所有活动,都是以用户需求为导向的,用户需求是供应链中信息流、产品服务流和资金流运作的驱动源。

(2) 全局性

供应链的绩效应当是全局的。在供应链中,效益是通过整体合作和整体优化而得到的,其所追求的是多方共赢的利益。因此供应链中的整体利益高于局部或个体利益,整个供应链体现出统一集成的全局性特征。

(3) 复杂性

由于供应链中企业数量大、层次多、范围广,再加上其多由多种不同类型不同分工的企业构成,企业和企业之间又需要进行交叉合作,因此供应链的结构及业务模式比一般单个企业和机构的模式都要复杂许多。

（4）**动态性**

供应链的动态性体现在两个方面:首先,供应链中的企业不是一成不变的,而是在不停地发生着变化,有新加入的企业,也会有离开的企业,因此企业成员构成是动态的;其次,由于市场需求的驱动和导向,供应链中的产品表现、节点企业、管理方法等因素都必然会随着市场需求的变动而产生动态变化,因此,供应链是动态的。

（5）**增值性**

供应链在流通的过程中,伴随着运输、储存、流通加工等活动,产品不断地得以增值,而为了顺应市场需求,在供应链的设计过程中,也将更加注重从客户角度为产品赋予价值增值,来提升客户的满意度。增值性特点也同时为供应链中各个环节创造更多的利润。

3. 供应链的类型

（1）**按供应链的范围及广度划分**

①单元供应链。单元供应链由一家企业及该企业的直接供货商和直接客户组成,包括了从需到供的循环。它是供应链最基本的模式,也是最为简单的供应链模式。

②产业供应链。不难发现,在当今的全球大市场竞争环境中,单元供应链很难展开强有力的竞争,企业不仅考虑自己企业范围内的事,而且开始关注其他更多的企业,进而与其相互合作,构成联盟,来进行优势互补,于是就形成了产业供应链。

产业供应链由单元供应链组成,是企业联合其他上下游企业,通过联盟和外包等合作方式建立的一条经济利益相关、业务关系紧密、优势互补的产业供需关系网链。企业充分利用产业供应链上的资源来适应新的竞争环境,实现合作优化,共同增强竞争力。产业供应链中的单元供应链皆提供不同的部件或服务,为产品增加附加值。

③全球供应链。全球供应链,顾名思义是在全球范围内组合的供应链,是企业根据需要在世界各地选取最有竞争力的合作伙伴,结成全球供应链网络,以实现供应链的最优化。

全球供应链的范围最广,内含的企业数量最多,对于供应链的整合能力要求也最高。通过全球供应链,企业的经营运作方式将被广泛和彻底的影响和改变。

（2）**按企业的发展进程划分**

①内部供应链。企业发展初期一般体现为内部供应链,其供应链主要着眼于企业内部的业务操作,致力于企业部门与部门之间的合作与协调。企业通过内部合作和内部供应链来寻求本企业的最佳表现。

②外部供应链。当企业发展到一定程度,就会开始注重外部资源的利用和与其他企业的合作。在这个阶段,本企业同其他企业共同形成外部供应链,通过对制造、加工、分销、零售和物流过程的分工合作,形成更为系统和高效的整体。通过外部供应链的形成,企业将得到更多的资源和信息,并通过供应链合力,达到多方共赢下的利益最大化。

（3）**按供应链的功能特点划分**

根据产品类型的不同,衍生出了两种功能特点不同的供应链。在了解这两种供应链之前,首先应掌握其对应的两种产品类型,即功能性产品和创新性产品,其对比见表11－1。

表 11－1　功能性产品和创新性产品的特点对比

项目	功能性产品	创新性产品
需求特征	可预期	不可预期
产品寿命周期	大于两年	3～12 个月
边际收益率	5%～20%	20%～60%
产品多样性	低(10～20)	高(大于 100)
平均预测误差幅度	10%	40%～100%
平均缺货率	1%～2%	10%～40%
订单生产产品的提前期	6～12 个月	1～14 天

①效率型供应链。效率型供应链对应功能性产品，是致力于用最低的价格，以保障供应为基本，以提高效率为根本目标的供应链管理系统。由于功能性产品的需求一般是可预期的，因此在效率型供应链中，控制库存和设法实现高效物流成为其重要控制性指标。在这类供应链中，选择供应商的主要因素有成本、质量、服务和时间等。

②反应型供应链。反应型供应链对应创新型产品。由于创新型产品表现出市场需求的极不稳定性，因此反应型供应链着眼于如何对市场不可预见的需求变化做出迅速而有效的应对反应。为了尽可能降低市场突然变化给供应链带来的损失，反应型供应链的生产部门要求有强力的缓冲生产能力，并为库存部门准备有效的零部件和成品缓冲性库存。此类供应链在选择供应商时，应主要考虑柔性、速度、灵活性和质量等因素。

此两种供应链的对比见表 11－2。

表 11－2　效率型供应链和反应型供应链的比较

项目	效率型供应链	反应型供应链
主要目标	最低生产成本的有效需求	快速响应，减少过期库存产品的减价损失
制造过程	维持高平均利用率	消除多余的缓冲能力
库存战略	高周转率，最小库存	消除大量零部件和产品缓冲库存
提前期	保有成本地缩短提前期	采取主动措施缩短提前期
供应商选择	成本和质量	速度、柔性和质量
产品设计战略	绩效最大，成本最小	模块化设计，延迟策略

（4）按供应链的驱动力划分

①推式供应链。推式供应链是以制造商为驱动源，产品的生产及流通从制造商逐级推向下游环节的供应链。推式供应链响应需求的能力较差，适用于市场需求变动较小的产品类型。供应链管理初期多表现为推式供应链。

②拉式供应链。拉式供应链是以最终用户为驱动源，产品的生产、供应及流通都由市场需求来进行拉动的供应链。拉式供应链对市场的响应能力高，并可以完成定制化服务，适用于供大于求或需求变动较大的市场环境。

4. 供应链的网状结构

常见的供应链网状结构有以下三种：

（1）**发散型供应链**

发散型供应链又被称为 V 形供应链，生产中间产品的企业数量大于供应商数量，总体呈现发散状,产品由供应源向外发散。常见的 V 形供应链代表行业有石油、化工、造纸及纺织业等。

（2）会聚型供应链

会聚型供应链又叫作 A 形供应链,其核心企业拥有大量的供应商,供应商数量大于中间环节企业数量,整个链条自上而下呈现不断向核心企业收缩的会聚状态。A 形供应链的典型行业有汽车工业、航空航天工业及机械制造业等。

（3）T 形供应链

T 形供应链介于上述两种模式之间,其中的节点企业从众多供应商处采购大量物料,并为大量最终用户和合作伙伴提供相应的加工品,是大多数企业所处的供应链类型。较为典型的 T 形供应链行业包括食品、电子产品和医药保健等行业。

小结

供应链是围绕核心企业,通过对信息流、物流、资金流的控制,从采购原材料开始,制成中间产品以及最终产品,最后由销售网络把产品送到消费者手中的,将供应商、制造商、分销商、零售商及最终用户连成一个整体的增值网链结构。

供应链具有五种基本特征,可从四个不同的角度划分为若干类型。从供应链的网状结构来看,主要有发散型供应链（V 形供应链）、会聚型供应链（A 形供应链）和 T 形供应链三种结构模式。

复习思考题

1. 什么是供应链?
2. 简述供应链的特征。
3. 效率型供应链与反应型供应链有什么不同?
4. 供应链有哪些网状结构? 分别适用什么行业?

实训

实训 11-1

11.2 供应链管理概述

教学目标

知识目标

1. 掌握供应链管理的基本概念。
2. 能够表述供应链管理的目标和流程。

技能目标
1. 充分理解如何进行一般供应链管理。
2. 掌握一般企业达成供应链管理目标的途径。

 **案例导入**

行业变革下的服装柔性供应链

目前服装行业所处的整个市场环境、商业模式都在发生改变,随着新零售的到来,新的市场环境正倒逼整个物流供应链寻求管理模式的突破和升级。近几年,消费者对于服装产品以及体验的要求都发生了深刻的变化,从而对物流供应链提出更高的要求。

未来服装供应链的发展将具有三个特点:第一是数字化的供应链;第二是智慧型的供应链;第三,是敏捷型的供应链。众所周知,服装产品季节性、时效性非常强,是和时间赛跑的"时装"。基于这一特性,目前绝大多数的企业会遇到两大问题:高库存、高脱销。高库存是由于预测不准,高脱销则是反应速度不够快。从这个角度上来说,服装供应链未来的发展要打造以市场为导向的快速响应模式,打造柔性化的供应链。

柔性化的供应链需要组织、流程、IT等多方面的支持。要实现柔性化供应链,首先需要延伸计划,要将整个销售计划、采购计划、物流计划以及供应商产能计划等有效捆绑在一起;其次需要延伸品质,使公司对品质的要求和供应商品质要求达成共识,多做预防,减少退货,提升快速反应能力;最后是提升成本管控能力,如寻找优质的供应商,通过和供应商结成战略结盟提前备料,使供应链变得更灵活。

此外,在新零售的推动下,现在店与仓在实体上已经开始融合,未来在信息上必然是打通的,将通过信息系统合二为一,门店不仅可以直接看到仓库库存,直接安排调货;同时还可以通过全程可视化直接看到生产端,从而进行预售。这样一来,库存将会减少,交付时间会更短,消费者体验会更好。为此,服装企业应在信息化建设上不断投入,如上线全程可视化物流管理系统(OTMS),将现存的各信息孤岛打通对接,基于大数据做数据分析决策,通过互联网实现全程可视化,实现上下游协同,不仅使整个物流运作更加清楚,也可以更加有效地管理承运商,实现在线对账、智能数据分析等。

资料来源:任芳.行业变革下的服装柔性供应链:访上海沙驰服饰有限公司采购总监兼总经理助理王勇[J].物流技术与应用,2019(7):102-104.

案例分析

消费者对于产品以及体验的要求正发生着深刻的变化,从而对物流供应链提出更高的要求。未来服装供应链应打造以市场为导向的快速响应模式,打造柔性化的供应链。

思考·讨论·训练

未来服装供应链将如何发展?

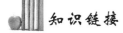 **知识链接**

1. 供应链管理的概念

供应链管理(supply chain management)是为满足服务水平要求,将供应商、生产商、销售商、物流商和最终用户结成网链来组织生产与销售商品,并通过商流、物流、信息流、资金流系统的设计、计划、运行和控制等活动达到降低系统总成本的预期目的。

我国国家标准《物流术语》对供应链管理的定义是"从供应链整体目标出发,对供应链中采购、生产、销售各环节的商流、物流、信息流及资金流进行统一计划、组织、协调、控制的活动和过程"。

2. 供应链管理的目标

供应链管理致力于建立一个高效率、低成本的供应链,并为最终用户创造最大价值。其通过企业伙伴之间的协同合作,降低总成本和费用,并以市场需求为驱动力,为客户提供最佳服务。

(1)**供应链管理的具体目标**

①缩短时间。通过降低订货到发运的循环期,力求生产和物流的流程能够在较短的时间内完成,这样一来,供应链将获取更高的效率,时间成本和库存成本也会随之下降,订单的按时交付率也会有更好的表现。因此在供应链管理中,尽可能地缩短所有业务和相关操作的时间,能够帮助供应链提升整体表现。

②提高柔性。柔性响应的提高代表供应链中各个企业能够迅速根据客户的独特需求进行客户化的操作,这意味着客户需求能在合理的成本控制之下,得到更为快速的满足,整个供应链的应变能力提高,对于客户临时性需求的处理更为主动。

③减少浪费。供应链内部存在着大量的库存节点,导致整个系统积压大量的资源,影响了供应链的竞争力,除了库存环节,资源叠加的问题在供应链中其他部门也非常普遍。供应链管理试图通过尽量降低功能重叠,协调运作系统以及提高质量来寻找减少整个供应链浪费的途径。若企业之间能够达到运作统一,并协调系统间的信息传递,做到及时、高质和互动,从而降低不必要的活动和资源持有,供应链中的浪费便可得以减少,总成本将得以压缩。

④利润最大化。供应链企业高效、准时地满足客户需求的最终目的是利润最大化。最常用的方法就是降低成本,以提高边际收益和净利润。现金流将会因供应链企业的集成运作和减少浪费而得以改善,而柔性和时间绩效的提高则为供应链赢得和留住原有客户群、保证供应链长期盈利提供了可能。

(2)**实现供应链管理目标的途径**

①把握真实需求。在供应链多层次需求信息反馈中存在着牛鞭效应,往往导致需求信息失真。可通过市场调研、历史订单以及同行反馈等方式方法,尽可能把握市场真实需求,以减少供应链上的生产过剩、库存积压等情况的发生。

②组织快速供应。通过使用计算机、移动通信、动态跟踪等技术,可避免供应链各个环节中的低效甚至无效停滞的现象,从而提高企业物流效率、服务质量和用户满意度,使得供应链企业比竞争对手更为快捷准确地为客户提供产品或服务供应。

③进行整体优化。要站在全局的高度,从企业整体的角度出发,对供应链各项业务、各个环节进行全面优化。整体优化能够帮助解决库存过大、生产盲目以及渠道复杂等供应链问题。

④实施集成管理。如果没有供应链一体化的集成管理,供应链上的每个企业就会只管理它自己的库存,并以这种方式来防备由于供应链中其他组织的独立行动而给本企业带来的不确定性。因此,需要从信息集成和业务集成等方面对供应链进行集成管理,完成供应链的整体优化。

3. 供应链管理的流程

(1)**计划**

通过计划流程设计供应链管理的战略层面,其重点是建立一套有效的计划机制以便监控供应链,使其以更高的效率和更低的成本提供增值服务。重点在于对采购流程、生产流程和配送流程进行规划与控制。

（2）采购

采购流程中最关键的是选择产品或服务供应商。其包括了采购作业和采购管理两项活动。其中，采购作业包括寻找供应商、进货、验收、收货与拒收等作业；采购管理包括供应商评估、运输管理、采购品质管理、采购合同管理、付款条件管理等。

（3）生产

生产流程包括生产执行作业与生产管理两项活动，其目的是描述生产作业与生产的管理流程。其中，生产执行作业包括领料、产品生产、产品测试与包装出货等；生产管理包括工程变更、生产状况掌握、生产品质管理、现场进程制订、短期产能规划与现场设备管理等。

（4）配送

配送流程属于与客户直接相关的流程之一，配送质量的好坏、即时性的高低，都直接与客户反馈相关，是衡量供应链整体效率的重要指标。在供应链管理中，掌握配送环节的订单、库存、运输都至关重要。

（5）订单管理

订单管理包括接单、报价、客户资料维护、订单分配、产品价格资料维护、授信与开立发票等。订单直接反映产品的相关信息，订单管理的有序进行，便于供应链的流程管理，通过有效的订单管理，能够有效控制货损货差，也便于进行物流计划与安排。

（6）回收

回收是供应链管理的瓶颈之一。企业除了考虑如何有效地将产品或服务送至顾客手中之外，还应该建立一套能完整地从顾客手中回收瑕疵品以及从下游厂商手中回收过剩产品的机制。

4. 供应链管理的驱动要素

（1）库存

库存水平在很大程度上影响着供应链的反应能力和盈利水平。库存量的决定和控制至关重要，库存量的增加可以保证企业的反应能力，但会导致库存成本增加；库存量的减少可以提高企业的盈利水平，却又降低了供应链的反应能力。

（2）运输

企业可以选择多种运输方式与多种运输路径的组合，每种组合都有各自的优缺点。较为快捷的运输方式可以提高供应链的反应能力，同时也会带来较高的运输成本和较低的盈利水平；反之同理。

（3）设施

供应链中的生产、流通、装卸搬运及流通加工等活动，都对设施设备有较强的依赖性。设备的选址、功能和灵活性决策对供应链的绩效有着决定性的作用，设备的一次性投入决策则会影响到供应链管理中的资金流。因此，设备的投资额度、先进程度以及设备资源和人力资源的投入产出比率，都将对供应链管理产生不同程度的驱动作用。

（4）信息

信息包括整个供应链中有关库存、运输和设施的数据资料。信息是对供应链绩效影响最大的驱动要素，它直接或间接地影响了其他几个要素。有效的信息可以为管理者提供决策依据，从而提高供应链的反应能力和盈利能力。

小结

供应链管理是为满足服务水平要求,将供应商、生产商、销售商、物流商和最终用户结成网链来组织生产与销售商品,并通过商流、物流、信息流、资金流系统的设计、计划、运行和控制等活动达到降低系统总成本的预期目的。

供应链管理以缩短时间、提高柔性、减少浪费和利润最大化为目标,按照计划、采购、生产、配送、订单管理和回收的流程组织管理,并且为库存、运输、设施和信息所驱动。

 复习思考题

1. 什么是供应链管理?
2. 供应链管理的目标有哪些?
3. 如何组织供应链管理的流程?

实训

实训 11-2

11.3 电子商务与供应链管理

 **教学目标**

知识目标

1. 理解并能解释说明电子商务和供应链的关系。
2. 理解电子商务对供应链的影响。

技能目标

1. 建立对电子商务的感性认知。
2. 能够运用电子商务推进供应链管理。

案例导入

电商发展驶入快车道

新冠肺炎疫情防控期间,电商不仅实现了逆势增长,还在保障民生中发挥了重要作用。

电商为啥"冲得上"?

强大的技术能力、完善的供应链体系、充足的配送队伍,让电商在疫情防控期间保障民生"冲得上"。

强大的技术能力,让电商的快速应急"预见早"。疫情防控之初,京东物流大数据敏锐地发现,武汉当地消费者购买包括口罩在内的一些商品出现明显波动。经过一系列智能算法和预测后,京东物流武汉中心仓以及全国其他物流仓提前有针对性地联系供应商,积极展开备货。后来的事实证明,这些提前准备的物资,全都及时用到了疫情防控中。京东物流还快速把"武汉仓向外辐射"调整为"其他仓反哺武汉仓"的新方案,综合考虑每日调整的城市限行信息,进行智能化的组单和派单,将单均配送里程大幅降低。

完善的供应链体系,让电商的快速应急"不卡壳"。武汉关闭离汉通道,交通受阻,仓储、分拣、运输都会受到影响。面对困难,各大电商平台不仅没有停摆,反而承担了大量的物资转运和保障功能,靠的是什么?既要靠技术能力,也要靠多年建立起来的供应链体系。疫情冲击对各行各业来说都是巨大的挑战,正是在技术能力的支撑下,电商平台建立起全品类、全覆盖、智能化、开放化的强大供应链体系,有能力有底气应对突然发生的变化。

充足的物流队伍,让电商的快速应急"能落地"。京东超22万名员工全力投入、全速运转,保障物资送达。1.2万名苏宁物流仓储和快递人员、5800多辆运输车辆坚守岗位。天猫联合菜鸟、顺丰设立首个全国口罩应急"心脏仓",变分省市多级配送为直达配送,提高了配送时效。

电商为啥"卖得好"?

减少中间环节,去除多余的搬、倒、腾、挪,更好地降低流通综合成本,贴合消费需求,提升购物体验。

作为流通供给侧的重要组成部分,电商减少了传统流通的中间环节,并通过物流的信息化,去除了多余的搬、倒、腾、挪,有效降低了流通综合成本。说到底,就是贴合了消费需求,提升了购物体验。

电商为啥"送得快"?

电商超强覆盖力的背后是信息流、物流高效统一,是全渠道、全链路融合升级。

从一、二线城市到偏远农村山区,从"买(卖)全国"到"买(卖)全球",电商打破时间、空间限制,以同样的标准服务亿万消费者。超强覆盖力的背后,是信息流、物流的高效统一,是全渠道、全链路的融合升级。

延长服务链条,织密服务网点,压实配送责任。京东建立了从线上到线下、几乎覆盖全国的供应链物流服务体系。其中面向乡镇的京东家电专卖店,数量已突破1.5万家,实现对全国2.5万个乡镇60万个行政村的覆盖。同时,通过开展安装、维修等服务,把下乡送货变成网点发展用户、拓展业务的渠道。

依托大数据,实现商品品类和区域的合理布局,保障服务时效。苏宁在全国44个城市运营着58个物流基地。

建设共享场地、实现信息共享,提高配送密度。2020年5月,菜鸟乡村推动四川凉山彝族自治州首个共配中心在布拖县落地运营,中通、申通、韵达、圆通、百世、天天、顺丰等7家快递物流企业加入共配项目。

电商为啥"活力足"?

在新一代信息技术赋能下,直播带货、反向定制等电商新业态纷纷兴起。

在人工智能、大数据、物联网等新一代信息技术赋能下,直播带货、反向定制等电商新业态纷纷兴起、活力十足,进一步激发了消费潜力。直播带货已成为电商发展新潮流。根据商务部大数据监测,2020年上半年电商直播超1000万场,活跃主播数超40万,观看人次超500亿……凭借一部小小的手机,直播带货在主播、消费者和企业之间架起了一座崭新的桥梁。

一端连着生产,一端连着消费,电商将持续喷涌创新活力,惠及亿万消费者,释放经济发展新动能,为构建以国内大循环为主体、国内国际双循环相互促进的新发展格局提供有力支撑。

资料来源:杜海涛,王珂,齐志明,等.电商发展驶入快车道[N].人民日报,2020-09-16(19).

案例分析

近年来电商一直在快速发展。据商务部统计,全国电子商务交易规模从2010年的4.55万亿元增长到2019年的34.81万亿元。电子商务的发展促进了供应链体系的建设,完善的供应链体系又促进了电子商务的发展。

思考·讨论·训练

思考电子商务与供应链的关系。

知识链接

1. 电子商务的概念

电子商务是信息化和网络化的产物,是利用电子手段从事的商务活动。电子商务的概念有狭义与广义之分。

①狭义的电子商务(EC)是指人们利用电子手段进行的以商品交换为中心的各种活动,主要指企业与消费者个人双方或多方通过计算机网络进行的商务活动。

②广义的电子商务(EB)又可称为电子业务,指的是各行各业(包括政府机构和企事业单位)中各种业务的电子化,包括狭义的电子商务、电子政务、电子军务、电子教务、电子公务、电子家务等。

本书所讲的电子商务与供应链管理当中的电子商务,所指向的是狭义的电子商务,而非广义的电子商务。

2. 电子商务与供应链管理的关系

供应链管理与电子商务都是从供应商到最终用户的价值增值过程,电子商务是在一个更新的、更有效的网络技术平台上构建的供应链,实现电子商务的价值增值过程就是一个供应链管理的过程。具体来说,二者的关系如下:

(1)电子商务的普及程度与供应链管理的效率密切相关

电子商务作为数字化的生存方式,代表未来的贸易方式、消费方式和服务方式,要求打破物资流通业、商业流通业、仓储业、交通运输业和邮政快递业的传统格局,对物流、信息流、资金流和业务流进行合理调控。这就要求企业之间实现高效联结,因为只有在高效的、合理的、通畅的供应链中,电子商务的优势才能得到有效的发挥。

(2)供应链管理的水平与电子商务在企业中的应用息息相关

高效率的供应链管理既需要快速的物流和资金流,更需要快速、正确的信息流,而电子商务的发展为信息的快速、准确流动提供了保证。电子商务的发展为供应链管理带来了契机,基于互联网的网络供应链管理能对供应链节点企业进行统一的协调和计划,实现高效的一体化供应链管理。

在企业中应用电子商务的基本条件是网络设施完善,要求在企业内部建立起企业内部网并在企业之间建立企业外部网,然后通过网络使内部供应链与外部供应链连成一个整体,如此,供应链上的信息才能同步传输,实现供应链节点企业的信息共享。

3. 电子商务对供应链管理的影响

(1)加强供应链的一体化

电子商务的应用加强了各个供应链成员的一体化倾向,特别加强了制造商的前向一体化

倾向,这种一体化行为能够提高供应链的效率。

（2）减少供应链的中间环节

电子商务是在计算机、应用软件和通信系统构成的网络中实现的。通过互联网这一中间平台,制造商可以直接与消费者在网络上进行交易,这样就减少了分销商和零售商这样的中间环节,从而达到节约运输成本和销售成本的目的。

（3）使企业的组织边界趋于模糊化

电子商务的发展使得供应链中的信息流和资金流活动更加频繁,企业之间的联系也由单一渠道转变为多渠道,例如,供应商的销售部门要与制造商的采购部门、设计部门和销售部门进行交流与合作,共同设计消费者满意的产品和服务。随着供应链节点企业合作程度的日益加深,企业边界越来越模糊,使得整个供应链重新整合,形成一个虚拟的大企业。

（4）使企业的销售模式由"推动式"变为"拉动式"

在电子商务时代,消费者可以对其所需的商品提出个性化、差异化的设计要求,制造商和相应供应商组成的虚拟联合体也要依据消费者的要求共同完成产品的设计,然后组织生产,最大限度地满足消费者需求。此时,销售模式由生产者推动型转变为消费者拉动型。

（5）使节点企业实现经营的网络化

这一点主要体现在两个方面:一是交易系统的网络化,物流配送中心与供应商和制造商通过网络实现联结,上下游企业之间的业务往来也通过网络进行;二是组织的网络化,电子商务贯穿于整个供应链流程,使得供应链节点企业处于一个更大的供应链网络之中。

 小结

狭义的电子商务,是指人们利用电子手段进行的以商品交换为中心的各种活动,主要指企业与消费者个人双方或多方通过计算机网络进行的商务活动。

电子商务对供应链管理的影响表现在:加强供应链的一体化,减少供应链的中间环节,使企业的组织边界趋于模糊化,使企业的销售模式由"推动式"变为"拉动式",使节点企业实现经营的网络化。

 复习思考题

1. 什么是狭义的电子商务?
2. 电子商务与供应链管理有什么关系?
3. 电子商务对供应链管理的影响有哪些?

 实训

实训11-3

即测即评

项目 12　国际物流

12.1　国际物流概述

教学目标

知识目标

1. 掌握国际物流的概念。
2. 能够理解及表述国际物流的特点。

技能目标

充分理解国际物流在全球化中的作用。

案例导入

海外市场爆发　小米携手中远海运：国际物流交付稳了

2020 年 12 月 16 日，小米集团与中远海运集装箱运输有限公司于北京小米移动互联网产业科技园签署了服务框架协议，双方通过直签模式达成全球五大洲的国际海运的合作，助力小米国际业务的发展。

2020 年，小米在全球主要市场强势增长。根据 Canalys 的数据，2020 年第三季度，小米在西欧地区的智能手机出货量同比增长 107.3%，市场占有率达到 13.3%，在该地区的排名升至前三。

随着小米日趋增强的国际业务，对国际物流和交付的稳定性也提出了更高的要求。此次双方强强联合，以海运服务为起点，通过端到端的合作加速货物流转，进一步提升国际物流服务效率。

据了解，未来双方还将继续携手深耕港口仓储服务和区域物流等市场，不断扩大并深化双方战略务实合作，持续在海运数字运营、供应链领域探索合作机会，共同推动行业发展。

资料来源：海外市场爆发　小米携手中远海运：国际物流交付稳了[EB/OL].(2020-12-18)[2021-05-15]. https://new.qq.com/rain/a/20201218A0E19100.

案例分析

这个案例提示我们，在全球化大背景下，国际物流的产生和发展是不可逆转的趋势。尤其在跨国公司和跨境业务中，国际物流作为流通性和管理性保障环节，越来越被重视和推广起来。

思考·讨论·训练

小米集团与中远海运集装箱有限公司的合作对于小米集团的国际业务有什么作用？

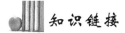 知识链接

1. 国际物流的概念

国际物流(international logistics)是指跨越不同国家(地区)之间的物流活动。

国际物流的实质是实现货物在国际的流动和交换,以促进区域经济的发展和世界资源的优化配置。国际物流的目标是选择最佳的方式和途径,以尽可能低的成本费用,在风险可控的前提下,以最优的质量和正确的数量,在正确的时间将货品从一国的供应方运到另一国的需求方,并达到国际物流系统的整体效益最大化。

从分类上来看,根据不同的划分标准,国际物流可从三个方面进行划分,具体类别分别是:进口物流和出口物流,国家间物流和经济区域间物流,国际商品物流、国际军火物流、国际邮品物流、国际援助和救助物资物流等。

2. 国际物流的特点

（1）服务范围广

国际物流从地域上来看,覆盖范围涉及全球各个国家及地区,服务范围极广。国际物流涉及的供应商、物流商及物流节点数量大、分布广。这就决定了国际物流的复杂性和难度都高于小范围的物流活动,需要从多方面来对其业务和活动进行协调和管控。

（2）信息化程度要求高

为了保障国际物流跨地域运行的流畅性,同时也为了降低国际物流的总成本,信息技术和信息系统的支持是必不可少的。而同国内物流相比,建立国际物流的信息系统存在更大的难度,无论是管理方面,还是初始投资,都是较大的挑战。而各国物流信息水平的不均衡及信息技术系统的不统一,也是国际物流信息系统建立和发展过程中的一大障碍。

（3）运作风险大

国际物流运作范围广泛,运作环境复杂,其面临的风险也较大。首先,国际物流面临外部风险,主要包括地理距离、预期难度、宏观经济风险、地缘政治风险以及不同地区的基础设施差异风险等。其次,国际物流还面临一定的内部风险,主要体现在相关企业由国内走向国际的过程中,其内部的计划、生产、采购、库存、运输、配送等方面体现出的无行为能力或低行为能力。

（4）标准统一难度大

为了保障国际物流的顺畅性,统一标准是必不可少的环节。目前国际市场中所采用的主流物流标准主要是由美国、欧洲和日本建立的,于是标准内部本身就存在着不统一性,导致物流标准对物流成本的影响不同,采取的标准化措施也将不同,这些问题都将不同程度地造成国际物流标准化的难度。

3. 国际物流的发展措施

面对诸多不确定因素,国际物流企业应更好地制订正确的战略,采取有效的措施,防范和规避各种风险,促进国际物流的发展。

（1）提高国际物流管理的信息分析能力,增加不确定因素的预见性

国际物流的信息化水平应不断提高,一般来说,信息手段越健全,信息反馈越充分。

（2）制订多种物流方案,确保全球供应链畅通

跨国公司必须从全球视角出发,制订总体应急行动计划规避风险,使国际物流公司有能力应对不时发生的各种不确定因素的挑战,在各种自然灾害和国际突发事件中,能够迅速改变业

务模式以适应所发生的变化,并针对新情况采取应对措施。

(3) **发展现代物流技术,加快全球物流管理的新进展**

全球物流管理强调的是全球物流系统成本的最小化,即如何在最短的时间内,以最高效率、最低成本的方式将货物送达指定的目的地。因此,现代物流技术的发展以及供应链网络的重新设计都有助于全球物流管理中风险的规避。

4. 国际物流的发展趋势

由于全球化进程的加快,资源在全球范围内的流动和配备日益加强,世界各国更加重视物流对增强国家经济竞争实力和节省总物料成本的影响。从未来趋势来看,国际物流将得到更加迅猛的发展,朝着更专业、更综合、更环保的方向发展。

(1) **信息化趋势**

为实现国际物流的信息化,首先需要采用标准化的条码技术完成商品数据录入和数据采集,再借助自动识别技术、数据库技术、电子数据交换等现代技术手段建立仓储、保管等各类与物流业务管理有关的基本数据库;应用射频识别技术来进行物料跟踪、运载工具和货架识别等要求非接触数据采集和交换及需要频繁改变数据内容的场合;通过便携式数据终端(PDT)随时通过射频识别技术把客户产品清单、发票、发运标签、该地所存产品代码和数量等数据传送到计算机管理系统;应用全球卫星定位技术,可以全天候、连续地为无限多用户提供任何覆盖区域内目标的高精度的三维速度、位置和时间信息,从而大大地提高物流路网及其运营的透明度,提供更高质量的物流服务;通过地理信息系统完成车辆路线模型、最短路径模型、网络物流模型、分配集合模型和设施定位模型等功能。

(2) **智能化趋势**

国际物流的智能化已经成为电子商务下物流发展的一个方向。智能化是物流自动化、信息化的一种高层次应用,物流作业过程中大量的运筹和决策,如库存水平的确定、运输搬运路线的选择、自动导引车的运行轨迹和作业控制、自动分拣机的运行、物流配送中心经营管理的决策支持等问题,都可以借助专家系统、人工智能和机器人等相关技术加以解决。因此,国际物流智能化要求物流中心必须建立基于物流业务流程的物流分析系统,用来对物流进行运筹分析。具体而言,物流分析系统应包含车辆路线模型、网络物流模型、分配集合模型、设施定位模型和全球定位系统模型等。

(3) **环保化趋势**

目前物流业对环境的污染非常明显,比较严重,主要体现在交通工具的污染、有毒有害物质的污染以及废旧物质的污染。现代物流的发展除了重视成本和效率外,也必须优先着重考虑环境问题。国际物流也需从环境角度入手,对整个体系进行改进,形成一个与环境共生型的物流管理系统。

这种物流系统建立在维护全球环境和可持续发展的基础上,改变原来物流与发展、物流与消费生活之间的单向作用关系,在抑制物流对环境造成危害的同时,形成一种能促进经济与消费健康发展的物流系统,即绿色物流。物流企业只有采取面向可持续发展的经营管理理念或模式,才能把生产经营活动同自然环境、社会环境的发展联系起来,达到经济效益、社会效益和环境效益相统一的目标。

 小结

国际物流是指跨越不同国家(地区)之间的物流活动,其服务范围广、信息化程度要求高、运作风险大、标准化统一难度大,可以采取三项措施促进其发展。

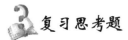复习思考题

1. 什么是国际物流?
2. 国际物流的特点有哪些?
3. 国际物流未来发展有哪些趋势?

实训

实训 12-1

12.2 国际物流系统

教学目标

知识目标

1. 理解并能解释国际物流系统的基本概念。
2. 理解国际物流系统的功能要素。

技能目标

1. 充分理解国际物流系统的构成。
2. 进行国际物流系统的要素分析。

案例导入

菜鸟网络的全球供应链服务

菜鸟网络建立了以协同共赢、数据技术赋能为核心的平台,将更多的合作伙伴纳入其中。截至 2020 年 12 月,菜鸟网络的跨境物流合作伙伴数量已经有 89 家,包括燕文、递四方、新加坡邮政、英国邮政、中通、圆通、EMS、IC、斑马等,其物流覆盖能力可至全球 224 个国家(地区),跨境仓库数量达到 231 个,搭建起一张具有全球配送能力的跨境物流骨干网。

1. 进口供应链服务

(1)头程/国际干线。进出口双向覆盖全球 150 多个国家(地区),900 多条进出口空运线路,500 多条进出口海运线路。

(2)菜鸟港到仓服务。集港到仓和仓到港的进出口报关、报检等综合服务业务,覆盖海关多种特殊监管区域,以跨境电商服务为基础,积极开拓传统贸易业务,将传统线下拓展至线上。

(3)国际关务服务。为国际(跨境)贸易提供从通关、物流到外汇结算、税收等全方位关务服务;以归类、准入、准证为核心能力提供精准国际(跨境)贸易指导与关务解决方案,以专业的

沟通建立关企互信;结合信息化关务系统实现货物进出境畅通、订单秒级清关,提供标准化数字清关服务。

(4)跨境一盘货服务。菜鸟为商家打造的具备极致性价比的跨境物流枢纽服务,助力商家管理多渠道备货、存储、中转、发货。菜鸟系统直连多个跨境电商平台,为商家提供多平台B2C一件代发业务,同仓共享库存,库存利用率高。

(5)一般贸易进口服务。一般贸易进口服务贯穿国际贸易流程中的进口代理、进口单证办理,以及国际运输、港口清关、仓储、运输和配送的全链路。

(6)国内配送服务。为商家提供当日达、次晨达、次日达、隔日达等时效服务,根据货品结构提供正向重货、冷链、大件、贵品等特殊品配送,提供逆向拦截及拒收退仓的承诺服务,同时通过智能算法为商家优选时效最优线路。

(7)逆向物流服务。为减少商家逆向物流成本,降低逆向货损,提升物流体验,率先为商家提供多样化逆向仓配服务。服务内容包含逆向配服务、承诺拦截服务、逆向仓储服务、入区退税再售服务。

2. 出口供应链服务

(1)LGF海外仓服务。LGF(Lazada global fulfillment)海外仓服务是菜鸟为Lazada跨境商家提供的海外备货端到端物流服务,服务内容包括支持商家提前备货至海外仓,待消费者下单后,商品将直接由海外本地仓FBL(fulfilled by Lazada)/保税仓进行发货,目前已开通马来西亚、印度尼西亚海外仓服务。

(2)AE海外仓服务。为中国商家更好地出海,支持中国商品通达全球,降低国内商家国际供应链成本,联合生态合作伙伴,面向全球主要消费者所在区域,提供海外仓的全程端到端服务。

资料来源:全球供应链:全链路海量仓储运力资源[EB/OL].[2021-05-15].https://www.cainiao.com/globallian.html? spm=cainiao.15079407.0.0.93811248jGuRn1.

案例分析

菜鸟网络已经搭建起一张具有全球配送能力的跨境物流骨干网,为消费者和商家提供进口供应链和出口供应链服务。

思考·讨论·训练

菜鸟网络可以提供哪些跨境物流服务?

知识链接

1. 国际物流系统概述

(1)国际物流系统的概念

国际物流系统作为将货物在国际进行物理性移动的国际商务活动,是集各种一般物流功能于一体的开放系统。

(2)国际物流系统的内容

国际物流系统既包含一般物流系统的功能要素,还涉及与货物跨境移动相关的一些特殊的物流问题,如商检、海关手续和国际支付等。这些都使得国际物流系统的复杂性大大提高。具体来说,国际物流系统是由商品的包装、储存、运输、检验、流通加工和其前后的整理、再包装以及国际配送等子系统构成的。其中,储存和运输这两个子系统是物流系统的主要组成部分,国际物流通过这两个子系统,实现其自身的时间和空间效益,满足国际贸易活动和跨国公司经营的要求。

2. 国际物流系统的基本要素

国际物流本身具有复杂性和交叉性,其内含的要素也体现出相应的复杂性。总体来说,国际物流系统的基本要素包含了一般要素、功能要素、支撑要素和物质基础要素。

(1)国际物流系统的一般要素

①人。人是物流的主要因素,是物流系统的主体。

②财。财是物流活动中不可缺少的资金。

③物。物是物流中的原材料、成品、半成品、能源、动力等物质条件,包括物流系统的劳动对象,即各种实物,以及劳动工具、劳动手段,如各种物流设施、工具,各种消耗材料(燃料、保护材料)等。

④任务目标。任务目标是指物流活动预期安排和设计的物资储备计划、运输计划以及与其他单位签订的各项物流合同等。

上述要素对物流产生的作用和影响,被称为外部环境对物流系统的"输入"。需要指出的是,川流不息的物流信息是以物流"输入"为相对起点的,经过一个物流周期性运动,以反馈的形式回到原来的起点。

(2)国际物流系统的功能要素

①采购子系统。采购的功能是选择企业各部门所需要的适当物料,从适当的来源(包括全球采购),以适当的价格和送货方式(包括时间和地点)获取适当数量的原材料。

②包装子系统。在考虑出口商品包装设计和具体作业过程时,应把包装、储存、搬运和运输有机结合、统筹考虑、全面规划,实现现代国际物流系统所要求的包、储、运一体化,即从开始包装商品时,就考虑储存的方便、运输的快捷,以加快物流运输速度,减少物流费用,符合现代物流系统设计的各种要求。

③储存保管子系统。商品的储存和保管使商品在其流通过程中处于一种或长或短的相对停滞状态,这种停滞是完全必要的。但从物流角度看,应尽量减少储存时间、储存数量,加速货物和资金的周转,实现国际物流的高效运转。

④流通加工子系统。商品的流通加工是指为了增加商品价值、提高物资利用率,并且为维护产品质量而采取的能使物资或商品发生一定的物理和化学变化的加工过程。出口商品流通加工具体有两种:一种是指装袋、贴标、配装、挑选等出口贸易商品服务;另一种则是生产性外延加工,如剪断、平整、套裁、打孔、组装、改装以及服装的检验熨烫等,这种出口加工或流通加工,不仅能最大限度地满足客户的多元化需求,同时还可以实现货物的增值。

⑤出入境检验检疫和通关子系统。由于国际贸易和跨国经营具有投资大、风险高、周期长等特点,这就使得商品检验检疫成为国际物流系统中重要的子系统。

⑥装卸搬运子系统。装卸搬运子系统包括将国际货物的包装、保管、流通加工、运输等活动进行衔接,以及在保管等活动中为检验、维护、保养货物所进行的装卸活动,伴随装卸活动的一些小搬运,一般也包括在这一活动中。

⑦运输子系统。国际运输子系统主要包括运输方式的选择、运输单据的处理以及投保等有关方面的问题。运输费用在国际贸易商品价格中占有很大比重。国际货物运输是国际物流系统的核心,具有路线长、环节多、涉及面广、手续繁杂、风险性大、时间性强等特点。

⑧物流信息子系统。物流信息子系统的主要功能是采集、处理和传递国际物流和商流的信息情报。如果没有功能完善的信息系统,国际贸易和跨国经营将寸步难行。

（3）国际物流系统的支撑要素

①体制、制度。物流系统的体制、制度决定了物流系统的结构、组织、领导、管理方式。国家对其的控制、指挥和管理,是国际物流系统的重要保障。

②法律、规章。国际物流系统的运行,不可避免地涉及企业或个人的权益问题,法律与规章一方面限制和规范物流系统的活动,另一方面是对物流系统给予保障。

③行政、命令。国际物流系统和一般系统的不同之处在于,国际物流系统关系到国家的经济命脉,所以行政、命令等手段也常常是支持国际物流系统正常运转的重要支撑要素。

④标准化系统。标准化系统是保证国际物流各环节协调运行,保证国际物流系统与其他系统在技术上实现联结的重要支撑条件。

（4）国际物流系统的物质基础要素

①物流设施。这是国际物流系统运行的基础物质条件,包括物流站、场,物流中心、仓库,国际物流线路,建筑、公路、铁路、口岸等。

②物流装备。这是保证国际物流系统运行的条件,包括仓库货架、进出库设备、加工设备、运输设备、装卸机械等。

③物流工具。这是国际物流系统运行的物质条件,包括包装工具、维护保养工具、办公设备等。

④信息技术及网络。这是掌握和传递国际物流信息的手段,根据所需信息水平的不同,包括通信设备及线路、传真设备、计算机及网络设备等。

⑤组织及管理。这是国际物流网络的"软件",起着联结、调运、运筹、协调、指挥其他各要素以保障实现国际物流系统目的的作用。

国际物流系统作为将货物在国际进行物理性移动的国际商务活动,是集各种一般物流功能于一体的开放系统。国际物流本身具有复杂性和交叉性,其内含的要素也体现出相应的复杂性。总体来说,国际物流系统的基本要素包含了一般要素、功能要素、支撑要素和物质基础要素。

 复习思考题

1. 什么是国际物流系统?
2. 国际物流系统有哪些要素?

实训 12—2

12.3 国际物流网络

知识目标
1. 理解并能解释国际物流网络的概念。
2. 了解国际物流网络的主要航线。

技能目标
充分理解国际物流网络的作用。

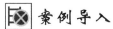

中远海运-博世中欧班列首列专列正式运行

2021年1月16日,中远海运-博世项目首列西向专列从重庆发车,满载着博世在中国生产的电动工具、家用/商用中央空调,以及从国内采购运往欧洲的汽车零部件原材料,预计于20天后抵达德国杜伊斯堡。这标志着中远海运所属中远海运物流与博世2020中欧班列欧洲/中国进出口双向全程端到端项目合作正式开始。

自2020年10月30日中标博世项目以来,中远海运物流迅速调集系统内优势资源,组建海内外项目团队,克服新冠肺炎疫情影响,高强度、高效率完成与博世全球商业服务事业部和国内主要工厂的需求对接工作。在2020年12月顺利完成进/出口多条线路测试和专列试运行的基础上,于2021年1月正式启动该项目,为博世欧洲100多家工厂和30余家中国国内工厂提供全程供应链物流服务。

中远海运物流依托重庆市建设国际物流分拨中心的发展战略,在重庆市口岸物流办、西永综保区的大力支持下,将重庆作为博世中欧国际铁路分拨中心,辐射"一带一路"沿线,对接国际陆海新通道,加强其国内市场与全球市场的互联互通,为博世集团开辟了一条新型的绿色、高效的物流通道,有力保障了博世全球供应链的稳定。

资料来源:中远海运-博世中欧班列首列专列正式运行[EB/OL].(2021-01-20)[2021-05-15]. http://www.coscoshipping.com/art/2021/1/20/art_6864_185896.html.

案例分析

这个案例提示我们,在运行国际物流的过程中,国际物流网络的构建及其给国际物流企业和跨国企业创造的效能是不可估量的。

思考·讨论·训练

中远海运物流为博世集团开辟了怎样的国际物流通道?

知识链接

1. 国际物流网络的概念

国际贸易和跨国经营的竞争,要求国际物流系统的运作费用要有一个较低的体现,同时也要求服务水平基准较高,在这样的要求下,就有必要在全球范围内形成一套由多个收发货的"节点"和它们之间的"连线"所构成的物流抽象网络以及与之相伴随的信息流动网络的集合,我们将其称为国际物流网络。

国际物流节点是指从事与国际物流相关活动的物流地点，如口岸、港口、中间商仓库、口岸仓库、国内外中转点及流通加工配送中心和保税区等。

国际物流连线是指连接国内外众多收发货节点间的运输线，如各种海运的航线、铁路线、飞机航线以及海陆空联运航线。

整个国际物流过程是由多次的运动和停顿构成的，与运动相对应的国际物流物理网络是由执行运动使命的线路和执行停顿使命的节点这两种基本元素组成的，其共同构成了完整有机的国际物流网络。

2. 国际物流网络的作用

（1）国际物流物理网络的作用

①国际物流节点对优化整个国际物流网络起着重要作用。从发展来看，它除了执行一般的物流职能以外，还同时执行着整合、指挥、调度、信息等其他核心性职能，可以说，国际物流节点是整个国际物流网络的关键所在。

②国际物流网络的合理布局，如确定货源基地或进出口货源点和消费者的位置，各层级仓库和中间商、批发点、零售点的位置、数量及其规模，都将对国际物流流动方向和结构产生影响，从而进一步影响国际贸易和相关的物流费用和经济效益的变化。

（2）国际物流信息网络的作用

①国际物流信息网络对国际物流物理网络有重要的支撑作用。在国际物流中，几乎每一项活动都会需要信息的交流和支撑保障，因此，国际物流质量在很大程度上取决于国际物流信息网络的质量，而国际物流服务也需要依靠国际物流信息网络来完成。

②信息在国际物流中有反馈、控制、资源管理和支持保障的作用。这无疑可以使国际物流向低成本、高服务和精细化发展。

③随着国际化和全球化进程的加快，物流企业将会更加重视对物流网络的研究，而相比于国内物流网络的研究，国际物流网络无疑会对区域产生更大的影响和经济推动作用，而随着环保呼声的加大，对于国际物流信息网络的建设相对于实体网络会更加被关注，其也将与绿色物流网络交叉并行发展，相互协调与促进。

3. 国际物流节点

（1）口岸

口岸是由国家指定对外经贸、政治、外交、科技、文化、旅游和移民等往来，并供往来人员、货物和交通工具出入国（边）境的港口、机场、车站和通道。因此，口岸是国家指定对外往来的门户，是国际货物运输的枢纽。在国际物流中，口岸是一种特殊的国际物流节点。

目前，口岸除了实体意义上的港口、机场、车站、通道等之外，还有另一种形式，称之为电子口岸。电子口岸主要借助于国家电信公网资源，将国家各行政管理机关分别管理的进出口业务信息流、资金流、物流的电子底账数据集中存放到公共数据中心，实现数据共享和数据交换。各行政管理部门可进行跨部门、跨行业的联网数据核查，而企业也可以在网上办理各种进出口业务。电子口岸是在电子商务发展的大背景下应运而生的。

（2）港口

港口是海陆空交通的集结点和枢纽，工农业产品和外贸进出口物资的集散地，船舶停泊、装卸货物、上下旅客、补充给养的场所。由于港口是联系内陆腹地和海洋运输、国际航空运输的一个天然界面,因此,也把港口作为国际物流的一个特殊节点。表12-1为2019年世界十大港口。

表12-1 2019年世界十大港口

港口名称	国别	集装箱标箱(万TEU)
上海港	中国	4330
新加坡港	新加坡	3720
宁波-舟山	中国	2753
深圳港	中国	2577
广州港	中国	2283
釜山港	韩国	2195
青岛港	中国	2101
香港港	中国	1836
天津港	中国	1730
迪拜港	阿联酋	—

（3）自由经济区

自由经济区是指某一国家或地区在其关境以外所划出的一定范围内,新建或扩建码头、仓库等基础设施和实行免除关税的优惠待遇,吸引外国企业从事贸易与出口加工工业等业务活动的区域。自由经济区的表现形式和种类很多,不同的国家和地区所设置的自由经济区名目众多,规模也参差不齐。目前常见的自由经济区有自由港、自由贸易区、保税区、出口加工区、过境区、自由边境区等。

4. 国际物流连线

国际物流连线实质上也是国际物流流动的途径,它主要包括国际海上通道及远洋航线、国际航空线、国际铁路运输线与大陆桥、国际输油管道等。

（1）国际海上通道及远洋航线

①国际海上通道。国际海上通道主要有三种表现形式,分别是海洋通道、运河通道和海峡通道。海洋通道主要是太平洋、大西洋、印度洋和北冰洋中的运输业务总称,其中北冰洋因气候常年苦寒,仅有极少部分的地区有通行条件,货运意义不大;运河通道则是通过运河来实施货运,世界上主要的运河通道有苏伊士运河、巴拿马运河和基尔运河;海峡通道是利用海峡这一特殊地理构造来完成海上货运运输,目前航运上最为重要的海峡通道包括马六甲海峡、新加坡海峡、英吉利海峡、霍尔木兹海峡、直布罗陀海峡、曼德海峡以及土耳其海峡等。

②世界大洋航线。世界大洋航线又被称为远洋航线,是指贯通一个或数个大洋的航线,它包括太平洋航线、大西洋航线、印度洋航线、北冰洋航线以及通过巴拿马运河或苏伊士运河的航线等。

（2）国际航空线

国际航空线是国际货物空运的线路,由国际航空站和空中航道组成。

①国际航空站。世界各大洲主要国家的首都和重要城市均设有航空站。世界闻名的国际航空站有美国芝加哥奥黑尔机场、英国希斯罗机场、法国戴高乐机场、德国法兰克福机场、荷兰阿姆斯特丹希普霍尔机场、日本成田机场、中国北京首都机场、中国上海浦东机场、中国香港启德机场、新加坡樟宜机场等。这些都是集现代化、专业化于一体的大型国际货运空中枢纽,每

年货运量都在数十万吨以上。

②国际重要的航空线。目前国际上重要的航空线主要有：

A.西欧—北美的北大西洋航空线：主要往返于西欧的巴黎、伦敦、法兰克福与北美的纽约、芝加哥、蒙特利尔等重要机场之间。

B.西欧—中东—远东航空线：该航线连接西欧各主要机场至远东的北京、香港、东京等机场，途经许多重要航空站，包括雅典、开罗、德黑兰、卡拉奇、新德里、曼谷和新加坡等。

C.远东—北美的太平洋航线：这是北京、香港、东京等主要国际机场经北太平洋上空至北美西海岸的温哥华、西雅图、旧金山和洛杉矶等国际机场，再连接北美大西洋岸的航空中心的航线。其中太平洋中部的火奴鲁鲁等机场，则起到该航线中重要的中继加油站作用。

另外的一些重要航线有北美—南美、西欧—南美、西欧—东南亚—澳新、远东—澳新、北美—澳新等。

（3）国际铁路运输线与大陆桥

国际铁路运输线与大陆桥，是国际货运中铁路运输的主要线路与组织方式。

①铁路干线。国际货物运输中的主要铁路干线有西伯利亚大铁路、加拿大连接东西两大洋的铁路、美国连接东西两大洋的铁路以及中东—欧洲铁路。这四个系统的铁路分别在世界地理上的不同重要区域起着陆路货物运输的重要作用，使用率极高。

②大陆桥。大陆桥是指把海与海联结起来的横贯大陆的铁路。大陆桥运输是利用大陆桥来进行国际集装箱海陆联运，是一种重要的运输方式。目前广泛使用的大陆桥有西伯利亚大陆桥、新亚欧大陆桥和北美大陆桥（包括美国大陆桥和加拿大大陆桥）。

（4）国际输油管道

世界输油管道运输网分布很不均匀，主要集中于北美和欧洲，因而美国和俄罗斯的管道运输相当发达。

小结

国际物流网络是指在全球范围内形成的一套由多个收发货的"节点"和它们之间的"连线"所构成的物流抽象网络以及与之相伴随的信息流动网络的集合。国际物流网络由国际物流节点和国际物流连线组成，其分布在世界的各个区域。

 复习思考题

1.什么是国际物流网络？

2.国际物流网络有哪些作用？

3.世界上有哪些著名的重要港口？

 实训

实训12-3

即测即评

项目 13　绿色物流

13.1　绿色物流概述

教学目标

知识目标
1. 理解并能解释说明绿色物流的基本概念。
2. 理解绿色物流的内涵。

技能目标
充分理解如何开展绿色物流。

案例导入

对于绿色物流不要太抱功利心

当前,绿色物流的发展已经刻不容缓,这既是时代的要求,也是物流企业社会责任的担当。正是在这一背景之下,诸多物流企业,尤其是各物流领域的头部企业纷纷发力绿色物流,在相关投入和创新方面不遗余力地下功夫。

1. 绿色物流是成本,更是模式和战略

目前,我国的绿色物流发展有着较强的地域差别,在一些地方绿色物流的概念比较普及了,而有些地方还没有形成这个概念。比如,在我国一些沿海发达地区,很多物流企业、物流人,其实都愿意为绿色环保去做一些事情。

首先,绿色物流不仅是一种公益、一种责任,更是一种可持续发展的模式。企业在绿色物流上进行投入是会有回报的,包括能获得更多大客户,能帮助企业走得更远更长久,也会让企业的员工自我认同度更高。其次,绿色物流也未必全是投入,比如物流企业提升经营效率,本身也是绿色行动。

绿色物流是企业可持续发展的一个模式。一直以来,宝供物流投资建设一些大型现代化的物流基地,都是按当时的高标准来建的。比如,2000 年开始,在苏州、广州、上海投资建物流基地,基本都是按当时的国际先进水平建设的,建设标准从当时国内普遍的 3000 m² 、6 m 高改造成几万平方米、十几平方米高大空间的立体布局设计,并采用采光带等节能环保的设施,建设成本差不多每平方米需要 1000 多元,投入成本确实高了好几倍。但是,现在来看,这种高标准和高投入使宝供物流获得到了需要高标准仓库的客户,抢占了高端市场,并因此而逐步发展起来。

对于绿色物流一定不要抱有太大的功利心,而是要把可持续发展的理念融入"骨髓",一点一滴地去践行,慢慢地去改变。社会在进步,物流企业如果不重视绿色物流,没有绿色发展的理念、模式和技术、设备,也许未来根本没办法混了,会被市场无情地淘汰。

在绿色物流的践行上,宝供物流有哪些计划和行动?第一,围绕整个供应链进行整合,将物流环节尽可能地压缩、减少。第二,对于一些设施设备,会尽量采用少排放的、绿色环保的,比如采用电动的配送车辆、电动叉车,或者是氢能源的,减少汽车的消耗量;再比如在照明上,一直就是使用LED节能灯,在仓库上装上太阳能板,整个仓储设施从规划设计环节开始就考虑到节能减排、充分利用自然因素。第三,在物料上,也尽量减少不可降解物料的使用,比如原来仓库里大量使用的缠绕膜,改为用布料魔术带进行捆围,可以起到同样的功能并且还能多次重复使用。

2. 当务之急是减少浪费、组织推广

说到公路运输带来的环境污染,当务之急是减少浪费。在物流环节上,尤其是在回流、倒流上,存在一些不必要的环节,也造成浪费。比如,一车货从广州运到北京卖不掉,但上海又断货了,于是又运回上海,甚至再运回广州,类似这种回流其实还蛮多的。在这方面,物流业同样存在很多的改善和提升空间,而这与信息化、透明化和物流计划都有关系。此外,在物流装备上,也出现了一些车辆老化、排放标准落后等问题。可以说,中国物流业的发展已经到了需要转变发展方式的阶段,粗放式的管理已经行不通了,必须转型升级。

资料来源:闻笛.刘武:对于绿色物流不要太抱功利心[J].中国物流与采购,2019(12):14-16.

案例分析

近年来,我国物流业快速增长,已成为支撑国民经济发展的基础性、战略性、先导性产业。在物流业增长的同时,令人关注的还有对环境、道路、大气污染等负面影响。创建我国企业的绿色物流体系,提倡高效节能、绿色环保,不仅是必要的,也是迫切的。

思考·讨论·训练

1. 宝供物流在推行绿色物流方面有哪些做法?
2. 企业如何可以有效地开展绿色物流?

知识链接

1. 绿色物流的产生及内涵

(1) 绿色物流的产生

随着社会经济的高速发展,在人类物质文明大大提高的同时,地球上的资源也在日益减少,人类赖以生存的环境也正面临着威胁。在这种背景下,20世纪90年代全球兴起了一股"绿色浪潮",如绿色制造、绿色消费,绿色物流正是这种绿色化运动的结果。

(2) 绿色物流的概念

绿色物流(environmental logistics)是指在物流过程中抑制物流对环境造成危害的同时,实现对物流环境的净化,使物流资源得到最充分利用。在总体上,绿色物流的目标不同于一般物流。一般物流主要是为了实现物流企业的盈利、满足顾客需求、扩大市场占有率等,这些目标最终仅是为了实现某一主体的经济利益。而绿色物流在实现经济利益目标之上,还追求节约资源、保护环境这一既具有经济属性又具有社会属性的目标。尽管从宏观角度和长远利益看,节约资源、保护环境与经济利益的目标是一致的,但对某一特定的物流企业在特定时期内却可能存在矛盾。

(3) 绿色物流的内涵

①集约资源。这是绿色物流的本质内容,也是物流业发展的主要指导思想之一。通过整

合现有资源,优化资源配置,企业可以提高资源利用率,减少资源浪费。

②绿色运输。运输过程中的燃油消耗和尾气排放,是物流活动造成环境污染的主要原因之一。因此,要想打造绿色物流,首先要对运输线路进行合理布局与规划,通过缩短运输路线、提高车辆装载率等措施,实现节能减排的目标。另外,还要注重对运输车辆的养护,使用清洁燃料,减少能耗及尾气排放。

③绿色仓储。绿色仓储一方面要求仓库选址要合理,有利于节约运输成本;另一方面,仓储布局要科学,使仓库得以充分利用,实现仓储面积利用的最大化,减少仓储成本。

④绿色包装。包装是物流活动的一个重要环节,绿色包装可以提高包装材料的回收利用率,有效控制资源消耗,避免环境污染。

⑤废弃物流。废弃物流是指将经济活动或人民生活中失去原有价值的物品,根据实际需要进行收集、分类、加工、包装、搬运、储存等,并分送到专门处理场所的物流活动。

2. 发展绿色物流的必要性

首先,发展绿色物流是适应可持续发展的需要。随着经济的发展,人类的生存环境遭到严重破坏,可持续发展成为时代主题。可持续发展战略是指社会经济发展必须同自然环境和社会环境相适应,使经济建设与资源、环境相协调,使人口增长与社会生产力发展相适应,以保证社会实现良性循环。可持续发展战略同样适用于物流企业,它要求企业将其经营活动与自然环境、社会环境的发展相联系。因此,物流企业必须树立绿色观念,从事绿色经营,做到物流与环境共生。

其次,发展绿色物流是顺应国际物流发展趋势,参与国际竞争的需要。在美国、欧洲、日本等发达国家,绿色物流已成为新的增长点。绿色物流也是解决人类社会可持续发展与有限的自然资源限制这一矛盾的有力措施。为了实现可持续发展,"绿色革命"浪潮悄然在全世界兴起,包括绿色消费、绿色制造等一系列相关的内容。绿色物流作为这一绿色革命的关键一环,也必然会受到越来越多的重视。

再次,发展绿色物流是降低企业经营成本,提高企业核心竞争力的需要。有关专家分析认为,产品从投产到售出的整个过程中,制造加工时间仅占大约十分之一,而储运、装卸、分装、二次加工、信息处理等物流过程则占了剩下的绝大部分时间。如果对这占了绝大部分时间的物流过程进行科学化管理,实施绿色物流,进行节能高效的生产,则可以大大地降低整个经营成本;另外,如果绿色物流实施得好,则可以减少支付排污费、废弃物处理等费用。在中国当前环境下,企业如果能够于人之先实施绿色物流,建立企业绿色文化、树立绿色形象、大打绿色品牌,则绿色经营就能提高甚至成为企业的核心竞争力,企业将获得别人不可比拟的优势。

最后,发展绿色物流是为全面满足人民日益增长的美好生活需要。物流作为生产和消费的中介,是满足人民美好生活需要的基本环节。而绿色物流则是伴随着人民生活需求的进一步提高,尤其是绿色消费的提出应运而生的。同时,日益增长的美好生活需要,意味着生活的电子化、网络化和连锁化,而电子商务、网上购物等,无不有赖于绿色物流。

3. 绿色物流的理论基础

(1)可持续发展理论

可持续发展是既满足当代人的需求,又不对后代人满足其需求的能力构成危害的发展。因此,为了实现长期、持续发展,就必须采取各种措施来维护我们的自然环境。这种经济上的可持续发展政策同样适用于物流管理活动。由于物流过程中不可避免地消耗能源和资源,产生环境污染,因而为了实现长期、持续发展,必须采取各种措施来维护自然环境。现代绿色物流管理正是依据可持续发展理论,形成了物流与环境之间相辅相成的推动和制约关系,进而促进了现代物流的发展,达到环境与物流的共生。

（2）生态经济学

生态经济学是研究再生产过程中,经济系统与生态系统之间的物质循环、能量转化和价值增值规律及其应用的科学。物流是社会再生产过程的重要环节,它既包括物质循环利用、能量转化,又有价值转化与价值实现。因此,物流涉及经济与生态环境两大系统,理所当然地架起了经济效益与生态效益之间联系的桥梁。现代绿色物流的出现,较好地解决了这一问题。绿色物流以经济学的一般原理为指导,以生态学为基础,对物流的经济行为、经济关系和规律与生态系统之间的相互关系进行研究,以谋求在生态平衡、经济合理、技术先进条件下的生态与环境的最佳结合以及协调发展。

（3）社会伦理学

社会伦理学迫使人们对物流过程中造成的环境问题进行深刻的反思,从而产生一种强烈的社会责任感与义务感。为了人类自身更健康和安全地生存与发展,为了千秋万代的切身利益,人类应自觉维护生态平衡。这是时代赋予我们的不可推卸的责任,也是人类对自然应尽的义务。绿色物流正是从社会伦理学中得到了道义上的支持。

（4）经济学理论（降低成本、增强竞争力、减少外部不经济）

发展绿色物流,有利于物流企业降低成本,拓展其利润空间。物流企业在发展建设中都要投入大量的成本,而其中很大一部分成本都可以通过发展绿色物流得到降低。比如,企业采用环保型的运输工具,不仅对环境有利,也节约了企业投入运输工具所需能源的成本;使用具有"少耗材、可再用、可回收、可再循环"性质的绿色包装,通过回收处理进行循环使用,可以节约包装成本。

4. 开展绿色物流的措施

①全民树立绿色意识。发动全社会树立绿色意识,包括绿色制造意识、绿色包装意识、绿色消费意识等。企业要运用绿色理念来指导规划和改造产品结构,并切实制订"绿色计划",实施"绿色工程",对生产第一线的员工,要培育"绿色消费"、"绿色产品"和珍爱人类生存环境的意识,使环保、生态、绿色的理念深入人心。

对于消费者来说,要积极倡导绿色消费,通过绿色消费行为迫使企业进行绿色物流管理,通过绿色消费舆论要求政府规制绿色物流管理。由于消费者个体比较分散,因而必须依靠消费者的联合代表——消费者协会或建立类似的机构来代表消费者参与当前的绿色物流发展。

②推行绿色物流经营。物流企业要从保护环境的角度制定其绿色经营管理策略,以推动绿色物流进一步发展。在宏观上,做好各种运输方式相互衔接,发挥组合效率和整体优势,形成高效、安全的综合交通运输体系;在微观上,通过有效利用车辆,降低车辆运行,提高配送效率。

③加强企业之间的合作与交流。由于绿色物流包含供应链的各个环节,所以对于企业来讲,要解决上面的问题:首先,必须改变流通领域的经营管理方式,比如选择绿色运输策略、提倡绿色包装、开展绿色流通加工等;其次,必须加强企业之间的合作与交流,比如开展共同配

送,最大限度地提高人员、物资、资金、时间等资源的利用效率。利用互联网技术建立供应链的管理信息技术支持系统,提高企业间信息与知识交流的效率,降低信息与知识交流的成本。

④加强对绿色物流人才的培养。绿色物流作为新生事物,对营运筹划人员和各专业人员要求面更广,要求层次也更高。对绿色物流人才的培养涉及政府及相关机构的参与,但也是企业成功实施绿色物流的基础保障。政府部门、企业、行业组织、咨询机构及教育机构需要共同参与,采取多种形式开展多层次的绿色物流人才培训和教育工作,不断培养造就大批熟悉绿色物流业务、具有跨学科综合能力,并有开拓精神和创造力的绿色物流管理人员和绿色物流专业技术人员。

⑤制定相关政策法规。借鉴发达国家的实践经验,政府可以制定相关的政策法规,在宏观上对物流体制进行管理控制;控制物流活动中的污染发生源,限制交通量和控制交通流;除了控制之外,政府还需要建立有效的激励约束机制,比如提高对污染源的惩罚标准与打击力度,为绿色制造模式提供公平的竞争环境;为便于量化,还需要建立合适、有效的材料、工艺、包装等评价指标体系与评价模型。

小结

绿色物流是指在物流过程中抑制物流对环境造成危害的同时,实现对物流环境的净化,使物流资源得到最充分利用。

绿色物流的内涵包括集约资源、绿色运输、绿色仓储、绿色包装、废弃物物流。

复习思考题

1. 什么是绿色物流?
2. 绿色物流的内涵是什么?
3. 如何开展绿色物流?

实训

实训 13-1

13.2 绿色物流的发展

教学目标

知识目标

1. 理解我国发展绿色物流的 SWOT 分析。
2. 理解我国发展绿色物流的战略选择。

技能目标

掌握如何选择适合我国绿色物流发展的战略。

案例导入

铁路城市 绿色物流正当时

"蓝天保卫战"和以"公转铁"模式为主导的"运输结构调整"政策从本源上改变了首都北京的城市物流体系,号称"外集内配,绿色联运"的北京局铁路绿色物流体系,开始在政策支持下对传统公路货运及城市运储集配市场发起冲击。

过去几十年,城市运储集配及白货市场基本上被公路货运垄断,甚至在煤炭、矿石、焦炭等铁路货运具有性价比优势的大宗货运市场上,公路货运也在持续侵蚀铁路货运的市场份额。在2017年的全国货运量统计中,铁路货运量占比仅有7.8%,货运周转量占比仅有17.5%。

在"运输结构调整"政策的推动下,煤炭等大宗货物的铁路运输占比会大幅增加,但多数路局公司对铁路竞争力并不占优的白货和城市运储集配市场望而却步。

然而,在城市道路交通严重拥堵、空气污染恶劣和城市居民需求质量不断提高的外部环境制约下,单位货物周转量能耗仅有公路货运15%和污染物排放仅有公路货运8%的铁路货运,必然会列入政府管理的优先选项中,2017年,各地陆续出台了相关政策。

随着铁路客运"资本+技术"引进模式的成功和对比,更具规模和市场需求的铁路货运也具有较大的改善空间与提升潜能。随着中国经济体量不断增大和货运需求不断增加,假以时日,随着不断的创新驱动,铁路货运或有突飞猛进的极大可能。

持续不断的技术提升和模式创新,也会促进铁路货运在白货市场和城市运储集配市场的突破和占比提高。互联网/移动互联网、大数据和云计算可以助力铁路部门成为衔接公铁联运和铁海联运的无车承运人和无船承运人的运营主体;成本不断下降的物联网、人工智能和无人仓库/无人驾驶/机器人装卸则可以摈弃与公路货运衔接处的效率低下和成本歧高,催生铁路成为最大单体物流企业。

白货和城市运储集配都是可以预知的持续增长的市场。随着产业结构调整,如坑口发电等,使得货物必然呈现体积变小、重量变轻、附加值变高的趋势,由此导致大宗货物运输需求下降而白货运输需求上升;城市化进程则会不断催生大都市人口及其资源的持续聚集和都市产业链生态的形成,导致服务此生态的运储仓配市场持续走高。

然而,面向白货和城市运储集配市场时,体制机制约束下的铁路大运力优势带来的问题是集货能力严重不足;率先实施公路甩挂运输的铁路编组模式带来的问题是运达时效严重滞后;规划可覆盖每个县域的超大路网规模优势带来的问题是运营成本过高;分工细致可路内高效协调带来的问题是公铁联运接取送达中装卸等人工操作的末端权力寻租和垄断性价格飙升;执行力极强的金字塔结构分区划片管理带来的问题是18个路局各有利益诉求而系统效率降低。

优劣势的残酷逆转既有体制机制的约束,也有经济和技术发展周期的限制。扬长避短、寻求突破是铁路货运在此次"公转铁"政策红利契机下有效提升白货和城市运储集配市场的可行路径。

集货能力的提升,有赖于利用互联网/移动互联网低成本高效率且规模化的市场需求对接,有赖于利益/资源/资本共享而非政府"拉郎配"的大企业长协,有赖于外委给在集货市场游刃有余的民营企业或混合所有制企业。

运达时效的提升,可以通过"五定班列"直至货车客运化的方式改变和优化客户市场需求,可以通过运储信息对客户的透明化开放,降低运达不确定带来的成本高企,可以通过"重去重回"专线班列锐减路局公司间的衔接推诿。

控制路网规模过大导致的运营成本过高,则需要通过适度超前科学规划,减少路网运能闲置和货运量虚糜,需要开发近零成本的闲置资源复用、结点成网或"重去重回"的产品,需要让渡闲置运能给可以构建产业链生态的地方或民营企业。

杜绝装卸等人工操作的末端权力寻租和垄断高价,可以使用"技术+资本"模式,主动适度引入成本持续降低的无人仓库、自动分拣和无人驾驶等高科技装备及运储集配的生产组织和调度信息平台,可以委托/结盟路外专业装卸公司或统一公开招标,以市场机制降低线下作业成本。

区域分片管理的衔接顺畅在于充分把握各路局公司利益诉求,在标准化、网络化和规模化基础上构建责权利统一的管理和激励机制,在控制成本的编组模式基础上逐步增开以时效为主的"五定班列"或在繁忙线路开设客运化货车。

北京局集团公司在2018年6月12日与北控置业集团合作开行了唐山滦县至北京大红门货场的首列进京建材专列,2018年12月26日与河北钢铁集团签署了进京钢材产品次年200万t铁路运输增量的绿色物流"钢·铁"模式战略合作协议,2019年1月23日又与锦绣大地合作开行了涿州中央仓至北京大红门西货场小编组定时班列并共建大红门绿色物流配送基地。

北京城市绿色物流体系将通过"天网"(京铁云物流信息平台)+"地网"(铁路网络及货场)的融合模式,构建2个市外铁路集配基地+9个市内配送中心的双核多中心绿色物流输送体系,实现首都民生物资运输"外集内配,绿色联运"和开放共享的"智慧物流信息平台+绿色集疏运网络"新模式。

京铁物流公司的京铁云平台注册用户已超过1000家,将通过完善货源池、运力池和开发仓配、金融、代理等延伸服务,构建铁路干线+铁路物流基地+新能源货车地配的"轨道+仓配"城市绿色物流体系。

需要注意的是,大红门、顺义、百子湾等9个市内配送基地与外部城市公路网衔接并不配套,一旦铁路货运量提升,将会造成基地周边新的交通梗堵,只能联合市政府相关部门围绕城市绿色物流体系重新进行空间规划。

而铁路基地"轨道+仓配"枢纽模式往往是非常态的,最易造成道路分时拥塞和虚糜,更应构建商贸驱动的铁路基地枢纽"轨道+仓配+批零"模式,形成可常态平稳运行的运贸一体城市空间。

资料来源:刘大成.铁路城市 绿色物流正当时[N].经济参考报,2019-02-12(A7).

案例分析

这个案例提示我们,绿色物流体系的建立和完善对于城市的发展有重要意义。案例中北京城市绿色物流体系的构建,对于打赢蓝天保卫战、建设美丽中国具有重要的促进作用。

思考·讨论·训练

北京如何构建城市绿色物流体系呢?

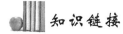

知识链接

1. 我国发展绿色物流的 SWOT 分析

（1）优势

第一，我国政府对可持续发展高度重视。中国秉持创新、协调、绿色、开放、共享的发展理念，推动中国经济高质量发展，全面深入落实 2030 年可持续发展议程。中国坚定地走绿色低碳可持续发展之路。党的十九大报告提出："加快建立绿色生产和消费的法律制度和政策导向，建立健全绿色低碳循环发展的经济体系。"2019 年 2 月，国家发改委联合中央网信办、工信部、公安部、财政部、自然资源部等 24 个部门和单位印发《关于推动物流高质量发展促进形成强大国内市场的意见》。该意见提出要加快绿色物流发展。

第二，我国企业和公众的环保意识已开始形成。在国家可持续发展的原则下，许多企业的社会责任意识已逐步形成。其中部分企业已具有环保意识，将生产绿色产品作为企业的竞争优势，它们已经按环境标准实行清洁生产。可见绿色环保意识已经得到企业和公众的普遍认可。

第三，我国现代物流发展迅速。在近几十年里，我国现代物流发展迅速，引进了不少先进的物流技术和管理理念，为绿色物流的发展打下了一定的基础。

（2）劣势

第一，绿色物流的观念还未普及。虽然环保意识日益深入人心，但绿色物流的概念在我国还未能得到普及。绝大部分企业认为绿色物流只是一种环保理念，是不切实际的幻想，不能为企业带来任何经济效益，还会增加物流成本，也有些企业认为绿色物流是政府的事情，和企业无关。

第二，政府缺乏相关政策引导。一个国家的绿色物流发展还必须有政府相关政策的大力支持，比如说绿色物流法。如今，在很多发达国家，其政府就制定了绿色物流相关的政策和法规，而且在布局上为物流的绿色化铺平了道路。在我国，虽说自 20 世纪 90 年代以来，制定和颁布了许多环境污染方面的政策和法规，但针对物流行业的还不是很多，造成了物流法律中环保体系的缺失。很多运用到物流领域的环境法多是义务性规范，难以调动企业实施绿色物流的积极性且无法以法律来强制企业执行。另外，物流活动涉及众多行业和部门，但我国各相关部门间缺乏协调和沟通，导致物流资源的浪费，加剧了物流活动对环境的影响。

第三，物流复合型人才匮乏。由于我国对绿色物流的研究也是刚起步，研究的内容对现实的指导意义不是很强，存在理论与应用实践脱节的现象。另外，目前我国物流业拥有大量具有实际操作经验的物流从业人员，而毕业于高校、具有专业物流理论知识的人员从事物流业的时间还相当短，因此许多企业严重缺乏那些既具有理论知识又富有实际经验的复合型人才，更别提这些人才还必须有着绿色物流的先进意识。复合型人才的匮乏使得企业推行绿色物流举步维艰。

第四，物流技术落后。我国物流技术和绿色要求有较大的差距。虽说部分企业已经引入了全球定位系统、地理信息系统、电子数据交换等先进的物流技术，但绝大部分企业的物流信息管理水平和技术手段还很落后，缺乏必要的公共物流信息平台，货物跟踪、库存查询等物流信息服务功能较弱，制约了物流运行效率和服务质量的提高，这必然会对物流资源造成浪费。而且在机械化方面，物流机械化的程度和先进性，与绿色物流要求还有距离。在物流材料的使用上,与绿色物流倡导的可重用性、可降解性也存在很大的差距。

第五,物流基础设施薄弱。运输方式之间、不同地区运输系统之间的相互衔接的枢纽设施方面缺乏投入。运输系统缺乏周密科学的设计,对环境的重要影响因子(如引起地球变暖的二氧化碳,严重污染环境和危害人体健康的含氮氧化物等)没有引起足够的重视。仓储设施落后,库容小而分散,各种综合性货运枢纽、物流基地、物流中心的建设发展缓慢。物流中心的经济效益不高,存在着严重的资源和人力的浪费,违背了绿色物流节约资源的原则。

(3)机会

第一,我国整体经济环境良好。改革开放以来,我国经济呈良好且持续的增长趋势,为国内绿色物流的发展提供了一个好的环境。

第二,国际上的主流趋势是发展绿色物流。绿色物流适应了世界社会发展的潮流,是全球一体化的需要。发展绿色物流成为我国企业迈向国际社会的一个契机。

(4)威胁

第一,国外物流企业的竞争威胁。国外具有先进的经营管理水平、雄厚资金、先进技术设备的物流企业,如马士基、联邦快递、TNT等纷纷进入我国市场,给国内物流企业带来巨大的冲击甚至威胁着国内物流企业的生存。在这些国外物流企业能为客户提供高效安全的绿色物流服务时,必然使得国内物流企业的生存空间更加薄弱。

第二,绿色物流市场的需求不足。虽然我国物流市场潜力巨大,但由于绿色物流观念还未普及,企业和大众对于物流环保方面的要求很低,因此也造成了一些已推行绿色物流企业的却步。

第三,对于物流人才的争夺激烈。面对现代物流的迅猛发展,物流专业人员的增长相对不足,绿色物流人才更加稀缺,造成现代物流业的人才争夺现象十分突出。

2. 我国发展绿色物流的战略选择

根据我国绿色物流的SWOT分析战略可以得出四种内外匹配的交叉组合战略:增长型战略(SO)是当内部因素和外部条件都非常好的时候采用,它是依靠内部优势、利用外部机遇快速发展的策略;多元经营战略(ST)是针对内部资源丰富、外部威胁严峻的形势提出的,它可以分散风险、开拓新的发展领域;扭转型战略(WO)是利用外部机会、克服内部弱点的策略;防御型战略(WT)是当内外条件均比较差时,既不能进攻也无力扭转的时候所采取的战略,它强调积蓄实力,寻求突破。

就我国绿色物流发展现状来看,还处在初级阶段,自身存在很多缺点,绿色物流的劣势是我们应当关注的重点。另外,目前我国经济环境良好,因而绿色物流发展的外部条件较好。因此,扭转型战略是比较适合目前我国绿色物流发展的战略。只有把握外部机会、克服自身弱点来扭转不利因素,才能最终促进我国绿色物流的发展。具体有以下几点:

(1)**大力推行绿色物流的理念**

首先,企业应树立绿色物流理念。企业必须尽快提高认识和转变观念,应着眼于企业和社会的长远利益,树立集体协作、节约环保的团队精神;将节约资源、减少废物、避免污染等目标作为企业的长远发展目标;把绿色物流作为世界全方位绿色革命的重要组成部分。对企业的员工,要培育绿色生产、绿色消费、绿色产品和珍爱人类生存环境的意识,使环保、生态、绿色的物流管理理念深入人心。在物流成为企业第三利润源泉的同时创造更多的社会效益、生态效益。其次,消费者也应关注绿色物流理念。对于消费者来说,可以通过绿色消费行为迫使企业进行绿色生产和绿色物流管理,通过绿色消费舆论要求政府规制绿色物流管理。这要求把力量分散的个体消费者联合起来,如依靠消费者协会或建立类似的机构来代表消费者参与当前的绿色物流发展。

（2）政府制定相关绿色物流的政策和法规

一项物流活动要涉及很多行业和部门,只有贯彻协同合作原则才能处理好各职能管理部门关系,处理好社会各方面关系。因此,要制定好物流法律法规就必须明确各部门责任分工,但同时还要做到各部门相互支持、协调行动。

（3）加快培养复合型物流人才

绿色物流作为新生事物,对营运筹划人员和各专业人员要求面更广、要求层次也更高。因此要实现绿色物流的目标,培养和造就一大批熟悉绿色理论与实务的物流人才是当务之急。高等院校通过开展物流相关专业的本科、硕士、博士等多层次学历教育,为现代绿色物流培养高级管理人才和专业人才。物流行业协会可开展更多的短期物流培训和研讨,以提升我国物流人才的整体素质。

（4）企业要提高物流技术水平

首先,企业要加强物流的信息技术建设。高水平的物流信息化是绿色物流发展的必备条件。因此,发展绿色物流,需要企业积极采用先进的信息技术,加强全球定位系统、电子数据交换等先进技术的应用,进一步推进公共物流信息平台的建设。其次,企业要注重绿色生产、绿色运输、绿色包装技术的应用,提高全方位技术水平来发展绿色物流。

（5）加快绿色物流发展的基础设施规划与建设

绿色物流的发展离不开基础设施等的支撑作用。首先,这就要求政府要重视现有物流基础设施的利用和改造,通过对其规模、布局功能进行科学的整合,提高现有设施的使用效率,发挥现有设施的综合效能。其次,要求政府加强新建物流基础设施的宏观协调和功能整合。政府应从整体战略的高度协调物流相关规划,理顺各种规划的关系,如对不同运输方式的场站建设规划、工业及商贸流通行业的仓储设施规划能够做到有机衔接和配合,防止重复建设,避免土地资源的浪费。再次,要通过政府直接投资或市场化模式,继续扩大交通基础设施投资规模,如加大公路、铁路、水运、航空、管道和城市配送等设施的建设力度。最后,要注重加强各种运输方式的衔接,加快完善综合交通运输网络,大力发展多式联运,避免不必要的运输行为带来的外部负效应。

小结

根据我国绿色物流的 SWOT 分析战略可以得出四种内外匹配的交叉组合战略:增长型战略(SO)、多元经营战略(ST)、扭转型战略(WO)、防御型战略(WT)。扭转型战略是比较适合目前我国绿色物流发展的战略。

复习思考题

1.什么是绿色物流 SWOT 分析?
2.如何选择绿色物流的战略?

实训

实训 13-2

13.3 绿色物流管理

 教学目标

知识目标
1. 理解企业物流绿色化是一个系统性工程。
2. 理解企业绿色物流管理的要素。

技能目标
充分理解如何制订企业绿色物流管理方案。

 案例导入

大力发展绿色物流,加快推进物流行业迈向高质量发展新阶段

物流行业的高质量发展是国民经济高质量发展的重要组成部分,也是推动经济高质量发展不可或缺的重要力量。而发展绿色物流是实现物流高质量发展的战略选择。随着我国经济发展方式的转变和产业结构的转型升级,我国绿色产业蓬勃发展,打造出新的经济增长点,成为经济发展新动能的重要组成部分,大力发展绿色物流成为物流行业和相关企业的必然选择。

当前,绿色物流已在国内政府部门、相关企业、行业协会及社会民众中取得共识。然而,我国绿色物流的发展整体上来说还处于初级阶段,存在着严重的不平衡、不协调等问题,如绿色物流理论研究不足且与实际应用脱节,相关标准体系制定尚需完善,基础设施和人才培养尚不能满足要求,缺乏统一信息管理平台等。

为此,未来绿色物流发展要重点做好以下几方面工作:一是加强绿色物流及绿色供应链的理论研究和产学研合作,积极开展国际合作与交流,形成适合我国物流行业绿色发展的理论体系;二是完善物流企业绿色化发展的相关政策,加强绿色物流标准制定与国际互认;三是通过定期公布绿色物流技术目录和技术规划路线图,相关企业、行业协会、科研院所加强技术培训、科技创新及成果转化,提高物流基础设施的绿色化水平;四是完善物流组织管理体系,提升物流企业的科学化管理水平;五是强化绿色物流相关管理和技术人才的培养。

绿色物流的最终目标是可持续发展,实现该目标的准则是经济、社会和生态的统一,而不是遏制经济效益追求生态效益,这也是绿色物流能得到社会各界支持的原因。通过推广先进技术、管理模式、政策标准,促进物流活动与生态环境的协调发展,使人们更有幸福感,使企业

降本增效,使物流行业高质量、可持续健康发展,进而助力我国经济高质量发展。

资料来源:任豪祥.大力发展绿色物流,加快推进物流行业迈向高质量发展新阶段[J].中国物流与采购,2019(12):13.

案例分析

这个案例提示我们,发展绿色物流是实现物流高质量发展的战略选择。我国绿色物流的发展整体上来说还处于初级阶段,未来可以从加强理论研究、完善相关政策标准、推广先进技术、完善管理体系、加强人才培养等方面来促进绿色物流的发展。

思考·讨论·训练

对于我国绿色物流的发展,你还有哪些好的建议?

 知识链接

近年来,我国物流业快速增长,已成为推动我国经济持续发展的重要因素。在物流业增长的同时,令人关注的还有对环境、道路、水质的负面影响,诸如废气、废弃物的不当处置,危化品的倾覆及其所带来的社会治理成本的增加等。进入新时代,我国经济已由高速增长阶段转向高质量发展阶段。物流高质量发展是经济高质量发展的重要组成部分。创建我国企业的绿色物流体系,提倡高效节能、绿色环保,不仅是必要的,也是迫切的。

1. 企业绿色物流管理要素分析

企业绿色物流管理能为社会范围的环境管理和生态管理提供解决途径,包括废弃物问题、污染问题、资源节约和能源节约问题等;物流本身具有交叉性和综合性,再加上企业绿色物流实施主体的多样性,因此企业物流绿色化是一个系统性工程。

(1) 绿色包装管理

绿色包装是指采用节约资源、保护环境的包装。包装的途径主要有:生产过程中采用简化的、可降解材料制成的包装;流通过程中实施包装的合理化与现代化。

① 包装模数化。确定包装基础尺寸的标准,即包装模数化。模数化包装有利于小包装的集合,而包装的大型化和集装化有利于物流系统在装卸、搬迁、保管、运输等过程的机械化,加快这些环节的作业速度,有利于减少单位包装、节约包装材料和包装费用,有利于保护货品、集装箱、托盘等标准化物流设施的作业,有利于运输和保管,从而实现物流系统的合理化。

② 采用通用包装、周转包装,梯级利用。即包装多次、反复使用,不用专门安排回返使用,如饮料、啤酒瓶等;一次使用后的包装物,用毕转做他用或简单处理后转做他用;对废弃包装物经再生处理,转化为其他用途或制作新材料。

③ 开发新的包装材料和包装器具。即包装物的高功能化,用较少的材料实现多种包装功能。

(2) 绿色运输管理

绿色运输指的是以节约能源、减少废气排放为特征的运输,是绿色物流的一项重要内容。

① 开展共同配送。共同配送是指由多个企业联合组织实施的配送活动。它主要针对某一地区的客户所需要物品数量较少而使用车辆不满载、配送车辆利用率不高等情况。如中小批发者,如果各自配送难以满足零售商多批次、小批量的配送要求,而采取共同配送,送货者可以实现少量配送,收货方可以进行统一验货,从而达到提高物流服务水平的目的。从物流企业角度来说,特别是一些中小物流企业,由于受资金、人才、管理等方面制约,运量少、效率低、使用

车辆多,独自承揽业务,在物流合理化及效率上受限制。如果彼此合作,采用共同配送,则筹集资金、大宗货物等问题通过信息网络提高车辆使用率均可得到较好的解决。因此,共同配送可以最大限度地提高人员、物资、资金、时间等资源的利用效率,取得最大化的经济效益。同时,可以去除多余的交错运输,并取得缓解交通、保护环境等社会效益。

②多式联合运输方式。多式联合运输是指吸取铁路、汽车、船舶、飞机等基本运输方式的长处,把它们有机地结合起来,实行多环节、多区段、多运输工具相互衔接进行商品运输的一种方式。它要求装载工具及包装尺寸都要做到标准化。全程采用集装箱等包装形式,可以减少包装支出,降低运输过程中的货损、货差。其优势还表现在:它克服了单个运输方式固有的缺陷,在整体上保证了运输过程的最优化和效率化;从物流渠道看,它有效地解决了由于地理、气候、基础设施建设等各种市场环境差异造成的商品在产销空间、时间上的分离,促进了产销之间紧密结合以及企业生产经营的有效运转。

③发展第三方物流。发展第三方物流,有利于在更广泛的范围内对物流资源进行合理利用和配置,可以避免自有物流带来的资金占用、运输效率低、配送环节烦琐、企业负担加重、城市污染加剧等问题。

（3）绿色流通加工管理

流通加工具有较强的生产特性,对环境的影响主要表现在:分散进行的加工利用率低,产生的边角余料、废气物等污染周边环境,甚至于产生二次污染。针对这些问题,绿色流通加工也是对环境保护有较大作为的环节。

绿色流通加工主要包括两个方面的措施:一是专业化集中加工,以规模作业方式提高资源利用效率,减少环境污染。如饮食服务业对食品进行集中加工,以减少家庭分散烹调所带来的能源和空气污染。二是流通加工废料集中处理,与废弃物物流顺畅对接,降低废弃物污染及废弃物物流过程的污染。如流通部门对蔬菜集中加工,可减少居民分散加工带来的垃圾丢放及相应的环境治理问题。

（4）绿色仓储管理

仓储本身会对周围环境产生影响。例如,保管、操作不当引起货品损坏、变质、泄漏等。另外,仓库布局不合理也会导致运输次数的增加或运输迂回。所谓绿色仓储管理就是要求仓库布局合理,减少运输里程,节约运输成本。

①仓库布局要合理。仓库布局过于密集,会增加能源消耗,增加污染物排放;过于松散,则会降低运输效率,增加空载率。仓库布局要总体规划,依据企业可持续性发展战略要求,做到绿色仓储化。

②仓库建设前应当进行相应的环境影响评价。企业要充分考虑仓库建设和运营对所在地的环境影响,对于易燃、易爆商品不应放置在居民区,有害物资仓库不应安置在重要水源地附近等。

2. 企业绿色物流管理方案

（1）树立绿色物流管理意识

企业在物流活动中树立绿色物流管理意识,其实就是要坚持可持续发展理论。可持续发展的基本内容包括以下五点:第一,发展是重点;第二,发展经济与环境保护,使之构成一个有机整体;第三,应建立一个合理有效的经济运行机制;第四,人们的自身发展需要与资源、环境的发展相适应,人们应放弃传统的生产方式与生活方式;第五,树立全新的现代文化观念。

由于物流过程中不可避免地会消耗能源和资源,产生环境污染,因此,为了实现长期、持续发展,就必须采取各种措施来维护自然环境。现代绿色物流就是依据可持续发展理论,形成物流与环境之间相辅相成的推动和制约关系,进而促进现代物流的发展,达到环境与物流的共生。

（2）坚持一体化的物流运作模式

企业物流活动中对环境影响最大的莫过于由于运输特别是公路运输造成的废气排放、噪音和交通阻塞等,而坚持一体化的物流运作模式是指以件杂货为对象,以单元装载系统为媒介,有效运用各种运输工具,从发货方到收货方始终保持单元货物状态而进行的系统化运输方式。通过运输方式的转换可削减总行车量。另外,一体化物流可以优化整个物流系统,从订单处理、产品采购,到售后服务以及废弃物物流、退货物流等,不仅可以从经济上降低总物流成本,还可以大大降低社会成本。

（3）开展共同配送,减少污染

共同配送、统一集货、统一送货可以明显地减少货流;有效消除交叉运输,缓解交通拥挤状况,可以提高市内货物运输效率,降低空载率,减少污染;有利于提高配送服务水平,使企业库存水平大大降低,甚至实现零库存,降低物流成本。

（4）建设可持续发展的仓储系统

随着人们环保意识的加强,物流仓储系统的绿色化势在必行。我国必须走可持续发展的道路,尽量减少对人类生存环境的破坏。一方面利用物流仓储系统减少对工作及生活环境的污染和影响,如对有害物资的储存,可利用自动化仓储系统解决管理和存取问题,降低工作的危险性;另一方面减少物流仓储系统本身对周围环境的不利影响,如设备噪声、移动设备的震动、烟尘污染、设备的油渍污染、视觉污染,集中库存可减少对周围环境的辐射面。另外,采用自动化系统,充分考虑人机工程学原则,使管理、操作和维护环境相协调。

（5）加强废弃物物流管理

一是做到对废弃物净化处理,无论是焚化销毁,还是掩埋,都应该符合环保标准,不污染空气、水源和土壤;二是最大限度地减少废弃物的流量。为此,需以废弃物的再使用(回收后再用)、再利用(回收处理后转化为新的原材料)为前提,建立一个包括生产、流通、消费的废弃物回收利用系统。要达到这一目标,企业不能只考虑自身物流的效率化,而应从整个产供销供应链的视野来组织物流,且随着这种供应链管理的进一步发展建立废弃物的循环物流。

小结

企业绿色物流管理能为社会范围的环境管理和生态管理提供解决途径,包括废弃物问题、污染问题、资源节约和能源节约问题等;物流本身具有交叉性和综合性,再加上企业绿色物流实施主体的多样性,因此企业物流绿色化是一个系统性工程。增强物流企业应对市场挑战的能力并抢得市场先机,发展绿色物流对我国的物流企业来说势在必行。

复习思考题

1. 如何分析企业绿色物流管理的要素?
2. 企业绿色物流管理方案包括哪些内容?

 实训

实训 13-3

即测即评

项目 14　物流金融

14.1　物流金融概述

教学目标

知识目标

掌握物流金融的基本概念及特征。

技能目标

熟知物流金融各参与主体发挥的作用。

案例导入

金融支持四川自由贸易试验区　以航空、跨境物流金融产品创新为突破

2017年10月23日,中国人民银行成都分行营业管理部举行金融支持自贸区建设工作推进会,提出金融支持自贸区建设,将以航空金融和跨境物流金融为突破,今后培育更具四川特色的自贸区金融产品和服务。飞机租赁为主的航空金融已初见成效,但跨境物流融资方面,国际上在海运方面已经有较为完整的金融服务体系和较多的融资产品,蓉欧快铁跨越多个国家,以陆路为基础的跨境物流金融还有待破题,需要尽快创新金融产品,以便利贸易。

资料来源:张舒. 金融支持四川自由贸易试验区　以航空、跨境物流金融产品创新为突破[EB/OL]. (2017 - 10 - 23)[2021 - 04 - 10]. https://cbgc.scol.com.cn/news/62847.

案例分析

国际贸易也需要供应链金融的支撑,解决资金问题无疑对中国全球价值链竞争、"一带一路"构建有深远意义。而跨境物流与供应链体系将有助于金融赋能于国际贸易。

思考·讨论·训练

物流金融为何会受到重视?

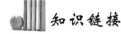

知识链接

1. 物流金融的含义

物流金融(logistics finance)是指面向物流业的运营过程,通过应用和开发各种金融产品,有效地组织和调剂物流领域中货币资金的运动。这些资金运动包括发生在物流过程中的各种存款、贷款、投资、信托、租赁、抵押、贴现、保险、有价证券发行与交易,以及金融机构所办理的各类涉及物流业的中间业务等。

物流金融是将物流服务和金融服务两者有机地集合为一体,同时也是将物流和资金流有效地结合在一起的新型业务。

物流金融涉及的因素有物流结算业务、物流融资业务、物流金融技术支持业务、物流金融客服业务、物流金融政策资源匹配等。

2. 物流金融产生的背景

（1）第三方物流服务的革命

物流金融，是物流与金融相结合的产品，其不仅能提高第三方物流企业的服务能力、经营利润，而且可以协助企业拓展融资渠道，降低融资成本，提高资本的使用效率。

（2）中小型企业融资困境

在国内，由于中小型企业存在着信用体系不健全的问题，所以融资渠道贫乏，生产运营的发展资金压力大。物流金融服务的提出，可以有效支持中小型企业的融资活动。另外，物流金融可以盘活企业暂时闲置的原材料和产成品的资金占用，优化企业资源。

（3）供应链"共赢"目标

对于第三方物流企业而言，物流金融可以提高企业一体化服务水平，提高企业的竞争能力，提高企业的业务规模，增加高附加值的服务功能，扩大企业的经营利润。对于供应链企业而言，物流金融可以降低企业的融资成本，拓宽企业的融资渠道；可以降低企业原材料、半成品和产品的资本占用率，提高企业资本利用率，实现资本优化配置；可以降低采购成本或扩大销售规模，提高企业的销售利润。对于金融机构而言，物流金融服务可以帮助金融机构扩大贷款规模，降低信贷风险，甚至可以协助金融机构处置部分不良资产。

（4）金融机构创新意识增强

当前金融机构面临的竞争越来越激烈，为在竞争中获得优势，金融机构不断地进行业务创新。这就促使了物流金融的诞生。物流金融可以帮助银行吸引和稳定客户，扩大银行的经营规模，增强银行的竞争能力；可以协助银行解决质押贷款业务中银行面临的"物流瓶颈"——质押物仓储与监管，以及质押物评估、资产处理等服务。

3. 物流金融的主体

①金融机构：专门从事货币信用活动的中介组织。

②第三方物流企业：提供质押物（动产）的物流服务和资产管理服务（监管、拍卖等）的承载者。

③融资企业：供应链中资金不足的企业。资金不足将会限制该企业实现最优的运营决策。

④供应链主导企业：往往规模较大，实力较强，能够通过担保、提供出质物或者承诺回购等方式帮助融资企业解决融资担保困难，从而保证与融资企业良好的合作关系和稳定的供货来源或分销渠道。

⑤政府和相关商贸环境：税务、海关等机构和有关的政策和法规，以及相关的会计、法律、拍卖等业务环境和流程。

物流金融主体相互间的关系如图14-1所示。

4. 物流金融的特征

（1）规范化

物流金融业务中所有物流产品的质量和包装都以协议约定的标准规范化，由物流公司验收、看管，而且动产质押品的质押要符合规定程序，不能有银行派人看管和客户自行看管的不规范行为，确保质押的有效性。

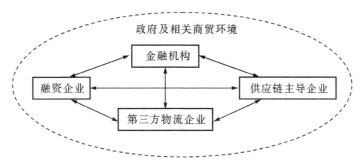

图 14-1 物流金融主体相互间的关系

（2）信息化

物流金融中所涉及的所有质押品的监管都借助物流公司的物流信息管理系统统一进行，与该业务有关的管理人员，都可以随时通过物流公司的信息管理系统查看质押品的品种、数量和价值，以便及时获得质押品的情况。

（3）异地化

物流公司和与其合作的银行都有覆盖全国的服务网络，使物流金融业务既可以在银行所设机构地区开展，也可以在全国各地开展异地业务，并能保证资金及时汇划和物流及时运送。

（4）普遍适用性

①服务区域具有普遍适用性。

②物流金融涉及的货物品种具有普遍适用性，包括各类工业品和生活品、产成品以及原产品等众多品种。

③物流金融服务的对象具有普遍适用性。无论何种企业，只要具有符合物流金融条件的产品，都可以开展该项业务。

小结

物流金融是指在面向物流业的运营过程，通过应用和开发各种金融产品，有效地组织和调剂物流领域中货币资金的运动。这些资金运动包括发生在物流过程中的各种存款、贷款、投资、信托、租赁、抵押、贴现、保险、有价证券发行与交易，以及金融机构所办理的各类涉及物流业的中间业务等。

物流金融是将物流服务和金融服务两者有机地集合为一体，同时也是将物流和资金流有效地结合在一起的新型业务。

复习思考题

为什么会产生物流金融？

实训

实训 14-1

14.2 物流金融业务分类与运作模式

 教学目标

知识目标

了解物流金融的业务分类。

技能目标

比较物流金融的各种运作模式。

 案例导入

菜鸟物流金融：让金融要素更好服务供应链生态

菜鸟物流金融隶属于浙江菜鸟供应链管理有限公司（以下简称"菜鸟供应链"），通过打通新零售仓配供应链与物流要素，以大数据风控为核心能力，专注于供应链金融产品设计及风控助贷，通过场景风控与撮合链接，为商家/物流企业提供供应链金融增值服务。菜鸟物流金融已推出多种针对性解决方案，包含存货融资、预付融资、银票、跨境外币融资、车辆融资、CP 保理、小件员融资等。

菜鸟物流金融正在打造一个供应链金融的协同平台，希望金融机构更多来参与，菜鸟物流金融可以作为数字银行服务小微企业的加速器，帮助银行机构和非营利机构进行数字化转型和变革，提升他们服务中小企业金融业务的风险管理能力。

通过将金融要素渗透供应链产业全链路，菜鸟物流金融实现全链路、统一授信管理，平台初步成型，弥补了银行原本无法渗透到企业的交易流、物流、资金流，仅能靠财务报表和实地走访了解企业经营的痛点。

随着阿里巴巴新零售战略的推进，菜鸟金融平台正围绕新零售、新供应链体系，把服务范围从线上覆盖到线下，从 B2C 延伸到 B2B，借助金融技术的力量，全面服务品牌上下游的中小企业以及生态中的物流供应链企业。

资料来源：万联供应链金融研究院，上海大学现代物流研究中心. 中国物流金融创新实践白皮书（2019）[R]. 深圳：万联供应链金融研究院，2019.

案例分析

菜鸟物流金融采取打通上游品牌、提供全链路的"采购融资＋存货融资＋订单融资"模式，帮助中小企业解决融资难问题。物流与金融的融合创新已经成为物流行业最为关注的焦点之一。

思考·讨论·训练

分析菜鸟物流金融的运作模式。

知识链接

1. 物流金融业务分类

随着现代金融和现代物流的不断发展，物流金融的形式也越来越多，按照金融在现代物流中的业务内容，物流金融分为物流结算金融、物流仓单金融、物流授信金融。

（1）物流结算金融

物流结算金融是指利用各种结算方式为物流企业及其客户融资的金融活动。目前主要有代收货款、垫付货款、承兑汇票等业务形式。

代收货款业务是物流公司为企业（大多为各类邮购公司、电子商务公司、商贸企业、金融机构等）提供传递实物的同时，帮助供方向买方收取现款，然后将货款转交投递企业并从中收取一定比例的费用。代收货款模式是物流金融的初级阶段，从盈利来看，它直接带来的利益属于物流公司，同时厂家和消费者获得的是方便快捷的服务。

垫付货款业务是指当物流公司为发货人承运一批货物时，物流公司首先代提货人预付一半货款，当提货人取货时则交付给物流公司全部货款。为消除垫付货款对物流公司的资金占用，垫付货款还有另一种模式：发货人将货权转移给银行，银行根据市场情况按一定比例提供融资，当提货人向银行偿还货款后，银行向第三方物流企业发出放货指示，将货权还给提货人。此种模式下，物流公司的角色发生了变化，由原来的商业信用主体变成了为银行提供货物信息、承担货物运送、协助控制风险的配角。从盈利来看，厂商获得了融资，银行获得了利息收入，而物流企业也因为提供了物流信息、物流监管等服务而获得了利润。

承兑汇票业务也称保兑仓业务，其业务模式为：开始实施前，买方企业、卖方企业、物流公司、银行要先签订保兑仓协议书，物流公司提供承兑担保，买方企业以货物对物流公司进行反担保，并已承诺回购货物；需要采购材料的买方企业，向银行申请开出承兑汇票并交纳一定比率的保证金；银行先开出银行承兑汇票；买方企业凭银行承兑汇票向卖方企业采购货品，并交由物流公司评估入库作为质押物；金融机构在承兑汇票到期时兑现，将款项划拨到卖方企业账户；物流公司根据银行的要求，在买方企业履行了还款义务后释放质押物。如果买方企业违约，则质押物可由卖方企业或物流公司回购。从盈利来看，买方企业通过向银行申请承兑汇票，实际上是获得了间接融资，缓解了企业流动资金的紧张状况。卖方企业在承兑汇票到期兑现即可获得银行的支付，不必等买方是否向银行付款。银行通过为买方企业开出承兑汇票而获取了业务收入。物流公司的收益来自两个方面：第一，存放与管理货物向买方企业收取费用；第二，为银行提供价值评估与质押监管中介服务收取一定比例的费用。

（2）**物流仓单金融**

物流仓单金融主要是指融通仓融资，其基本原理是：生产经营企业先以其采购的原材料或产成品作为质押物或反担保品存入融通仓并据此获得协作银行的贷款，然后在其后续生产经营过程中或质押产品销售过程中分阶段还款。第三方物流企业提供质押物品的保管、价值评估、去向监管、信用担保等服务，从而架起银企间资金融通的桥梁。其实质就是将银行不太愿意接受的动产（主要是原材料、产成品）转变成其乐意接受的动产质押产品，以此作为质押担保品或反担保品进行信贷融资。从盈利来看，生产经营企业可以通过原材料产成品等流动资产实现融资。银行可以拓展流动资产贷款业务，既减少了存贷差产生的费用，也增加了贷款的利息收入。物流企业的收益来自两个方面：第一，存放与管理货物向生产经营企业收取费用；第二，为生产经营企业和银行提供价值评估与质押监管中介服务收取一定比例的费用。

另外，随着现代物流和金融的发展，物流仓单金融也在不断创新，出现了多物流中心仓单模式和反向担保模式等新仓单金融模式。多物流中心仓单模式是在仓单模式的基础上，对地理位置的一种拓展：第三方物流企业根据客户不同，整合社会仓库资源甚至是客户自身的仓库，就近进行质押监管，极大地降低了客户的滞留成本。反向担保模式对质押主体进行了拓展：不是直接以流动资产交付银行作抵押物而是由物流企业控制质押物，这样极大地简化了程序，提高了灵活性，降低了交易成本。

（3）物流授信金融

物流授信金融是指金融机构根据物流企业的规模、经营业绩、运营现状、资产负债比例以及信用程度，授予物流企业一定的信贷额度，物流企业直接利用这些信贷额度向相关企业提供灵活的质押贷款业务，由物流企业直接监控质押贷款业务的全过程，金融机构则基本上不参与该质押贷款项目的具体运作。该模式有利于企业更加便捷地获得融资，减少原先质押贷款中一些烦琐的环节；也有利于银行提高对质押贷款的全过程监控能力，更加灵活地开展质押贷款服务，优化其质押贷款的业务流程和工作环节，降低贷款风险。

从盈利来看，授信金融模式和仓单金融模式的各方收益基本相似，但是由于银行不参与质押贷款项目的具体运作，质押贷款由物流企业发放，因此程序更加简便，形式更加灵活。同时，也大大节省了银行与供方企业的相关交易费用。

2. 物流金融运作模式

物流金融主要有以下业务模式：

一是典型仓单质押模式。即金融机构先与第三方物流企业签订合作协议，然后融资企业以在金融机构指定的第三方物流企业开具的仓单向金融机构提出仓单质押贷款申请，金融机构进行价值评估后按照仓单价值的一定比例给予融资企业贷款服务。

二是融通仓模式。金融机构首先对第三方物流企业进行信用评估并给予一定信用额度，第三方物流企业可不经金融机构审核直接将这些信用额度用在融资企业的短期融资业务中，贷款风险由第三方物流企业承担。

三是保兑仓模式。首先经销商和供应商签订买卖合同，供应商给出相应承诺，然后经销商以买卖合同为依据向金融机构提出贷款申请，但贷款的收款人不是经销商而是供应商，金融机构控制经销商的提货权，这样就解决了经销商短期的融资问题。

四是应收票据的融资模式。中小物流企业以客户延期支付的应收票据为抵押向由金融机构和大型物流企业共同组建的融资平台申请贷款，及时补充流动资金。

小结

随着现代金融和现代物流的不断发展，物流金融的形式也越来越多，按照金融在现代物流中的业务内容，物流金融分为物流结算金融、物流仓单金融和物流授信金融。

复习思考题

物流金融主要的业务模式有哪些？

实训

实训 14-2

14.3　物流金融的发展

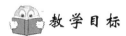
教学目标

知识目标
熟悉物流金融的发展状况。

技能目标
针对我国物流金融发展的问题提出建议。

案例导入

2020 物流金融行业发展现状

　　我国的物流金融行业经过 20 多年的发展，虽然在步步发展并且趋于成熟，但总体上还处于成长期。中小型物流金融企业本身资源有限，控制风险能力不足导致其发展后力不足，如果不妥善管理和规范便会给我国物流金融行业带来很多不确定的风险。在我们喜见我国以超快的速度发展物流金融并取得成果时，我们也发现伴随着快速的发展，我国物流金融的发展存在着明显的区域发展不平衡以及金融组织服务分配不均衡等问题。

　　近年来，我国出台政策鼓励中小企业发展，为中小企业的发展营造了更好的发展环境。具有较强流动性的中小企业，在为我国物流金融行业增添了发展新活力的同时，也因为其本身存在的资金短缺、控制和管理风险能力不足、市场认可度低等问题，往往后劲不足，也给我国物流金融行业带来一些不确定的风险。传统模式的物流供应链缺乏透明度，增加了解决问题的时间和金钱成本。传统的物流供应链下，企业难以进行信息分享，出现问题时便难以追查和处理，这也使得对物流金融的管理成本有所提高。因此，提倡通过打造区块链，从而打造一个可靠的透明的信息平台，最终提高对物流金融的管理效率。

　　我国物流金融行业的发展虽然晚于西方国家，但以超高速实现了西方国家用了两百多年才达到的程度。虽然我国物流金融行业发展迅猛呈现出跨越式的发展态势，但是超高速的发展也给我国带来了明显的发展不平衡的问题，总体上呈现出沿海地区发展水平高于内陆地区。

　　在大数据时代下，伴随着"互联网＋"的发展，我国的物流企业以及相关的金融机构可以利用大数据以及相关技术并结合自身发展特点建立起信息集成平台，并基于数据信息和技术分析对企业和机构进行有效的管理，能够更加高效地规避、发现、控制和管理风险，为我国物流金融的安全发展保驾护航。互联网时代给物流金融发展提供的便利不止于此，互联网金融还为物流金融的发展提供了更加多元化的发展方式，节约了发展成本。作为商业银行，物流金融是决胜未来的秘密武器，是开辟中小企业融资天地的新渠道；作为物流企业，谁能够提供金融产品和金融服务，谁就能成为市场的主导者。

　　资料来源：2020 物流金融行业发展现状及前景分析[EB/OL].(2020-06-27)[2021-04-10]. https://www.chinairn.com/hyzx/20200605/151948161.shtml.

案例分析

　　物流金融是物流业和金融业融合的创新服务形式，是开辟中小企业融资天地的新渠道。物流金融逐步成为物流企业的利润主要来源，所以物流金融做得好与坏在未来会直接影响企业的客户资源和盈利收入,发展物流金融势在必行。

思考·讨论·训练

物流金融前景广阔,但是会面临什么风险?

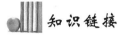知识链接

1. 物流金融的发展状况

（1）发达国家的业务

以美国为例,其物流金融的主要业务模式之一是面向农产品的仓单质押。仓单既可以作为向银行贷款的抵押,也可以在贸易中作为支付手段进行流通。美国的物流金融体系是以政府为基础的。早在1916年,美国就颁布了《美国仓库存贮法案》,并以此建立起一整套关于仓单质押的系统规则。这一体系的诞生,不仅成为家庭式农场融资的主要手段之一,同时也提高了整个农业营销系统的效率,降低了运作成本。

（2）发展中国家的业务

相对于发达国家,发展中国家的物流金融业务开始得较晚,业务制度也不够完善。非洲贸易的自由化很早就吸引了众多外国企业作为审查公司进入当地。这些公司以银行、借款人和质押经理为主体,设立三方质押管理协议,审查公司往往作为仓储运营商兼任质押经理的职位。通过该协议,存货人,即借款人在银行方面获得一定信用而得到融资机会。此类仓单直接开具给提供资金的银行而非借款人,并且这种仓单不能流通转移。

2. 我国物流金融的发展现状

我国物流金融业务发展处于探索阶段,但近年来发展速度很快。国内大型物流仓储企业因为具有天时、地利、人和的先决条件和较大规模、良好行业信誉和充足资本储备,在物流金融业务拓展方面呈现出明显的优势。目前,我国物流金融的推动者仍以第三方物流企业为主。

2013年,物流金融市场的资金量达到3万亿元,为相关物流企业带来的综合收益超过200亿元,市场规模和经济效益显著。

2014年4月,中国物流与采购联合会根据商务部发布的《质押监管企业评估指标》,正式启动了物流企业质押监管评估工作,质押监管企业评估工作委员会成立,首批19家质押监管企业评估已经完成。2014年6月,由中国物流与采购联合会和中国银行业协会联合打造的中国物流金融服务平台正式上线。平台涵盖了存货担保质押登记、公示、查询等服务,强化了物流金融业务过程管理。这能够更好地防范银行业金融机构在动产质押融资业务中的风险。物流金融的发展与物流业的规范息息相关,因此亟须有针对性地制定、健全和完善相关法律和规范以加强监管,更需要加强行业自律,促进物流业与物流金融共同发展。

3. 我国物流金融发展中存在的问题

（1）动产质押风险导致业务范围狭窄、效率低下

我国物流金融中涉及质押物的风险主要有质押物的产权风险、监管风险、市场风险和变现风险。产权风险来源于合同,监管风险来源于物流企业,市场风险与市场环境和质押物本身有关,变现风险来源于质押物价格波动。以存货质押为例,融资企业以存货为抵押向银行申请贷款,存货既是价值载体又是风险载体,贷款风险较大,而总信用额度有限,银行更倾向于风险更小的其他简单业务。即使银行同意进行动产质押,在质押物的选择上也只接受流动性强的大宗商品,而大多数中小企业的存货主要是原材料、半成品、非大宗商品的产成品,无法获得动产

质押融资。从贷款规模看，银行发放动产质押的贷款额度多在 1000 万元以上，按照银行的质押率计算，融资企业的库存货值应在 2000 万元～3000 万元以上，而中小企业的库存较少达到这个水平。从动产质押业务效率看，即使符合银行动产质押的条件，还需要层层审批，获得贷款周期在 2～3 个月以上。

（2）信息不对称导致物流金融信用体系脆弱

物流金融的发展需要物流企业、融资企业、金融机构紧密配合、相互信任。但在运行过程中，由于信息不对称，物流企业可能为自身业务的扩展而隐瞒融资企业的重要信息，甚至编造虚假数据，以帮助融资企业获得银行融资；同样，融资企业也会为获得资金而向物流企业和金融机构提供不完整甚至虚假信息。虽然在物流金融框架内，物流企业能参与到融资企业业务体系中，但仍无法避免融资企业的这种行为。由于信息不对称导致的信用体系的脆弱，造成"劣币驱逐良币"现象，如果不加改善，整个物流金融市场环境将会逐渐恶化。

（3）物流企业金融服务意识和能力不强

我国物流业发展起步较晚，规模较小，经营管理水平还难以适应现代经济发展的要求，有意识地开展物流金融业务的物流企业更是很少。一些想要开展物流金融服务的物流企业往往由于自身能力不足而无法开展，而且物流企业与金融机构、客户企业间并没有做到充分的信息共享和业务协同，使物流金融的运行风险不断加大。

（4）缺乏物流金融复合型人才

物流金融涉及的领域复杂而专业，涉及物流作业、银行业务及相关法律知识。因此，物流金融的发展需要精通物流、金融、法律的复合型人才。而现有的教育体系培养的人才大多是专业而单一的，真正能把物流、金融、法律等业务融会贯通的人才较少。

（5）促进物流金融发展的配套环境不佳

首先，相关制度不健全。信用制度、质押制度、担保保险制度等存在缺陷，相关法律法规不完善，从而增大物流金融风险。其次，缺乏统一的行业标准。在中国物流与采购联合会的组织下，我国已陆续出台多部行业标准，但总体看，物流业仍处于相对混乱的局面，各地区、各企业都有各自的操作方式，突出表现在单据不标准、信息统计口径不统一、具体操作要求不明确等，这成为物流金融发展的主要障碍。

4. 促进我国物流金融发展的对策

（1）建立多方参与的物流金融平台

物流金融业务涉及多方交易主体，完备的物流金融平台必不可少，其可以防止由于信息不对称所导致的"逆向选择"与"道德风险"。物流金融是平台方、物流企业、资金方、金融机构几方将物流、资金流、信息流等各方数据整合上链，实现数据业务的透明可视化，使买卖双方可以更好地掌握跟踪物流信息。

（2）加强物流金融信用体系建设

首先，建立以法治为基础的信用体系。既要对失信企业实行信用等级管理，也要对失信当事人实行信用等级管理，严厉惩罚，加大信用违约成本，减少信用违约现象。其次，加强信息共享机制建设，避免信息不对称。在物流金融的实践中，很多不信任事件的发生往往与信息不对称有关。通过开发相应的信息系统，使物流企业的货位编码、融资企业的货物编码、仓单编码三码合一，并由第三方独立机构监管，就可大大减少这种信息不对称导致的信用违约事件发生，使物流金融的信用体系不断完善。再次，大力发展专业的独立第三方机构，并严格监管。

专业的独立第三方机构在物流金融业务体系中占有重要地位,是整个物流金融信用体系中的重要一环,既要对其严格审批,保证第三方机构的专业素质,也要对其严格监管,保证第三方机构的独立性和客观性。最后,建立物流金融的长效合作机制,降低道德风险。从博弈论角度看,信用违约事件通常是短期博弈中出现的情况,如果将短期博弈发展为长期博弈,物流金融各参与方基于更丰厚的长期利益的考虑,会放弃短期博弈中的信用违约行为,从而巩固物流金融的信用机制。

（3）引入行业协会会员制管理

对物流企业金融服务意识和能力欠缺的问题,可考虑引入行业协会会员制管理制度。一方面,通过行业协会的影响力,促使物流金融需求方在选择物流金融服务方的过程中,优先考虑会员企业,过滤掉物流金融服务意识和能力较差的企业,这有利于物流金融的发展。另一方面,行业协会可对申请加入的企业进行培训,提高其物流金融服务意识和服务能力。另外,行业协会不仅肩负培训的职责,更应担负监管职责,监管的信息要在官方网站公开。这样,才能获得社会公信力,对整个物流金融行业的发展起到积极作用。

（4）多渠道培养复合型的物流金融人才

第一,加强高等院校物流金融人才的培养,推出物流、金融、法律等专业的第二学位,有意识开展物流金融课程建设。第二,科学规划物流金融从业人员的职业生涯,创造机会让物流金融从业人员分别获得物流和金融等领域的专业经历,培养物流金融复合型人才。第三,强化物流金融的职业教育,可由相关协会开展物流金融专业的职业资格认证,强化物流金融专业的职业化培训。

（5）完善物流金融发展的政策法规环境

首先,逐步完善信用制度、质押制度、担保保险制度。由政府牵头,引入市场化机制,建立企业信用信息的查询和披露制度,这样才能为物流金融的发展奠定良好的基础。其次,出台与完善针对物流金融的相关法律法规,明确物流金融业务中各方的责任和义务,保证各方的利益,规范各方主体的行为。再次,完善物流金融相关标准。尽快统一国内物流的相关标准,在缺乏标准的领域尽快出台统一标准,在标准理解模糊的领域尽快给予明确的解释。

（6）促进物流金融向供应链金融模式发展

物流金融发展的高级形式是供应链金融,需要物流金融的各参与方共同努力。在物流金融的参与者方面,应主动向供应链成员扩展,形成贸易企业、供应商、监管企业、金融机构等多方参与的模式,不能局限于传统三方参与的模式。在各方关系建立方面,应突破过去企业单打独斗的局面,各方企业建立更紧密的战略合作关系,签订长期的战略框架协议,保证供应链金融稳定发展。在信息共享方面,努力实现各方信息共享平台,实现信息系统的互联,为供应链金融发展创造良好的信息环境。在监管方式上,要主动由以前的静态质押监管转向动态质押监管,实时对质押物的价值进行评估,降低供应链金融的风险。

小结

物流金融目前在发达国家处于较为成熟的发展阶段,而我国的物流金融还处于初级发展阶段。近几年我国物流金融业务在广度和深度上都发展很快,表现出了旺盛的生命力,但是我国物流金融的发展仍然面临一些问题。

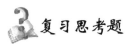 **复习思考题**

分析物流和金融结合的必然性。

 实训

实训 14－3

即测即评

项目 15　冷链物流

15.1　冷链物流概述

教学目标

知识目标
1. 掌握冷链物流的定义、原理、适用范围和流程构成。
2. 理解冷链和冷链物流的关系。

技能目标
1. 灵活运用所学知识分析案例。
2. 具备运用冷链物流基本知识和原理来分析、解决实际问题的基本技能。

案例导入

顺丰冷运的冷链物流

2014年9月25日,顺丰速运有限公司成立冷运事业部,推出顺丰冷运。顺丰冷运依托顺丰强大的运输网络、领先的仓储服务、专业的温控技术、先进的管理系统,致力于为生鲜食品行业客户提供专业、安全、定制、高效的综合供应链解决方案。

顺丰冷运有丰富的冷运资源:已开通运营26个食品仓,仓库总面积约15万 m^2,拥有先进的自动化制冷降温设备、进口计算机温度监控系统、标准专业的操作管理,实现全年365天每天24小时无间断服务;已开通运营食品干线143条,覆盖117个城市727个区县,共2583条流向,贯通东北、华北、华东、华南、华中、华西等地区的重点核心城市;拥有自有食品冷藏车256辆、1.4万余辆外包储备冷藏车,皆配备完善的物流信息系统及自主研发的TCEMS全程可视化监控平台;成立研发并提供专业的包装解决方案的公司,定制化包装解决方案200多套,已申请国家专利450多项,参与制定国家标准/行业标准12个。

顺丰冷运强大的科技实力主要体现在以下四个方面。

(1)智慧冷链物流系统:强大的接口能力,支持快速接入;智慧云仓支持多平台/多渠道订单管理;自动化仓储管理系统;先进的运输管理系统。

(2)智能分仓模拟:运用遍历和遗传等优化算法,根据销量预测、仓网布局、成本与时效、配送产品等因素,计算出合理的分仓方案;提供智能分仓决策支持。

(3)全程冷链技术:专业的仓储温控技术;车辆全程智能温度监控;订单全流程温度可视;与顺丰末端配送网络无缝对接的冷链网络。

(4)智能运输管理:质量成本透明可视;环境因素准确输入、线路机器学习穷举、智能线路规划、智能车辆匹配;信息实时采集、全流程智能追踪、多维度智能预警;交货时长分析、司机能力分析、线路难度分析。

资料来源：顺丰冷运[EB/OL].[2021-06-10].https://p.sf-express.com/#/.

案例分析

从冷链物流的角度来看，顺丰冷运拥有丰富的冷运资源和强大的科技实力，是我国冷链物流中的典范。

思考·讨论·训练

顺丰冷运对于新型冷链物流企业有哪些值得借鉴的地方？

知识链接

1. 冷链物流的概念

冷链物流是由食品冷链扩展而来的。蔬菜、水果、肉类、水产品等农产品需要通过低温流通才能使其最大限度地保持天然食品原有的新鲜程度、色泽、风味及营养，食品冷链物流应运而生。

食品冷链是指易腐食品从产地收购或捕捞之后，在产品加工、贮藏、运输、分销、零售直到转入消费者手中，其各个环节始终处于产品所必需的低温环境下，以保证食品质量安全、减少损耗、防止污染的特殊供应链系统。

中国物流与采购联合会所采用的冷链物流的定义为：冷链物流（environmental logistics）泛指温度敏感性产品在生产、贮藏运输、销售到消费前的各个环节中，始终处于规定的低温环境下，以保证物品质量，减少物流损耗的一项系统工程。

我国国家标准《物流术语》将冷链定义为："根据物品特性，从生产到消费的过程中使物品始终处于保持其品质所需温度环境的物流系统。"然而冷链是供应链，冷链物流只是冷链的一个组成部分，二者应区分清楚。冷链是为了保证冷冻冷藏物品的品质而使其在从生产到消费的过程中始终处于物品所必需的温度条件下，以保证物品的质量安全、较少损耗、防止污染的供应链。由此，冷链物流是依托始终处于低温状态的配有专门设施设备的物流网络，将需要冷冻冷藏的物品从生产地运往消费地的过程。

2. 冷链物流的原理

冷链物流必须遵循3T原则，即物流的最终质量取决于冷链的储藏温度（temperature）、流通时间（time）和产品本身的耐储藏性（tolerance）。

3. 冷链物流的适用范围

① 初级农产品：蔬菜、水果，肉、禽、蛋，水产品，花卉产品。

② 加工食品：速冻食品，禽、肉、水产等包装熟食，冰激凌和奶制品，快餐原料。

③ 特殊商品：化工产品、医药用品、生物制品等。

4. 冷链物流的特点

易腐食品的含水量高，保鲜期短，极易腐烂变质，大大限制了运输半径和交易时间，因此对运输效率和流通保鲜条件提出了很高要求。由于食品冷链是以保证易腐食品品质为目的，以保持低温环境为核心要求的供应链系统，所以它比一般常温物流系统的要求更高，也更加复杂。

冷链物流相对于其他产品的物流有以下几个特点：

（1）复杂性

冷藏物品在流通过程中的质量随着温度和时间的变化而变化，不同的产品都必须要有对应的温度和储藏时间。同时，冷链物流服务的产品生产、消费市场和冷链物流服务环境还具有明显的区域性,这就大大提高了冷链物流的复杂性,所以说冷链物流是一个庞大的系统工程。

(2)协调性

作为专业物流,冷链物流涉及的领域相当广泛。生鲜易腐品的不易储藏性,要求冷链物流必须高效运转,物流过程中的每个环节都必须具有协调性,这样才能保证整个链条的稳定运行。同时,冷链物流的监控难度也很大,因为冷链物流不仅是点的监控,而且还要跟踪整个产品的流通链。

(3)高成本性

为了确保生鲜易腐品在流通各环节中始终处于规定的低温条件下,必须安装温控设备,使用冷藏车或低温仓库。另外,为了提高物流运作效率又必须采用先进的信息系统等。这些都决定了冷链物流的成本比其他物流系统成本偏高。

5. 冷链物流的构成

冷链物流由冷冻加工、冷冻储藏、冷藏运输及配送、冷冻销售四个方面组成。

①冷冻加工:包括肉禽类、鱼类和蛋类的冷却与冷冻,以及在低温状态下的加工作业过程;也包括果蔬的预冷,各种速冻食品和奶制品的低温加工等。在这个环节上主要涉及的冷链装备是冷却、冻结装置和速冻装置。

②冷冻储藏:包括食品的冷却储藏和冷冻储藏,以及水果、蔬菜等食品的气调储藏,保证食品在储存和加工过程中的低温保鲜环境。在此环节主要涉及冷藏库(加工间)、冷藏柜、冷冻柜及家用冰箱等。

③冷藏储运及配送:包括食品的中、长途运输及短途配送等物流环节的低温状态。它主要涉及铁路冷藏车、冷藏汽车、冷藏船、冷藏集装箱等低温运输工具。在冷藏运输过程中,温度波动是引起食品品质下降的主要原因之一,所以运输工具应具有良好的性能,在保持规定低温的同时,更要保持稳定的温度,远途运输尤其重要。

④冷冻销售:包括冷链食品进入批发零售环节的冷冻储藏和销售,它由生产厂家、批发商、零售商共同完成。随着大中城市的各类连锁超市的快速发展,这类连锁超市正在成为冷链食品的主要销售渠道,在这些零售终端中,大量使用了冷藏、冷冻陈列柜和储藏库,它们成为完整的食品冷链中不可或缺的重要环节。

6. 冷链基础设施

冷库是用人工制冷的方法让固定的空间达到规定的温度便于贮藏物品或对易腐物品进行冷加工的建筑物。冷库主要用作对乳制品、肉类、水产、禽类、果蔬、冷饮、花卉、绿植、茶叶、药品、化工原料、电子仪表仪器等的恒温贮藏。19世纪中叶,世界上第一台机械制冷装置问世,利用人工制冷设备控制低温取得成功。从此冷库建筑在许多国家迅速发展,农畜产品从收获、加工到商品出售的各个环节全部实现了冷藏。在中国,北方的冰窖是冷库的初级阶段,中国建造现代冷库始于20世纪初。目前各大、中城市已有相当数量的冷库,且其容量不断增大。根据不同的标准,冷库可分为以下几类。

①根据使用性质的不同,冷库可分为生产性冷库、分配性冷库和生活服务性冷库三类。

生产性冷库是食品加工企业的重要组成部分,一般建在货源集中的地区。鱼、肉、禽、蛋、果、蔬等易腐食品,经过适当加工后,送入冷库进行冷加工,然后运往消费地区进行分配。其特点是冷加工能力大,贮存物品零进整出。

分配性冷库一般建在大城市或水陆交通枢纽及人口密集的工矿区,为市场供应、运输中转而贮备食品时使用。其特点是冷藏容量大、冻结能力小,适宜于多种食品的贮存。

生活服务性冷库是为调剂生活需要而临时贮存食品时使用的,其特点是库容量小、贮存期短、品种多、堆货率低。

②冷库按容量规模分为大、中、小型。大型冷库的冷藏容量在10000 t以上;中型冷库的冷藏容量在1000～10000 t;小型冷库的冷藏容量在1000 t以下。

③冷库按冷藏设计温度分为高温、中温、低温和超低温四大类冷库。一般高温冷库的冷藏设计温度在-2 ℃至8 ℃;中温冷库的冷藏设计温度在-10 ℃至-23 ℃;低温冷库温度一般在-23 ℃至-30 ℃;超低温冷库温度一般为-30 ℃至-80 ℃。

④按库体结构类别,冷库可分为以下四种。

A. 土建冷库。这是目前建造较多的一种冷库,可建成单层或多层。建筑物的主体一般为钢筋混凝土框架结构或者砖混结构。土建冷库的围护结构属重体性结构,热惰性较大,室外空气温度的昼夜波动和围护结构外表面受太阳辐射引起的昼夜温度波动,在围护结构中衰减较大,故围护结构内表面温度波动就较小,库温也就易于稳定。

B. 合板式冷库。这种冷库为单层形式,库板为钢框架轻质预制隔热板装配结构,其承重构件多采用薄壁型钢材制作。库板的内、外面板均用彩色钢板(基材为镀锌钢板),库板的芯材为发泡硬质聚氨酯或粘贴聚苯乙烯泡沫板。由于除地面外,所有构件均按统一标准在专业工厂成套预制,在工地现场组装,所以施工进度快,建设周期短。

C. 覆土冷库。它又称土窑洞冷库,洞体多为拱形结构,有单洞体式,也有连续拱形式。它一般为砖石砌体,并以一定厚度的黄土覆盖层作为隔热层。用作低温的覆土冷库,洞体的基础应处在不易冻胀的砂石层或者基岩上。由于它具有因地制宜、就地取材、施工简单、造价较低、坚固耐用等优点,在我国西北地区得到较大的发展。

D. 山洞冷库。它一般建造在石质较为坚硬、整体性好的岩层内,洞体内侧一般作衬砌或喷锚处理,洞体的岩层覆盖厚度一般不小于20 m。

7. 冷链运输

冷链运输是指在运输全过程中,无论是装卸搬运,还是变更运输方式、更换包装设备等环节,都使所运输货物始终保持一定温度的运输。冷链运输方式可以是公路运输、水路运输、铁路运输、航空运输,也可以是多种运输方式组成的综合运输方式。冷链运输是冷链物流的一个重要环节,冷链运输成本高,而且包含了较复杂的移动制冷技术和保温箱制造技术。

(1) 公路冷链运输

公路冷藏运输也称汽车冷链运输。冷藏汽车也称厢式冷藏卡车,是公路冷链运输的主要工具,按设备功能可分为保温车、保鲜汽车、冷藏汽车。有隔热车体而无制冷机组的称为保温汽车;有隔热车体和制冷机组,且车内温度可调至-18 ℃的,用来运输冷冻货物的称为冷藏汽车;有隔热车体和制冷机组,车内温度可调至0 ℃左右,用来运输生鲜冷藏货物的称为保鲜汽车。公路冷藏汽车具有使用灵活、建造投资少、操作管理与调度方便的特点。它既可以单独进行易腐食品的短途运输,也可以配合铁路冷藏车、水路冷藏船进行短途转运。

(2) 铁路冷链运输

铁路冷链运输的工具主要有铁路冷藏车和铁路冷藏集装箱。根据降温方式的不同,铁路冷藏车主要可分为加冰冷藏车和机械冷藏车。加冰冷藏车俗称冰冷车,机械冷藏车俗称极冷车,此外还有少量的干冰制冷车、储冷板制冷车。

（3）船舶及集装箱冷链运输

低温运输货物的船称为冷藏船，冷藏船主要用于渔业，尤其是远洋渔业。远洋渔业的作业时间很长，有时长达半年以上，必须用冷藏船将捕获物及时冷冻加工和冷藏。此外由海路运输易腐食品必须用冷藏船，冷藏船运输是所有运输方式中成本最低的。在过去由于冷藏船的速度最慢，而且受气候影响，运输时间长，装卸麻烦，因而使用受到限制。现在随着冷藏船技术性能的提高，船速加快，运输批量加大，装卸集装箱化，冷藏船的运输量逐年增加，成为国际易腐食品贸易中主要的运输工具。

冷藏集装箱是一种标准化的运输工具。冷藏集装箱具有良好的隔热性，能保持一定低温。适应于各类食品冷藏运输的集装箱，具有以下要求：加热、冷却和除霜实现全自动；可在一定范围内调节温度；耐冲击强度高，抗震动性能好。

小结

冷链物流泛指温度敏感性产品在生产、贮藏运输、销售到消费前的各个环节中，始终处于规定的低温环境下，以保证物品质量，减少物流损耗的一项系统工程。

冷链物流的适用范围包括初级农产品、加工食品、特殊商品。

冷链物流的特点有复杂性、协调性、高成本性。

冷链物流由冷冻加工、冷冻储藏、冷藏运输及配送、冷冻销售四个方面组成。

复习思考题

1. 什么是冷链物流？
2. 哪些行业需要冷链物流的协助？
3. 冷库在冷链物流中的作用是什么？

实训

实训15-1

15.2 我国冷链物流的发展历史、现状及存在的问题

教学目标

知识目标

1. 了解我国冷链物流的发展历史。
2. 理解我国冷链物流的发展现状及存在的问题。

技能目标
1. 理解冷链物流的经济和社会意义。
2. 针对我国冷链物流发展存在的问题,提出相应的解决策略。

 案例导入

安鲜达携手驯鹿冷链,共建全链路果蔬冷链物流专网

上海安鲜达物流科技有限公司(以下简称安鲜达)是专业食品冷链物流公司,立足高速成长中的食品冷链服务市场,依托于"线上+线下+新零售"全渠道业务布局及食品供应链优势,长期致力于打造面向全行业客户、从源头到餐桌的全链路全场景食品冷链物流服务解决方案。

随着生鲜经营对冷链物流需求的发展变化,安鲜达的冷链物流服务也从最开始的生鲜宅配逐渐走向全业务场景,覆盖全类型终端客户,全面满足 B2C(传统生鲜电商平台)、B2B(品牌餐馆、商超、传统分销商)以及新零售需求。全业务场景需要全链路的冷链物流作保障,服务覆盖生鲜的产地采购、产品加工、干支线运输、城市配送、最后一公里宅配等所有环节。为了打造全链路的冷链物流,安鲜达与驯鹿冷链品牌分工合作,安鲜达的"仓网"和"配网",驯鹿冷链的"运网"无缝连接,实现了果蔬从源头到餐桌的全链路全场景冷链物流服务覆盖。

1. 冷链运输

驯鹿冷链主要提供冷链零担运输和冷链整车运输服务。在冷链零担运输方面,驯鹿冷链以全新冷链甩挂运输模式,采用先进制冷技术,双温区分区温控,全程 GPS 定位,物流轨迹可循,时效可控;在冷链整车运输方面,驯鹿冷链自建运力池,能够更加高效地整合社会冷链运输资源,覆盖全国的运输网络,在承接各地货物的同时,系统可实现智能双向配货,有效降低车辆空载率。

2. 冷链仓储

安鲜达通过 ISO 9001 质量体系认证的仓库执行统一标准,拥有四大温区和五大温层,可为不同类别的果蔬食品提供最适宜的保鲜存储环境。严格的内控流程,能够做到入库必检、在库抽检、出库定检等标准,避免果蔬产品因为"失湿"而造成的货损。

安鲜达为发展新零售而引入的社区"前置仓",以店为仓,能够实现退货暂存、订单快速执行以及时补货,可以集合叠加多平台的订货需求,摊薄配送成本,给新零售更好的冷链物流支撑。

3. 冷链配送

安鲜达可提供配送和末端配送服务。在城市配送方面,安鲜达品牌成熟的城配网络以及严格的用车要求,能够针对不同类型的客户提供不同的车辆配置。在周转环节,研发推广可折叠式保温周转箱,在不拆箱的环境下实现快速周转,保障了果蔬全程温控,同时大幅节省了逆向物流的车辆空载空间。同时,依托高流通的货量,能够集合众多区域内配送的 B 端客户,同一批次共享配送,降低物流成本。

安鲜达品牌良好的行业口碑正是建立在完善的末端配送上。安鲜达针对时效要求,提供当日达、次日达、预约达、极速达等多种末端配送服务。安鲜达已完成北京、上海、广州等全国 15 城冷链物流中心的战略布局,在北京、上海、广州和武汉建立了区域集货调拨仓,实现了基于四大温区的冷链仓储体系,再加与社会配送资源的协同,覆盖 310 个城市的企业客户及终端消费者。2017 年安鲜达配送生鲜食品达 6.7 亿件。

资料来源：张颖川.安鲜达携手驯鹿冷链，共建全链路果蔬冷链物流专网：访上海安鲜达物流科技有限公司副总裁牟屹东[J].物流技术与应用，2018，23(S2)：51-53.

案例分析

通过分析安鲜达的冷链物流运作，看到了安鲜达在食品冷链配送方面的成功，为我国生鲜食品的配送和运输树立了典范。

思考·讨论·训练

安鲜达的冷链物流有哪些值得借鉴的地方？

知识链接

1. 我国冷链物流的发展历史

我国的冷链物流最早产生于 20 世纪 50 年代的肉食品外贸出口，是从改装了一部分保温车辆开始的。改革开放之前，商品的短缺造成流通的简单化。冷产品的储存、运输多以批量方式进行，产品的流通及覆盖范围也相对较小。

1982 年，我国颁布了《中华人民共和国食品卫生法（试行）》，从而推动了食品冷链的正式起步。食品冷链的不断发展以一些食品加工行业的大型企业为先导，它们已经不同程度地建立了以自身产品为核心的食品冷链体系，其中包括速冻食品企业、肉食品加工企业、冰激凌和奶制品企业及大型的快餐连锁企业，还包括一些食品外贸出口企业。

2001 年中国物流与采购联合会成立后，冷链物流基础工作全面展开，但行业仍然处于萌芽阶段。随着我国社会经济的快速发展、居民消费水平的不断提高以及人们对食品质量和安全性要求的提高，冷链物流产业于 2008 年进入快速发展的黄金时期。2008 年可以说是我国冷链产业步入发展快轨的元年，一批批冷链物流企业自此如雨后春笋般成立壮大，各种政策规划和行业标准也陆续出台，我国冷链物流水平相应得到了很大的提升。2018 年，冷链物流进入 3.0 时代，实现多方面的转型升级。

冷链物流作为保障食品和民生安全的重要手段，已深度融入各产业链的核心环节当中，整个冷链产业的价值和地位愈发凸显。

2. 我国冷链物流的发展现状

随着消费不断升级、城镇化进程加快、居民食品安全意识不断提高，我国冷链物流正在迈向新的发展阶段，呈现出全新、快速的发展态势。

（1）冷链市场需求进一步增长

2019 年，我国冷冻冷藏水产和肉制品进口量上涨至 1000 万 t 左右，果蔬、肉制品、水产品、乳制品总产量突破 13 亿 t，冷链市场需求巨大。

（2）冷链基础设施不断完善

2019 年，全国冷库总量达到 6053 万 t。截至 2019 年 11 月，全国冷藏车市场保有量为 21.27 万台，较上年增长 3.27 万台，同比增长 18.16%。

（3）冷链市场环境有所改善

在中共中央、国务院大力发展冷链物流的要求下，国家发改委等有关部门陆续发布《关于推动物流高质量发展促进形成强大国内市场的意见》《关于做好 2020 年国家骨干冷链物流基地建设工作的通知》《关于推动农商互联完善农产品供应链的通知》等政策文件，一些地方省份也出台了冷链物流政策和规划，把发展冷链物流提升到同乡村振兴、产业升级等息息相关的层面,在冷链用地、建设资金等方面给予扶持和补贴。

（4）冷链物流标准化体系更加完善

2018年中物联冷链委新申报《食品冷链物流温度控制要求》等两项国家标准,开展《生鲜宅配作业规范》《冷库能效设施评估指标》等四项标准制订,此外还参与了《冷链货物空陆联运通用要求》等多项标准的制订修订工作。以上这些标准的出台实施,将会助力我国冷链物流标准化水平更上一个台阶。

（5）企业活力进一步释放

2019年在冷链需求和市场模式不断变化的大背景下,很多企业积极探索和布局新的市场机遇,彰显企业活力。比如,物联网公司G7和日本丸红成立合资公司,专注于智能冷链车队资产管理服务。双汇和冷王、开利、东风、解放、中集、红宇等六家企业达成战略合作,计划3年时间投入3亿元新增850台运输车。此外,顺丰冷运、京东冷链、苏宁物流、领鲜物流等也在进行全国性的网络布局。

3. 我国冷链物流发展存在的问题

（1）基础设施不平衡矛盾依然突出

虽然当前我国冷链基础设施体量依然无法满足市场需求,但盲目建设冷库、购置车辆、扩充网络等导致的"吃不饱"问题还是很多,值得警惕和反思。部分地区冷链基础设施结构失衡。一方面,部分农产品产地仍旧存在冷链最初一公里配套设施不足、产地预冷设施和冷库偏少、标准偏差的问题。另一方面,局部省份又存在冷库盲目过量建设,功能定位落后于市场需求,导致冷库市场供大于求或者供需无法匹配的现象。

（2）政策滞后和超前共同制约行业发展

政策环境的改善给冷链行业带来的推动作用显而易见,但是在冷链物流用地、通行、用电等方面政策的滞后,还是让行业的发展步履维艰。同时,推行国六排放标准、配比新能源货车的政策又显超前,对冷链物流等行业的特殊性兼顾不足,导致企业既花费高额成本,又无法提高运营效率,甚至是事倍功半的效果。

（3）冷链物流市场集中度不高

目前整个冷链物流行业的市场集中度依然不高,主要特点是"散"和"乱"。比如上游的食品企业,行业集中度非常低。再比如末端,在发达国家,75%~80%的购买行为是在超市环节实现的,而我国大部分是在农贸市场,超市化率比较低。说明在冷链行业的两端,不管是上游的生产企业,还是末端的零售企业、餐饮企业,发展都比较散。

（4）企业升级慢、竞争力不足

2019年以来,市场需求、客户结构都在发生深刻的变化,对冷链物流服务提出了全新的要求,包括服务流程、服务标准、信息对接、响应速度等。可喜的是已经有企业在主动求变,通过能力升级来应对日益复杂的竞争,不过遗憾的是这种企业太少了,大部分企业还是在传统的市场竞争中角逐,原有优势被逐渐蚕食。

（5）冷链物流人才短缺严重

首先,冷链行业缺乏制定战略和运营管理方面的人才,中物联冷链委发布的《2018冷链行业人力资源报告》显示,行业既有理论基础又具备实操能力的高级管理人才不足2000人。其次,缺乏掌握冷链专业技能的人才,随着社会年龄结构的改变和人力成本的逐年增加,智能化成为冷链行业新趋势,这种情况下行业急需一批懂得冷链物流的新型专业人才。

小结

　　我国冷链物流正在迈向新的发展阶段，呈现出全新、快速的发展态势：冷链市场需求进一步增长，冷链基础设施不断完善，冷链市场环境有所改善，冷链物流标准化体系更加完善，企业活力进一步释放。

　　我国冷链物流发展存在以下问题：基础设施不平衡矛盾依然突出，政策滞后和超前共同制约行业发展，冷链物流市场集中度不高，企业升级慢、竞争力不足，冷链物流人才短缺严重。

 复习思考题

　　1. 在冷链物流发展历史中，我国出台了哪些利好性政策？
　　2. 根据我国冷链物流的发展现状，分析其发展瓶颈。
　　3. 我国冷链物流发展过程中亟待解决的问题是什么？

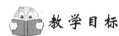 **实训**

实训 15－2

15.3　我国冷链物流的发展对策与趋势

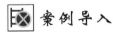 **教学目标**

知识目标

1. 了解我国冷链物流的发展趋势。
2. 掌握我国冷链物流的发展对策。

技能目标

1. 能够根据我国冷链物流的发展趋势，确定冷链物流企业的发展方向。
2. 能够运用冷链物流的知识为企业建立完善的冷链物流体系。

案例导入

冷链物流火起来

　　从澳洲牛排、泰国山竹、智利车厘子，到仙居杨梅、赣南脐橙、阳澄湖大闸蟹……近年来，丰富多样的高品质生鲜食品通过冷链物流直达百姓餐桌。居民食品消费需求的加快升级、食品药品流通安全要求的日趋提高，让冷链物流行业迎来增长黄金期。

需求旺盛，业务猛增，社会资本高度关注——冷链市场快速发展

品质更优、品种更多、安全更有保障……食品消费需求加快升级为冷链物流提供了宝贵发展契机。"2014年起，京东物流开始涉足冷链。2018年，我们又依托仓储、干线运输、配送等领域服务能力推出京东冷链，向社会开放服务，目前已覆盖30个省份、近90%消费者。"京东冷链规划负责人介绍。

"需求旺盛、业务猛增"，是不少冷链物流企业的共同感受。长期从事跨境冷链物流的中远海运集运公司冷箱区总经理说："之前国内冷链不够完善，许多优质农产品'进不来、出不去'。最近10年，国内冷链发展迅猛，让农产品跨境流通更加便利。"如今国内消费者可与东南亚消费者"零时差"享用山竹、榴梿等热带水果，我国一些出口农产品可加工成半成品后销往海外，提升了附加值。

需求陡然升温，引来社会资本高度关注，竞争者相继进入。这其中，有手握大量消费端资源的平台企业，如京东、顺丰、菜鸟；有擅长商业地产运作、持有仓储资源的地产商，如万科、宝能；也有原本就有冷链需求并已涉足相关业务的食品、农产品企业，如光明乳业旗下的领鲜物流、新希望旗下的鲜生活冷链等。

环境控制更精细更智能，运输组织更有力更高效——产业加快升级步伐

温度控制，是冷链物流规范发展的前提和关键。过去，由于监控手段不到位，个别企业和货车司机可能会为了节约成本中途关掉冷机，造成"断链"。"这些年物联网技术的发展成熟让温控变得更容易。"易流科技董事长表示，2010年起，企业开始通过定位、测温、光感、摄像头、电子锁等物联网设备，采集车、仓、货、人的位置、状态、影像等数据，为客户提供"让品质看得见"的温控方案，"目前，平台已接入6万多台冷链车辆"。

技术发展是冷链物流产业升级的重要动力。展望未来，无论是"冷"（环境控制）还是"链"（运输组织），都仍有不小升级空间，相关企业也一直在努力。

加快补上短板、完善相关标准、推动市场整合——冷链物流亟待挖潜

回头看，成绩斐然；看未来，潜力和空间依然很大。"总体判断，我国冷链物流发展的基础仍较薄弱，与发展需求仍有一定差距。"交通运输部运输服务司有关负责人表示，下一步，要着力提升设施设备技术水平、优化运输组织模式，推动形成全程温控、标准规范、运行高效、安全绿色的冷链物流服务体系。要加快补上短板，解决好"最先一公里""最后一公里"等突出问题；要完善相关标准，让行业发展有章可循、更加规范；要推动市场整合，促进行业集约化、规模化发展。

资料来源：刘志强.冷链物流火起来[N].人民日报，2020-09-16(18).

案例分析

目前，我国冷链物流行业迎来增长黄金期，冷链市场快速发展，产业加快升级步伐，但总体来看我国冷链物流发展的基础仍较薄弱，与发展需求仍有一定差距，要加快补上短板、完善相关标准、推动市场整合。

思考·讨论·训练

我国冷链物流行业发展现状如何？实现高质量发展还需做哪些努力？

知识链接

1. 我国冷链物流的发展对策

（1）加强我国冷链行业规划

一个国家的冷链保障体系建设，单靠任何一方都是难以有效推进的，它需要政府、行业组织和企业通力合作。应该结合我国国情，借鉴发达国家经验，完善技术管理手段和监督措施。政府应当制定食品冷链发展的政策鼓励措施，加强行业规划的方向性引导；行业组织应发挥沟通协调作用，制定并落实行业整体规划和行业规范；相关企业应根据市场规则具体运作，合力推动我国冷链物流的逐步发展。

（2）建立完善的冷链物流信息系统

首先，应引导企业利用信息技术全面提高企业信息管理水平。其次，政府要建设公共网络信息平台，加快构筑全国和区域性冷链物流网络，实现冷链物流上下游企业之间的优势互补、资源共享、数据共用、信息互通，为物流信息的高效传递和高度共享创造条件。

（3）加强冷链物流人才的培养

政府应大力支持和引导冷链物流科研工作，首先是要积极支持冷链物流基础理论和技术的研究；其次是加强企业与高等院校和科研机构之间的合作，构建多层次、多样化的冷链物流教育体系，形成产学研相结合的良性循环，加强应用性物流技术的开发和应用；最后是要加快推进职业资格培训认证工作，通过对在职人员的培训与认证，从根本上提升冷链物流从业人员的整体素质与管理水平，满足国内市场的需求。

（4）提高冷链物流的市场集中度

加速第三方物流企业的进入，推动冷链物流的发展。从冷链物流的市场需求方向、行业的趋势来看，专业的第三方冷链物流企业是未来参与冷链物流市场竞争的主体。应该通过现有冷藏商品生产、销售企业与第三方物流企业之间的垂直兼并，以及第三方冷链物流企业之间的水平兼并的方式，实现强强联合，提高市场集中度。

（5）改善冷链物流企业的组织模式

第一，在物流企业内，成立独立的冷链物流运作部门，统筹管理全系统冷链物流业务，实行垂直化管理模式。如采取和生产企业建立战略联盟甚至合资合作等形式，充分发挥其现有冷藏车、冷库等资源，向客户提供全方位的冷链物流服务。在业务逐渐成熟时，可成立独立的专业第三方冷链物流企业。

第二，充分发挥第三方物流的作用。低温物流是物流业务中基础设施、技术含量和操作要求都很高的高端物流，往往也是企业的薄弱环节。作为非核心业务，如果生产商自营低温物流，高投入的基础设施和设备、网络及庞大的人力成本只服务于自身项目，并不是生产商的明智选择，越来越多的生产商愿意选择能提供完善低温的第三方物流来外包自身低温物流业务，这种市场需求必然催生第三方低温物流企业的快速发展。根据实际情况，第三方物流企业可考虑选择整合现有资源，成立独立的低温物流运作部门；在重点地区，开展低温物品区域内配送；与生产商联合，按条块开展低温运输服务等模式来开展低温物流业务。

第三，在消费集中地区，开展冷藏食品区域内配送。鉴于冷链物流市场区域性和时效性的特点，可以考虑在一些较发达城市，面向连锁超市、大卖场等企业，以已经运作的普通物流项目为基础，实施专业冷链物流区域内配送业务。

（6）采用先进的冷链技术

第一，借鉴发达国家经验，建立一个能满足消费者、供应商和零售商三方面需求的一体化冷链物流模式，即由供应商将货物运送到主要城市冷链物流整合中心，整合后进行长途运输，由地区整合中心进行装箱提货和当地运送，再整合后发送到零售点。在整个过程中，均要有严格的温度控制。可运用"RFID 冷链温度管理系统"及"GPS＋温度监控冷链管理系统"，通过 RFID 技术、GPS 技术、无线通信技术及温度传感技术的有机结合，在那些需要恰当的温度管理来保证质量的生鲜食品和药品的物流管理中，将温度变化记录在"带温度传感器的 RFID 标签"上，或"实时"地通过具有 GPS 及温度传感功能的终端，结合无线通信技术上传到企业的管理平台，对产品的生鲜度、品质进行细致、实时的管理，以解决食品流通过程中的质量监控问题。

第二，在运输过程中应用多温层技术。所谓多温层技术就是根据不同食物的温湿度要求，在冷藏和冷冻之间设置隔热层，能抑制食物的熟化，保持食物的原味，为不同食品创造出最好的保鲜环境，真正做到保质、保品味、保营养。在传统的物流运输中，如果客户要求运输的货物对温度的要求不同，就要把不同温度的产品装进符合要求的容器中，由于产品的需求不同，可能容器的利用率很低，运输成本加大，有了多温层技术就可以解决这个问题，在容器中设置隔热层，分别放入对温度要求不同的产品，提高了利用率，降低了成本。

第三，储藏方面，可以通过计算机系统输入冷冻冷藏产品的数量及储放位置，方便及时提货和补货，及时掌握产品的保质期、库龄等信息，从而提高低温物流的作业效率与管理水平。

2. 我国冷链物流的发展趋势

（1）冷链行业将向合规方向发展

未来合规发展将成为非常重要的主题。当前，全国进口冷链食品追溯管理平台已经建立，所有和进口相关的冷库信息都要上传到这个平台上。在车辆方面，交通运输部在运输领域的整治力度将会加大。因此，未来冷链行业将会进入合规发展的阶段。中国物流与采购联合会冷链物流专业委员会未来的重点工作是从行业协会的角度来对行业进行规范。

（2）冷链行业将向规模化发展

从未来的消费市场来看，中国的零售创新已经走在全球前列。消费者的购买习惯发生了巨大的变化，对于线上购买的需求快速提升，而现在冷链物流配送已经进入分钟级，消费者出现的这些变化，导致零售行业的创新，甚至整个餐饮行业的创新迅速加剧。未来不管是餐饮、超市，还是便利店、社区店，都会迅速地连锁化、规模化。同时，我国的生产企业也会朝着规模化方向发展，快速扩张。

（3）冷链物流模式将发生变化

2019 年以来，消费渠道的扁平化趋势非常明显，食品生产企业进入了全渠道销售模式。原先的生产企业，传统的销售模式基本上是 2B 的，物流模式也非常简单。但是 2019 年开始，除了 2B 以外还有 2C。此外，直播带货也是一大趋势。这说明我们的整个冷链物流体系，尤其是 2C 的冷链物流体系发展跟不上变化。目前来说，整个行业从消费者到零售到流通都在发生巨大变化，这也是未来非常重要的趋势。

（4）冷链物流企业将会进入整合并购时期

未来五年，冷链百强榜里前十名的企业将迅速扩张。比如冷库方面，头部企业在全国的网络数量发展会超过 30 个。而随着订单碎片化的发展趋势，对于冷链企业的运营会带来更大的挑战,很多企业不得不更加注重运营。同时,企业还要进行模式创新,因为客户的需求在不断发生变化,如果不进行创新就会被淘汰。此外,随着冷链行业的不断发展,对技术上操作的要求越来越高,冷链人才的培养与挖掘也十分重要。

(5)冷链物流将朝着智慧化方向发展

技术驱动会带动行业发展,现在新基建的发展很大程度上就是基于5G技术的进步。目前全行业都在数字化转型,冷链物流行业也会面临智慧化升级。

 小结

我国冷链物流的发展对策包括:加强我国冷链行业规划,建立完善的冷链物流信息系统,加强冷链物流人才的培养,提高冷链物流的市场集中度,改善冷链物流企业的组织模式,采用先进的冷链技术。

我国冷链物流的发展趋势主要有:冷链行业将向合规方向发展,冷链行业将向规模化发展,冷链物流模式将发生变化,冷链物流企业将会进入整合并购时期,冷链物流将朝着智慧化方向发展。

 复习思考题

1. 如何改善冷链物流企业的组织模式?
2. 请列举现有的冷链技术。

 实训

实训 15-3

即测即评

参考文献

[1] 王槐林,刘昌华.采购管理与库存控制[M].4版.北京:中国财富出版社,2013.
[2] 蔡淑琴,夏火松,梁静.物流信息系统[M].3版.北京:中国物资出版社,2010.
[3] 钱芝网.供应链管理[M].北京:中国时代经济出版社,2006.
[4] 曹前锋.物流管理案例与实训[M].北京:机械工业出版社,2005.
[5] 孙睿,宋冀东.电子商务原理及应用[M].北京:北京大学出版社,2008.
[6] 刘单忠,王昌盛,张坽新.物流信息技术[M].上海:上海交通人学出版社,2007.
[7] 周任重,赵艳俐,林勉.供应链管理实务[M].北京:人民交通出版社,2009.
[8] 刘伟.国际物流[M].北京:人民交通出版社,2003.
[9] 寇亚明.国际物流学[M].成都:西南财经大学出版社,2003.
[10] 姜宏.国际贸易实务与综合模拟实训[M].2版.北京:清华大学出版社,2012.
[11] 赵玉国,申纲领.仓储管理实务[M].长春:东北师范大学出版社,2011.
[12] 李严峰.物流管理概论[M].北京:科学出版社,2008.
[13] 李宇箭.物流管理概论[M].北京:清华大学出版社,2012.
[14] 白世贞,曲志华.冷链物流[M].北京:中国财富出版社,2012.
[15] 尹涛,何必.物流信息管理[M].3版.大连:东北财经大学出版社,2012.
[16] 戴军,吴玉贤.物流管理基础[M].天津:南开大学出版社,2010.
[17] 孙秋菊.现代物流概论[M].3版.北京:高等教育出版社,2020.
[18] 刘万韬.现代物流管理概论[M].北京:中国传媒大学出版社,2008.
[19] 郭冬芬,陈军须.现代物流概论[M].北京:北京邮电大学出版社,2013.
[20] 王欣兰.现代物流管理概论[M].3版.北京:清华大学出版,2018.
[21] 钱廷仙.现代物流管理[M].3版.北京:高等教育出版社,2019.
[22] 任建昌,张颖.物流管理概论[M].西安:西安交通大学出版社,2011.